高等院校教育类专业系列教材

“互联网 +”新形态立体化教学资源特色教材

行动研究
与教师专业发展

主　编◎朱洪翠

主　审◎程广文

参　编（以姓氏音序为序）

蔡　俊　常　棚　高建春　王　磊　张洪波　张英花

中国轻工业出版社

图书在版编目（CIP）数据

行动研究与教师专业发展 / 朱洪翠主编. —北京：中国轻工业出版社，2021.8
高等院校教育类专业系列教材　“互联网+”新形态立体化教学资源特色教材
ISBN 978-7-5184-3429-9

Ⅰ.① 行…　Ⅱ.① 朱…　Ⅲ.① 高等学校－教师－师资培养－研究　Ⅳ.① G645.1

中国版本图书馆CIP数据核字（2021）第044428号

责任编辑：崔丽娜　　责任终审：李建华　　整体设计：锋尚设计
责任校对：吴大朋　　责任监印：张　可

出版发行：中国轻工业出版社（北京东长安街6号，邮编：100740）
印　　刷：三河市国英印务有限公司
经　　销：各地新华书店
版　　次：2021年8月第1版第1次印刷
开　　本：787×1092　1/16　印张：12.5
字　　数：280千字
书　　号：ISBN 978-7-5184-3429-9　定价：45.00元
邮购电话：010-65241695
发行电话：010-85119835　传真：85113293
网　　址：http://www.chlip.com.cn
Email：club@chlip.com.cn
如发现图书残缺请与我社邮购联系调换
201063J1X101ZBW

前 言

百年大计，教育为本；教育大计，教师为本；教师大计，专业为本。因此，教师专业发展研究成为21世纪教师教育研究的热点。教师专业发展既可以指教师个体的专业发展，也可以指教师群体的专业发展。教师个体的专业发展是教师通过终生学习、实践和反思，不断提升专业信念，丰富专业情意，拓宽专业内涵，提高专业水平，达至专业成熟的过程。教师群体的专业发展是指教师职业专业化的过程。

行动研究由社会情景（教育情景）的参与者，为提高对所从事的社会或教育实践的理性认识，为加深对实践活动及其依赖的背景的理解，所进行的反思研究。作为教育研究活动的行动研究，是教师和教育管理人员密切结合本职工作，综合运用各种有效的研究方法，以直接推动教育工作的改进为目的的教育研究活动。

专业化的教师，不仅需要掌握专业知识和专业技能，还必须拥有一种“扩展的专业性”。这种扩展的专业性是指教师必须系统地研究自我、研究他人、研究课堂教学，从而实现专业上的自我发展。

综上所述，行动研究与教师专业发展天生有缘：教师要实现专业的自我发展，必须使自己成为一个“研究者”，而教师成为“研究者”最有效的途径就是紧密结合本职工作综合运用各种有效的研究方法开展教育研究活动，即开展“行动研究”。

20世纪90年代，行动研究频频被用于在职教师的专业发展，但现在，国内外相关文献更多探究行动研究对于职前教师教育的重要作用：一是为职前教师的未来职业发展创造自主发展路径；二是使得有潜力的准教师能深入思考教与学；三是促进教师深入反思课堂教学实践。

本书着重探讨如何通过行动研究促进教师个体专业发展。通过阐释行动研究的概念、原则、方法、教师专业发展的理论和实践知识，行动研究和教师专业发展之间的关系，旨在帮助职前和在职教师明晰行动研究对自身专业发展的影响，将行动研究的相关原理和方法运用于自身的教育教学实践，不断提高自身的专业素养。

本书共分为十章：第一章主要论述行动研究的内涵；第二章主要探究行动研究的理论基础和行动研究的方法论立场；第三章主要阐述如何开展行动研究；第四章主要介绍教师专业发展的概念、特点、内容和阶段等相关理论知识；第五章主要探讨教师专业发展的相关取向：理智取向、反思取向、生态取向等学术思想；第六章主要介绍国内外最新的有关教师专业发展模式的理论研究成果，例如，教师本位的教师专业发展模式、大学本位的教师专业发展模式、大学与中小学合作的教师专业发展模式、以中小学为本位的教师专业发展模式，并对各种模式的利弊逐一加以解释和说明；第七章主要介绍中小学教师行动研究相关理论；第八章主要介绍教师行动研究的主要载体，主要内容包括中小学教师行动研究工作坊、中小学教师反思性教学行动研究、中小学教师预见式行动研究；第九章主要介绍中小学教师开展行动研究的案例，主要内容包括英语教师行动研究、数学教师行动研究和语文教师行动研究；第十章探究行动研究在教师专业发展中的局限性及今后的发展展望。

本书的主要特色：

1. 理念先进。本教材遵循“教师教育是教师专业意识品质的养成”的教师教育理念，借鉴、吸收国内外一线中小学教师开展行动研究的最新成果，引领师范生树立先进的专业发展理念，掌握基本的专业发展和完善方法，形成“开放、合作、实践”的教师专业发展模式。

2. 案例翔实。本教材在现有教材的基础上，立足我国新课程改革对高素质教师的需要，通过教师行动研究的典型案例，为教师专业发展提供可资借鉴的成功案例，有利于教师找准专业发展的突破口。

3. 成果实用。本教材既有对教师行动研究的理论阐释，又有对过去一段时间教师行动研究的成果总结，还有对教师行动研究的展望，不仅可用于小学教育本专科专业人才培养，而且可拓展至中学教师教育和教师自我研修与专业培训，有利于提高教师教育质量。

为了更好地辅助教学，本教材还配备有制作精良、内容翔实的各章节配套教学课件、教案和教学微视频，供有需要的老师和同学下载学习。

本教材受泰州学院学前教育专业省一流专业建设经费资助。具体参与编写的人员及分工如下：第一章由常棚负责编写；第二章、第八章由朱洪翠负责编写；第三章由蔡俊负责编写；第四章、第五章由张洪波负责编写；第六章、第七章由王磊负责编写；第九章由高建春负责编写；第十章由张英花负责编写；全书由朱洪翠负责统稿。本书由泰州学院教育科学学院程广文教授担任主审。由于编者水平有限，书中难免存在一些不足和缺漏之处，敬请读者批评指正。

[微视频]
教材简介

编者

目 录

第一篇
范式变革：走近行动研究

第二篇
为师之本：教师专业发展

微课视频

第三篇
教师行动研究：教师专业发展的必由之路

第一篇

范式变革：走近行动研究

第一章

行动研究概述

学习目标

- 了解行动研究的历史发展过程及行动研究的各种模式
- 理解行动研究的含义、特征及行动研究的分类
- 掌握行动研究的基本程序

内容导引

- 行动研究的范畴
- 行动研究的发展历程
- 行动研究的特征：参与、改进、系统、公开
- 行动研究的类型
- 行动研究的模式：勒温模式、凯米斯模式、埃利奥特和艾伯特模式

本章导读

行动研究起源于20世纪三四十年代，经历了兴起、中落和复兴三个阶段。目前，学界还未对行动研究进行明确的界定，但归纳了行动研究的主要特征，即参与、改进、系统、公开。根据行动者在研究中自主性获得程度，可将行动研究划分为技术取向的行动研究、实践取向的行动研究以及解放取向的行动研究；根据参与者数量的不同及校外研究者在研究中所发挥的作用，可以将行动研究划分为独立式行动研究、支持式行动研究及合作式行动研究。行动研究的模式主要包括勒温模式、凯米斯模式以及埃利奥特和艾伯特模式。

第一节　行动研究的范畴

[微视频]
行动研究概述

“行动”和“研究”本是两个不同性质的概念。“行动”主要指实践者、实际工作者的实践活动和实际工作；“研究”则主要指受过专门训练的专业工作者、专家学者对人的社会活动和社会科学的探索。长期以来，都是行动归行动，研究归研究，两者分别在各自的轨道上运行。到了20世纪三四十年代，有学者发现，有些研究必须建基于“行动”，研究才更有意义；有些行动必须借助“研究”，行动才更有成效。于是，“行动研究”开始在社会科学研究领域特别是教育研究领域应用、推广，并逐渐发展成一种新的研究范式。

经过近百年的发展，行动研究虽然在社会科学研究领域特别是教育研究领域得到广泛的应用并取得了令人瞩目的成果。但对于什么是“行动研究”，学界一直是仁者见仁，智者见智。

行动研究的“鼻祖”约翰·科利尔（J. Collier）虽然率先用“行动研究”范式研究如何改善印第安人与非印第安人之间的关系问题，但他对“行动研究”的内涵并未严格界定，只是笼统地将行动研究概括为“实践者在行动中为解决自身问题而参与进行的研究”。

继约翰·科利尔之后，美国著名社会心理学家勒温（K. Lewin）经过一番探索和实践后，在1946年指出，行动研究是一种“将科学研究者与实际工作者之智慧的能力结合起来的解决某一事实的一种方法”。他还对行动研究的特征和研究步骤做了进一步的阐释。

曾担任哥伦比亚大学师范学院院长、积极倡导教育行动研究的美国学者考瑞（S. M. Corry）认为：“个别及集体采取积极态度，运用其创造思考，指出应该改变之措施，并勇敢地加以试验；且须讲求方法，有系统地搜集证据，以决定新措施之价值。这种方法就是行动研究法。”

英国学者埃利奥特认为，行动研究是“社会情境中进行的旨在改善社会情境中的行动质量的研究”。

凯米斯认为，行动研究法是“由社会情境（包括教育情境）的参加者担任进行的一种自我反思的研究方式，是实际工作者为研究自己的实践所实行的一种研究方式”。

行动研究被引进到国内以后，国内一些学者也对行动研究的内涵做了一些探讨。

李祖寿认为，行动研究法“尤其注重实际工作人员一面行动，一面研究，从行动中寻找问题，发现问题；从行动中解决问题，证验真理，谋求进步。在教育方面，它是行政、课程、教学各方面谋求革新的重要方法。”

朱永祥认为，行动研究是“一种以合作的方式，使研究者与实际工作者的角色合一，来解决此时此地教育教学实际问题的研究模式”。

郑金洲指出，行动研究是“行动者用科学的方法对自己的行动所进行的研究，是行动者为解决自己实践中的问题而进行的研究，是行动者对自己的实践进行批判性思考，以‘理论的批判’‘意识的启蒙’来引起和改进行动”。

《国际教育百科全书》则综合国内外行动研究的成果，比较清晰地界定了行动研究的内涵：“行动研究由社会情景（教育情景）的参与者，为提高对所从事的社会或教育实践的理性认识，为加深对实践活动及其依赖的背景的理解，所进行的反思研究。”

虽然专家学者们尚未能准确定义“行动研究”，但关于行动研究的特征，却达成了许多共识。根据现代行动研究的倡导者斯滕豪斯、凯米斯和埃利奥特等人的观点，行动研究的关键特征可以概括为四点，即参与、改进、系统和公开。

一、参与

参与是行动研究的一个重要特征。参与意味着实际工作者与研究者一起作为研究主体参与到研究中。作为实际工作者的教师，在行动研究中扮演的是研究者的角色，不再是校外研究者研究假设的执行者或技术操作者，教师将亲自参与研究问题的确定，即在实践中发现问题、提出问题；对研究过程进行观察、反思，并在必要时修改、调整研究计划。当然，教师的参与必须立足于教育教学的实践，不得远离教育教学的实践，即是在“行动中的研究”。

二、改进

改进主要包含以下三个方面的含义：首先，改进意味着教学实践的改进。行动研究的主要目的在于改进教学实践，这是行动研究本身题中应有之意。其次，改进意味着教师自身观念的转变。行动研究要求作为实际工作者的教师对实践中的问题进行反思性实践，而这种反思的结果可能导致教师原有观念的转变，即“内隐理论”的改变。最后，改进也意味着改进实践中的社会情境，实际工作者通过对实践中的社会情境进行批判性反思，进而达到改善社会情境的目的。

三、系统

早期的行动研究者勒温设计的行动研究的基本程序："计划—行动—观察—反思—再计划……"，这样的行动研究虽被认为带有"实证主义"的痕迹，但也恰恰因此，早期的行动研究也被称为"科学的行动研究"。事实上，总体说来，早期行动研究比较倾向于用科学的方法来解决实践问题。后来，凯米斯所设计的行动研究的基本程序"计划—行动—观察—反思"也被认为具有厚重的"实证主义研究范式"的意味。因此，行动研究是科学研究，这一点无可否认。后来斯滕豪斯在讨论行动研究的特征时，提到行动研究作为"研究"的基础必须是"公开而系统的探究"。这里所谓的"系统"，实际上就是强调行动研究必须使用必要的"科学方法"，包括阅读必要的文献，汲取"他人经验"或"他人智慧"，而不是个人的随意性问题解决。由此可见，行动研究是运用科学方法进行的研究，而科学方法的使用体现了它的系统性、计划性。

四、公开

公开有两方面的含义：一方面是指在行动研究中，教师需要公开发表自己的研究成果；另一方面，公开意味着研究过程是一个公开的过程而不是私底下的个人操作。

斯滕豪斯认为，"私下的研究在我们看来简直称不上研究。部分原因在于未公开发表的研究得不到公众批评的滋养，部分原因在于我们将研究视为一种共同体活动，而未发表的研究对他人几乎没有用处"。因此，公开发表的价值在于一方面它为批评打开了一扇窗户，从而使得由批评而得到改进成为可能；另一方面研究成果的传播可能带来课程知识的增长，同时方便他人利用已有的研究成果。因此，在行动研究中，"写作"应成为教师的权利和责任。当然，这里的公开也不仅仅是指教师在一些刊物上发表自己的文章。在凯米斯看来，当教师能够在学校会议上公开发表自己的意见、在学校内部刊物上发表文章，也属于教师将研究成果予以公开的范畴。行动研究与实验研究的差异比较如表1-1所示。

表 1-1　行动研究与实验研究的差异比较

范围	实验研究	行动研究
需要的训练	在测量、统计学和研究方法方面需接受广泛的训练。教育领域内的许多科学研究，由于缺乏受过这些方面训练的研究者，而显得科学性较弱	通常不需要严格的设计和分析，只需接受有限的统计学和研究方法的训练，研究者在教育测量方面所接受的训练比教师要多。即使教师的研究技巧欠佳，仍可在咨询者的协助下开展行动研究
目的	获得的结论或知识，可普遍应用于较大的总体；可发展与验证理论	获得的知识能直接应用于当前的教育情景；可向参与研究的教师提供实施在职训练的机会

续表

范围	实验研究	行动研究
研究问题的来源	借助各种途径提出研究问题。研究者必须了解问题，但通常并不直接涉入其中	选定的问题是在教育情境中，足以引起研究工作者困扰的，或干扰其教育教学效率的现象
假设	经深思熟虑后发展出来的特定的假设，可运用操作定义界定，且可以被检验	问题的特别说明常被视同假设。理想而言，行动研究的假设必须接近于正式研究所要求的严谨程度
文献查阅	通常需就直接资料作广泛的查阅，并且研究工作者充分了解该研究领域现有的知识状况	给教师阅览可用的间接资料，使其对被研究领域有一般性了解。往往不对直接资料作完整而无遗漏的探讨
抽样	研究者试图从研究的总体中获得随机的或有代表性的样本，但通常无法圆满完成	班级的教师或做该研究的教师，通常以该班可用的学生作受试者
实验设计	在开展研究之前，进行详细、有计划的设计。注意维持有用变量，控制无关变量，并减低误差	在开始研究之前，按一般方式设计程序。在研究期间，施予变化，以了解这些变化因素是否可改进教育教学环境。不太关注实验条件的控制或误差的减少等变量
测量	努力选取最有效的测量工具，对可用的评量工具进行评价，并在研究之前对测量工具进行测试	对测量工具的选择与评价较不严谨。参与者缺乏使用与评价教育测量工具的训练，但可通过咨询者的协助，进行令人满意的工作
资料分析	经常要求复杂的分析，包括量化分析。由于将结果普遍化是研究的目的之一，通常要强调统计上的显著性	简单的分析通常就够用，强调教育上实用的显著性，而非统计上的显著性。参与教师的主观意见经常被赋予较重的分量
结果应用	结果是可以普遍应用的，但许多有用的发现无法应用于教育实际。研究工作者与教师之间所受训练由于有经验的差异，产生严重的沟通问题	研究发现可立即应用于参与教师的班级，可持续提高班级学生的教育教学质量

（资料来源：王文科. 教育研究法［M］. 台北. 台湾五南图书出版公司，1987，31-33.）

第二节　行动研究的发展历程

从美国学者约翰·科利尔（J. Collier）首次提出“行动研究”算起，行动研究已经走过了近百年的历程。近百年来，行动研究的发展经历了三个阶段，即兴起阶段、中落阶段和复兴阶段。

一、行动研究的兴起

追溯行动研究的缘起，不得不提起美国学者约翰·科利尔（J. Collier）。约翰·科利尔不仅是美国杰出的人类学家、社会学家、作家和教育家，还是一个社会改革家。1919年，科利尔在陶斯普韦布勒镇首次接触印第安人时，就决定深入到美洲印第安人族群之中，和印第安人一起反对美国社会对印第安人强迫同化的政策。为保护印第安人的宗教自由和部落财产，1923年，科利尔领导创建了“印第安保护协会”。1928年，他出版了《印第安的管理问题》研究报告，深刻地揭露了联邦印第安事务的失败，揭示了联邦印第安政策如何导致了印第安人的教育、卫生和贫困方面的严重问题。1933年，科利尔出任美国联邦政府印第安人事务局局长。1934年，在科利尔的推动下，美国国会通过了《印第安重组方案》，一举扭转了美国政府持续50年的同化印第安人的政策，确立了印第安人的部落自治权、发展经济权和受教育权等。此后，科利尔还推动确立了约翰逊奥马利（Johnson–Malley）法案，增进了印第安人的社会和经济福祉。1945年，科利尔卸任印第安事务局局长一职，但仍担任全国印第安人研究所所长和社会学教授。

科利尔一生致力于改变美国印第安人的生活境遇和生存方式。在长达12年的印第安事务局局长任职期间，他敦促“印第安人人格研究课题组”和当地的印第安人和“印第安人服务组织”的成员一起开展研究，改善印第安人与非印第安人之间的关系。这种研究方法将管理者、研究人员和实践者三种力量有机地整合为一体，研究的成果不仅能为实践者付诸实践，而且被实践者的经验所检验。科利尔将这种研究称为“行动研究”。

虽然科利尔率先提出了“行动研究”一词，但他并未对其作具体的解释。较早对“行动研究”做出系统阐述的是美国著名社会心理学家勒温（K. Lewin）。

勒温于20世纪40年代与他的学生在研究不同人种之间的关系时，与犹太人和黑人进行合作研究。研究过程中，犹太人与黑人也作为研究者参与其中，并力图改变自己的现状。勒温将这种结合了实践者智慧和能力的研究称之为“行动研究”。

后来，他又在其著作中比较系统地阐发了行动研究作为一种问题解决策略的目的、方法和步骤。他指出，行动研究包括：①分析问题、搜集事实；②制订行动方案计划，执行它们，然后搜集更多的事实并予以评价；③这一整个行动循环的重复，螺旋的重复。

20世纪50年代，哥伦比亚大学师范学院院长考瑞（S. M. Corry）正式将行动研究引入了美国教育领域。1953年，考瑞在《改进学校实践的行动研究》一书中较系统地阐述了行动研究的理论基础、实施原则等内容。他还指出：“所有教育上的研究工作，经由应用研究结果的人来担任，其研究结果才不致白费；同时，只有教师、学生、辅导人员、行政人员以及家长等支持者不断检讨学校措施，学校才能适应现代生活的要求。故此等人员必须个别或集体采取积极态度，发挥其创造性思维，提出合理措施，并勇敢地加以试验；且须讲求方法，有系统地收集证据，以确定新措施的效果。这种方法便叫作‘行动研究法’”。由于考瑞等人的大力倡导，行动研究对美国后来的教育研究产生了极大的影响。一时间，教育行动研究风靡全美。

在行动研究兴起阶段，行动研究表现出两个特点：一是强调理论研究者与实践者共同参与研究，同是研究主体，在研究中享有平等的地位；二是致力于解决教育情境中的具体问题。

二、行动研究的中落

20世纪50年代前期，行动研究在教育领域的广泛应用，产生了极大的影响，引起了许多人的关注。只可惜好景不长，20世纪50年代后期，由于行动研究自身的缺陷，加之新兴研究方法的兴起，行动研究开始中落。中落的原因主要有以下两种。

（1）不少研究者对行动研究的科学性提出了质疑。一些人认为行动研究不是一种科学的研究。行动研究的先行者勒温一直倡导在行动研究中用“科学研究方法”解决社会问题，改善人类关系。但勒温之后，有些人对“科学方法”持有不同的意见，甚至有人对“科学方法”不以为然。久而久之，行动研究便招来一些批判甚至反对的意见。最典型的是霍吉金森（Hodgkinson）1957年发表的《行动研究：一份批评意见》一文。在文中，霍吉金森对行动研究的科学性提出了质疑。他认为，“行动研究根本算不上真正的研究，因为它并不具备有效的科学方法的标准。行动研究并没有超出实际问题解决的范围。行动研究没有实验性控制，因为教师原本缺乏研究方法的训练。行动研究者并不寻求教育领域的抽象，也不将他们的发现纳入更广阔的理论和知识体系的考虑”。

还有一些人对行动研究是否能真正促进教育实践的改革持怀疑态度。教育领域的行动研究旨在改进学校的课程与教学实践，考瑞在《改进学校实践的行动研究》、埃利奥在《指向学校变革的行动研究》、施马克在《指向变革的实践性行动研究》等文章中都提出了类似的观点，凯米斯更是直接将“改进”归结为行动研究的目的之一。这里的“改进”不仅意味着改进中小学教师的教学行为，更意味着“改变”中小学教师对行为以及相关“制度”的“理解”，意味着中小学教师面对制度的“藩篱”要勇于突破制度的束缚。但在现实的教育情境中，中小学教师早已习惯于享受“制度”给他们带来的报酬和便利，所以，如果“行动研究”真的向他们的既得利益开“火”，他们很可能又会转向守护维护他们既得利益的“制度”。因此，他们对中小学教师是否能够挣脱“制度”的束缚而赢得观念和实践的“改进”提出了质疑。

（2）“R–D–D”研究模式的兴起。在不少研究者对行动研究的科学性提出质疑之际，“R–D–D（即研究—开发—普及）”研究模式在工业界兴起并逐步盛行。“R–D–D”研究模式的出现，契合了20世纪中期国际社会普遍强调国家利益并积极采取切实有效的措施促进科技进步、维护国家利益的思潮，而美国，更迫切希望找到一种能被一线教师运用且能提高美国教育水平应对各种威胁的万能的教育改革方案，因此，“R–D–D”模式得到了联邦教育部的支持，不少教育研究者开始转向，采用“R–D–D”模式开展教育研究。于是，行动研究逐渐式微。

在中落阶段，行动研究表现出两个特点：一是专家是研究主体，约束和控制教师的研究活动；二是研究的实验性、学术性强，重视探寻可供推广的一般教育模式，忽视解决参与教师的具体实践问题。

三、行动研究的复兴

经历了10多年的中落以后，20世纪70年代以后，教育领域关于教育理论与教育实践的关系、研究者与教师的关系等进行了长时间的争论和研讨后，行动研究又逐渐兴盛起来，再次在教育研究领域站稳了脚跟。在复兴阶段，英国的斯滕豪斯提出的“教师即研究者”的思想为行动研究的复兴奠定了思想和理论基础。美国的施瓦布（J. J. Schwab）提出的课程探究“实践模式”的思想、舍恩（D. Schon）提出的“反思的实践者”的思想，都为行动研究的复兴注入了强大的动力，极大地促进了行动研究的发展。英国的“课堂教学行动研究网络”、美国的“辅导及课程发展协会”、法国的“现代学校合作组织”都不遗余力地倡导教师参加教育行动研究，促进了行动研究在世界范围内推广应用。面对行动研究如火如荼的发展态势，英国学者卡尔不禁感叹：“自20世纪70年代以来，行动研究几乎成为一股强劲的狂风运动，受到一大批教师、教师教育者、教育研究者的维护，并受到英国、澳大利亚、欧洲大陆与美国无数教育机构与研究组织的支持。结果地方行动研究网与大型的受资助的行动研究计划纷纷出笼，而且定期出版书籍介绍和解释行动研究，为教师提供怎样做行动研究的方法。”自20世纪70年代以来，行动研究在我国也得到了一定的发展。行动研究对学校教学、课程改革、提升教学质量起到了一定的推动作用。

在复兴阶段，行动研究的主要特点：一是教师作为研究主体的地位再次得到增强；二是研究的目的不仅要解决实践问题，更是为了教师的专业自主和自身解放。

案例 1-1

“行动研究之父”勒温最初采用行动研究所做的事情，就是为了改变美国人的肉食习惯。当时美国肉食供应紧张，但很多美国人只吃牛肉、牛排或猪肉、猪排，而不食用猪、牛的内脏以及猪蹄、猪尾之类。于是美国政府邀请一些社会学家和心理学家参与研究这个问题。

为了改变那些家庭主妇的观点，勒温做了一项对比研究。他召集了一些家庭主妇，将她们分为A、B两组，进行一系列活动，比如请营养学家做讲座介绍猪、牛内脏的营养成分，请有经验的厨师现场演示对猪、牛内脏的烹调技术，等等。讲座之后，对两个组做了不同的处理。在B组告诉大家，希望她们今后多食用猪、牛的内脏。而在A组中，由大家亲自讨论、举手表决，自己决定是否同意使用猪或牛的内脏。在举手表决时，勒温事先安排了几个人带头举手。一段时间后，结果显示，A组中有70%的人真的开始购买猪或牛的内脏，而B组中只有30%的人开始购买猪或牛的内脏。A组的人为什么有那么多家庭主妇开始改变自己的习惯？

这就是行动研究的秘密。行动研究的秘密，就是让人们参与某个问题的讨论和研究，然后让他们自己决定、自己改变自己，而不只是简单地做一些专家讲座或广告宣传。当行动者亲自“参与”讨论和研究之后，他们可能发自内心地接受新的观念，转向新的立场。

（资料来源：刘良华. 行动研究、叙事研究与校本教研［J］. 教师之友，2005，1.）

第三节　行动研究的类型

关于行动研究的类型，不同的研究者依据各自的标准从不同角度进行了划分。这里主要介绍两种不同的分类方法：一是根据行动者在研究中自主性获得程度划分；二是根据参与者的数量及校外研究者在行动研究中发挥的作用划分。

一、根据行动者在研究中自主性获得程度的分类

根据行动者在研究中自主性获得程度，将行动研究划分为技术取向的行动研究、实践取向的行动研究以及解放取向的行动研究。

（一）技术取向的行动研究

在技术取向的行动研究中，行动者主要依靠执行外来研究者的理论假设，在实践中验证其效益或有效性。尽管这种研究在一定程度上能够促进实践的改进，但是由于实践问题并不是来源于行动者本身的兴趣或者是由行动者自身发现的，因此在该种取向的研究中，行动者主要是忠实地执行外来专家的“指令”，自主性较少。因此，在凯米斯看来，技术取向的行动研究是外来研究者过度介入而导致的“最坏的情况”，几乎不能称为行动研究。

（二）实践取向的行动研究

实践取向的行动研究关注的是“实践”，并重视实践过程中行动者对实践的理解和解释。这里的实践是指亚里士多德意义上的“反思性实践”。在这种取向的行动研究中，“反对将实践者视为科学理论的消费者和顾客，坚持教育研究应该根植于实践者自己在实践中获得的观念和理论”。具体到教育领域，刘良华认为，“教育理论并不控制人的思维，并不用一种‘目的—手段’的图式规定实践者先做什么，后做什么。教育理论对实践者的价值在于为实践者

提供某种解释，使实践者接受某种启示而更好地‘理解’自己的实践”。因此，实践取向的行动研究中，“实践”本身带有“理解”和“解释”的意义，同时“解释”或“理解”又包含“实践”和“行动”的内涵。所以，理解与行动是互动的，并在行动中相互促进。

（三）解放取向的行动研究

解放取向的行动研究，主张行动研究在检视和解释所依据的价值系统和公平概念基础上，必须批判意识形态，寻求揭示具有压迫性和支配性的事物，并且要把批判性的意识付诸行动，教育目的不能仅仅依赖于外在的权威，实践者具有自我决定性。在该种取向的行动研究中，行动者拥有更多的自主性，不仅实施行动，更要对行动本身及社会情境进行反思性批判，以一种批判的眼光看待实践中发生的问题。另外，解放取向的行动研究，不仅注重“批判”，更注重付诸行动，即不仅要“解释”世界，还要“改变”世界。所谓的“改变”世界，即是在批判、解释的基础上，对实践做出的改变。

总体来说，三种取向的行动研究各有侧重点。技术取向的行动研究更重视用科学的方法来解决实际问题；实践取向的行动研究更关注行动者对实践的理解和解释；解放取向的行动研究尝试将行动本身置于更广阔的情境中加以反思、批判，并注重问题的解决。因此，有研究者认为，解放取向的行动研究囊括了技术取向的行动研究与实践取向的行动研究。在解放取向的行动研究中既关注问题的解决，又关注行动者对实践的理解和解释，更强调对实践情境的反思与批判，强调将研究置于更广阔的环境中，并将行动研究作为更大范围的改革活动。表1–2显示了行动研究的三种取向之间的区别。

表 1–2　行动研究的三种取向

项目	技术取向的行动研究	实践取向的行动研究	解放取向的行动研究
主要目的	提升实务效能和效率，促使行动研究人员参与和了解，检验其他研究成果的可用性	改善实务，增进个人专业发展，促使个人独立慎思行动	改善实务，提升实践专业智慧，培养个人的批判意识、解放习惯和力行实践
关注重点	学习技能，获得经验，了解实务	发挥个人的自主性和责任感	实践人际平等沟通和自由、平等和正义等社会和政治的理念
行动本质	行动为应用技术的结果，用以了解理念	行动立基于累积实用智慧和行动者的道德原则	行动根基于实用性判断和批判的互动
理论功用	提供指引和规范	提供参考	提供参考
研究议题	促进者提出，非由参与者实务角度考量	参与者提出，由其实务角度考量	参与者提出，由其实务角度考量
选择促进者	局外人担任，多具研究经验和知能	具有相同实务经验的局外人担任，并有研究知能和经验	参与者或局外人担任，亦可无促进者

续表

项目	技术取向的行动研究	实践取向的行动研究	解放取向的行动研究
促进者角色和工作	①计划制订者：规划议题、形成计划、制定评价规准 ②推动协调者：维持参与者建立承诺和合作 ③研究咨询者：提供指引和规范	①计划制订者：提供行动研究的目标，界定研究变量，设计研究问题、研究方法等 ②推动协调者：协助参与者建立承诺和合作 ③研究咨询者：提供意见，鼓励省思 ④研究伙伴：参与研究	①推动协调者：协助发展承诺和共识，了解推动情况 ②研究咨询者：鼓励省思、批判和培养解放性思维
参与者角色和工作	①认可议题者 ②计划执行者：执行计划、依规准评鉴，认可结果	①计划发展者 ②计划执行者 ③评鉴认可者	①计划发展者 ②计划执行者 ③评鉴认可者
促进者和参与者的关系	共同选择，两者共同决定议题，促进者拥有较多知能和权威性	共同行动，两者地位平等，共同执行研究	合作，促进者即参与者，两者地位平等
评鉴规准	促进者提出，具体明确，为改善性规准	促进者协助参与者自主创定改善性规准，可弹性改变	参与者合作创定，可弹性变更，为改善性和含自我观点的规准

二、根据参与者数量及校外研究者发挥作用的分类

根据行动研究中参与者数量的不同及校外研究者在研究中所发挥的作用，可以将行动研究划分为：独立式行动研究、合作式行动研究及支持式行动研究。

（一）独立式行动研究

独立式行动研究是指单个教师或其他教育工作者为了解决教育实践中的问题而采取各种措施，以改善实践而进行的系统研究。在该类研究中，对作为行动者的个体的能力要求比较高，不仅要求行动者具有发现问题的意识和能力，同时对行动者的反思能力、批判能力也提出了较高的要求。实践中，由于个体的能力有限，大部分情况下，行动者还需要来自同行、专家的帮助，因此独立式行动研究较少，而合作式的行动研究较多。

（二）合作式行动研究

校内和校外研究者共同组成研究小组一起开展研究，校外相关者在研究中不仅开展咨询工作，而且对研究过程富有相当程度的责任，有深度的投入，而且也在“行动”着，那么这就是合作式的行动研究，也称之为协作式行动研究。在合作式的行动研究中，校外研究者和校内行动者应处于平等地位，他们相互理解、相互尊重、相互协作、相互探讨，以达到教育

实践的改善和参与者能力的提升。校外研究者在研究过程中，应注重激发校内教育者的专业自主意识，使他们能真正运用专业知识，并通过专业行动来改善实践。

（三）支持式行动研究

当校内的教师作为主要行动者，来自校外的研究者是咨询者和支持者身份时，把这种行动研究称之为支持式行动研究。支持式行动研究又可分为两种类型：“内生型”行动研究和“外控型”行动研究。如果校内行动者具有较强的能力，能够发展专业自主性，且善于反思教学实践并能在校外研究者的指导下不断改进实践的话，把这种行动研究称之为“内生型”行动研究。如果以校外教育者为主体，校内行动者丧失专业自主性，一定程度上扮演校外研究者、教育理论操作者角色的话，这时支持式的行动研究就成了“外控型”行动研究，这与技术取向的行动研究具有很大的相似性。

比较独立式行动研究、合作式行动研究和支持式行动研究，独立式行动研究具有较强的灵活性；“内生型”行动研究与合作式行动研究具有一定的相似性，不过合作式行动研究中校内行动者和校外研究者的合作程度更深入；“外控型”行动研究与技术取向的行动研究更类似，在研究部过程中校内研究者的自主性较低，这种类型的行动研究应尽量避免。不同参与者的教育行动研究比较如表1–3所示。

表 1–3　不同参与者的教育行动研究比较

	独立式行动研究	支持式行动研究		合作式行动研究
		内生型	外控型	
参与者	校内教育者，如校长、教师	校内教育者，校外教育者；以校内教育者为主	校内教育者，校外教育者；以校外教育者为主	校内和校外教育者平等协商
变革动因	校内教育者对实践不满意，对教育当局、家长、社会提高教育质量的理解	校内教育者对实践不满意，对教育当局、家长、社会提高教育质量的理解	校内教育者对实践不满意，对教育当局、大学等机构发起的改革	校内教育者对实践不满意，校外教育者对教育质量的真诚关怀
优势	灵活，与日常教学生活紧密结合，与实践者的职业生涯紧密结合	与日常教学生活容易结合，教师的认可度较高	在行动研究初期，或是校内行动者成就动机不强，或是反思能力不强时比较有效	校内与校外双方自愿，优势互补，既能与学校环境结合起来，又能吸收外界智力
局限性	需要行动者较高的成就动机，丰富的知识和教学技能，较强的批判反思能力	需要行动者较高的成就动机，丰富的知识和教学技能，较强的批判反思能力	限制校内行动者的自主性，使行动研究容易脱离学校环境，持续性弱，实用性强	对校外教育者要求较高，双方沟通成本较高

案例 1-2

研究者作为咨询人员，近三年来对一所学校的校本阅读行动研究提供支持。校长认为应该改变语文教学中把具有丰富人文色彩的课文拆解为乏味的字、词、句、段、篇的模式，让学生在阅读中陶冶性情。她到书店买来经典的儿童绘本，每周给一年级的孩子们上一节课，大家一起阅读一个故事，孩子们特别喜欢，他们的观察能力、表达能力、想象能力、交流能力也得到了锻炼。孩子们和老师都获得了极大的满足感。在一年级的绘本阅读取得成功后，校长就鼓励其他年级的教师参与，一年后，该校的所有年级都开设了快乐阅读课。每个班级都有了图书架，孩子们把自己的书拿来与大家分享，由孩子们自己负责流通与维护。每个班级还建立了网站，发表自己的阅读体会和作品，推荐好的作品等。在这个行动研究过程中，研究者从课程开发、教学活动设计、教师专业发展的角度提供建议。另一位文学博士则对绘本的选择、绘本故事的理解和表达等提供支持。行动研究中，行动者非常积极主动，她们经常对自己的阅读课有深入的反思，能够提出一个推进活动不断前进的问题，在我们提出自己的想法与她们交流的过程中，她们总是能够给予及时的回应，表达她们的理解及其创见。这种行动研究无论是发起，还是发展的动因，均来自于校内的教育者，校外专业人员提供具体的帮助，使行动研究能够切合校内的需求与做事的传统和习惯，变革因此具有较强的实用性。

（资料来源：赵明仁、王嘉毅．教育行动研究的类型与分析［J］．高等教育研究，2009，2.）

思考题

1．上述案例属于哪一种类型的行动研究？
2．结合案例，谈谈该种类型的行动研究所具有的优势。

第四节　行动研究的模式

［微视频］行动研究的模式

行动研究诞生近一百年来，研究者构建了各种类型的行动研究的模式，其中勒温提出的研究模式影响较大，后期不少研究者都只是对他的研究模式进行了细化和修改。

一、勒温模式

在勒温看来，行动研究的计划总是始于某种“基本主题”，这里的“基本主题”其实是进入研究领域的某个“问题域”，或称之为“课题”。

在行动研究中，为了更好地达到研究的目标，常常要对“基本主题”进行更清晰的界定，需遵循以下步骤：

第一步，仔细考察目标。考察目标需要对实际情境进行更多的调查，在此基础上明确研究计划。如果这一步成功，将会形成两种结果，即形成达到目标的“总计划”和采取第一个步骤的决定。

第二步，执行“总体计划”。

第三步，观察行动的过程。该步骤的观察可以为下一步的计划提供基础，同时也可以为总计划的修改提供依据。

第四步，重新设计一个计划、执行和观察的进程，以便于评价第二步的执行效果，为第三步的设计提供理性基础，并对“总体计划”做出可能的修改。

勒温模式显现了“螺旋循环”的特点，即计划、行动、观察的过程在研究结束以前总是循环往复的，如图1–1所示。

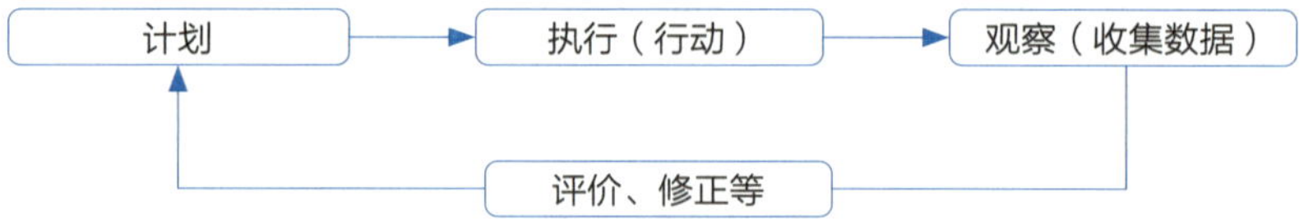

图 1–1 勒温行动研究模式

二、凯米斯模式

凯米斯继承了勒温的“螺旋循环”模式，在对勒温模式稍作修改之后，凯米斯提出了自己的行动研究模式（图1–2）。凯米斯认为，行动研究是一个螺旋式加深的发展过程，每一个螺旋发展的过程又包括四个相互联系、相互依赖的环节，即计划—行动—观察—反思。有研究者认为这是行动研究的经典程序，被称为“凯米斯程序”。

（一）“计划”——行动研究的第一个环节

在确立计划以前，行动研究者需要对事实进行调查，在调查的基础上对有助于解决问题的知识、理论、方法、技术和各种条件进行学习，形成初步设想。这里的计划包括总体计划和每一个具体行动步骤的计划方案。另外，计划具有充分的灵活性和开放性，并随着研究进程的开展允许修正、调节。

（二）“行动”——行动研究的第二个环节

行动即对计划的实施。行动者在对背景和行动本身有一定的认识之后，付诸行动，行动是灵活的、能动的，包含行动者的认识和决策。行动者在研究过程中应加深对情境的理解和认识，同时可邀请其他研究者和参与者进行监督和评议。

（三）“观察”——行动研究的第三个环节

观察主要是指对行动的背景、过程、结果以及其他诸方面进行考察。然而在实际的教育教学情境中，教育教学总是受到环境中各种因素的影响和制约，而且很多因素又无法在事前进行预测和控制，因此在行动研究中，一般提倡使用各种有效的技术进行观察。

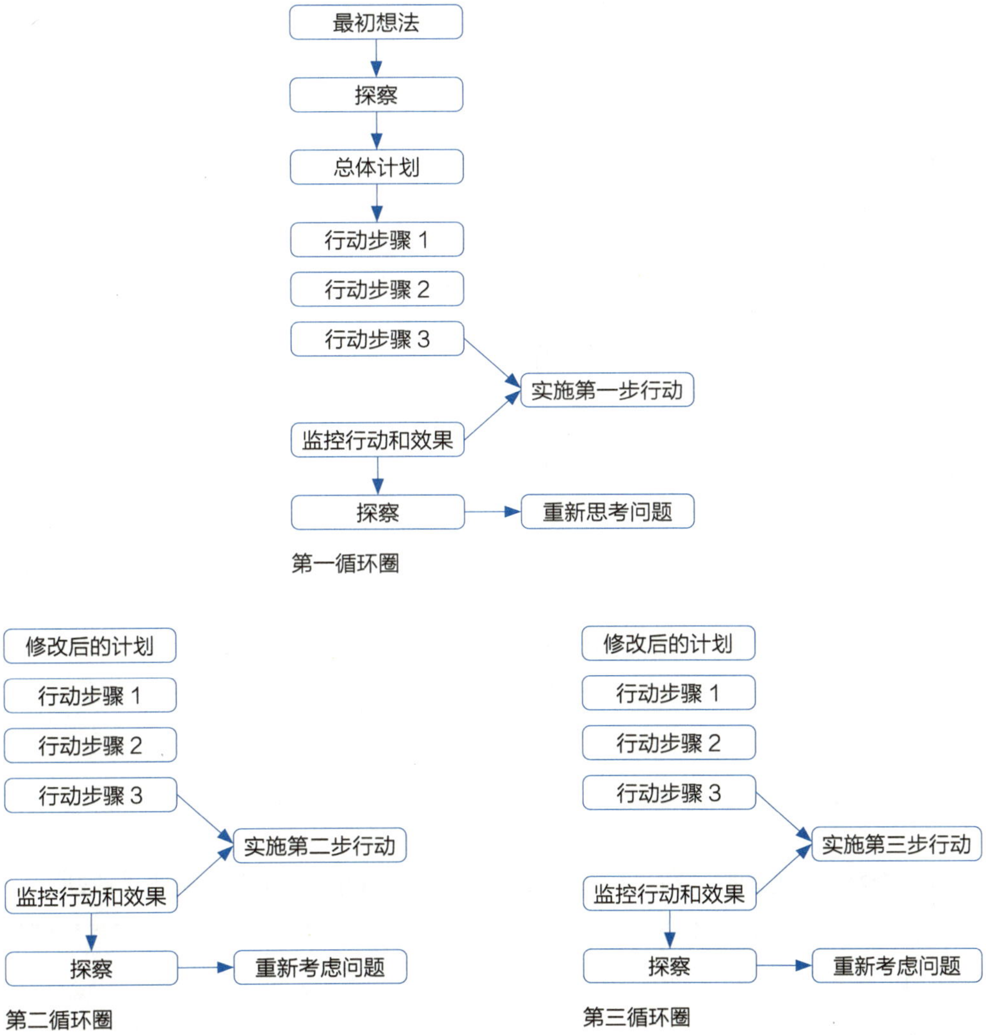

图 1-2 凯米斯行动研究模式

（四）“反思”——行动研究的第四个环节

反思意味着一个螺旋圈的结束，但同时也意味着另一个螺旋圈的开始。在该环节，需要对观察到的、感受到的与制订计划、实施计划有关的各种现象加以归纳整理，总结该循环的过程和结果，同时对结果进行解释、分析和评价。然后在分析、评价的基础上，决定是否需要修改总计划以及下一步的具体计划。

从“凯米斯”程序不难看出凯米斯强调了以下事实：①强调了在“行动中”进行研究。无论是计划、行动，还是观察及反思环节的执行均是围绕着“行动”本身而展开；②“计划—行动—观察—反思”环节的执行，就像勒温的“螺旋循环”模式一样，在研究结束以前，是无限循环的；③强调了教师的反思，即强调了“教师成为研究者”；④“观察”环节强调了对“资料收集”的重视。

三、埃利奥特和艾伯特模式

埃利奥特和艾伯特基本接受了凯米斯的研究程序，在对凯米斯行动研究模式修订和完善的基础上，于1981年在《行动研究：学校自我评价的一个方案》提出了“阶梯式”的流程图，如图1–3所示。

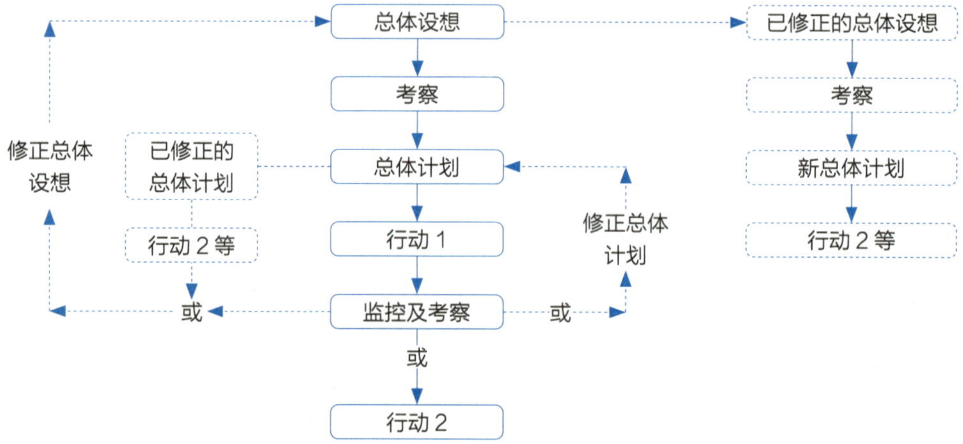

图 1–3 埃利奥特和艾伯特行动研究模式

尽管埃利奥特和艾伯特对凯米斯程序提出了异议，但并未对其做出根本性改动。

总体说来，不少研究者提出了行动研究的基本程序，但具体的研究程序仍然要听从于具体的研究计划。

本章小结

本章通过对行动研究发展历程的介绍，行动研究含义的界定，行动研究类型、特征的分析，以及最后对行动研究模式的讨论，希望读者能够充分理解行动研究的内涵，并在日后努力成为一名行动研究者：在实践中，能够发现问题，提出问题，并采用行动研究来逐步改善教学实践，同时促进自身的专业发展。

关键术语

行动研究；类型；特征；模式

讨论与探究

1. 什么是行动研究？结合自身的理解，谈谈你的看法。
2. 结合国外行动研究模式，谈谈如何理解行动研究中的“行动”与“研究”？

第二章 行动研究的哲思

学习目标

- 了解定量研究和定性研究的区别和联系
- 理解当代教育研究范式转型的特点和不足
- 掌握行动研究的方法论立场

内容导引

- 对传统教育研究的反思
  定量研究范式
  定性研究范式
  定量研究和定性研究的区别
  传统教育研究存在的问题
- 当代教育研究范式的转型
  教育研究方法范式的哲学阐释
  教育研究中混合研究范式的兴起
  教育研究范式转型的反思
- 行动研究的方法论立场
  行动研究与正规研究的区别
  行动研究的方法论反思

本章导读

"没有行动的研究，是空的理想。"

"没有研究的行动，是盲的活动。"

"研究"是通过有计划地搜集、分析资料，发现真相，建构出相关理论、模式或行动方案的探究活动。研究的目的在于全面、深刻地了解研究对象，更好地改进人们的认知或行动。"行动"则是行动者有目的的活动。"行动研究"是指行动者在实际工作中，把"行动"与"研究"结合起来，拟定解决问题的路径方法，付诸实施，并通过不断评价反馈，修正行动，解决各种具体的、实际的问题。行动研究不仅重视实际问题的解决，更重视培养行动者的反省反思能力，提高行动者的实践智慧。

第一节　传统教育研究范式概述

综合多学科的研究成果和研究方法，是教育研究必须遵循的方法论原则。有学者指出，过去选择教育研究方法最根本的不足不是单一化，而是两极化：一极是简单移植自然科学方法；另一极是总结归纳日常经验。无论哪一种方法都不利于提高教育研究的科学化水平。

从研究范式来讲，传统的教育研究范式主要有两种：定量研究范式和定性研究范式。

一、定量研究范式

作为一种哲学思潮，实证主义经过一百多年的发展，力图将哲学融解于科学之中。定量研究范式是实证主义科学方法论具体化的产物，侧重于通过数据的数量分析和计算统计，探寻人类社会，发现现象的规律性。因此，其发现知识主要依靠归纳法，检验理论主要运用"假设—演绎"的模式。这种求知的方法和检验理论的模式不仅为实践性的科学研究提供了理论基石，而且提供了一套可操作的研究程序。定量研究范式的研究程序主要包括四个步骤：

（1）观察实验，搜集数据。数据的真实性、可靠性是保证定量研究结论科学性的基础，因此，开展定量研究首先要以观察、实验等方法手段，去收集可观察的、可检验性的数据。否则，研究就成了"空中楼阁"，研究结论的科学性就会受到质疑；

（2）分析数据，提出假设。借助统计软件，对搜集的数据进行统计、分析，并根据统计结果建立假设（或理论）。

（3）验证假设，构建理论。遵循"假设—演绎"的检验逻辑，严格检验假设的科学性，并根据经验证的假设构建理论或理性的结论。

（4）运用理论，解释问题。运用构建的理论或理论性的结论，对研究对象关于“是什么”和“为什么”的问题做出合理性的回答，对原先的问题给予合理性的解释。

由于美国研究者的提倡，定量研究范式在教育研究领域曾风靡一时。但在20世纪70年代中后期，这种研究趋势的热度逐渐减弱，定性研究逐渐进入了学者们的视野。

二、定性研究范式

定性研究范式是“以研究者为研究工具，在自然情境下采用多种资料收集方法，对社会现象进行整体性探究，使用归纳法分析资料和形成理论，通过与研究对象互动对其行为和意义建构获得解释性理解的一种活动”。也称为“质性研究”，主要包括质性描述、历史研究、人种志（民族志）和行动研究等。

“质性描述”是指“包括对原始数据进行描述性统计分析，以及除作者明确给出研究方法或从论文方法论可以得出其使用的具体研究方法之外的质性研究”。

“历史研究”是通过“系统地收集和评估数据，以描述、解释并加以理解过去某个时间所发生的行为或事件”。其中数据包括“文件、数据、口头叙事、遗迹”。

“人种志”（民族志）原是人类学的一种研究方法，是指“在具体情境下，对教育体系，教育过程和教育现象进行全面科学的描述的过程”。

“行动研究”则是“由社会情境（包括教育情境）的参与者，为提高所从事社会或教育实践的理性认识，为加深对实践活动及其依赖的背景的理解，进行的反思研究”。

三、定量研究范式与定性研究范式的关系

从方法论层面来讲，定量研究范式和定性研究范式是相对的。定量研究遵循的是逻辑—实证主义，定性研究遵循的是现象学的解释主义。逻辑—实证主义应用量的和实验的方法以检验假设——演绎的类推性；现象学应用质的自然探究法，以归纳的方式从整体上了解在各种特定情境中的人类经验。

方法论是造成量的研究与质的研究一切不同的最初特质。以实证主义为基础的定量研究，将社会现象看作独立存在的客观事实，研究中并不涉及个人的主观态度和状况。运用量化的研究范式对社会现象进行研究，目的在于探讨社会现象中存在的因果关系，按照自然科学的研究模式，即运用抽样与数理统计的方法验证所提出的假设。而质的研究以现象学的解释主义为理论基础，认为社会世界是人为构建的，主体与客体是一种互动的关系。在研究的过程中，研究者的兴趣、价值观、情绪等不可避免地影响着研究的历程，而研究历程本身也会影响理论的建构和对社会实质的把握。因此，定性研究的目的不是去验证某个假设，而是运用与研究对象的对话和观察等方式，在尽可能自然的环境下，了解人们的想法和做法，了

解研究对象的心声，进而深入地认识一个个体或一个群体对某个确定的事物的态度与行动结构，在此基础上对研究的问题做出描述和解释，进而完成对某种理论的建构。

两者的区别说明如表2-1所示。

表 2-1 量的研究与质的研究比较

	量的研究	质的研究
方法论	逻辑—实证主义；客观世界的存在是不变的，社会世界是有规律的。当所有的主观性从世界抽离后，真实世界方能存在	现象学的解释主义；社会世界是人为建构的，且持续经由社会互动为新的一代所重新建构。所有的社会行动均是有意图的
研究目的	证实普遍情况，预测、寻求共识	解释性理解，寻求复杂性，提出新问题
研究方法	自然科学的研究模式，如实验法、问卷调查法等	人文与诠释取向：田野工作、参与及观察、访谈、文本分析、个案研究与叙事法
研究结论	概括性，普遍性，可以重复；可以推广到抽样的总体	独特性，地域性，不能重复；认同推广，理论推广，积累推广

（资料来源：周春燕. 质的研究还是量的研究？—教育研究方法论的省思［J］. 教育科学论坛，2006，225（10）：29-32.）

综上所述，定量研究范式和定性研究范式的确存在差异，但在教育研究的过程中，并不是非此即彼的关系，根据研究的需要，可以将两者有机融合到教育研究的过程中。

四、传统教育研究存在的问题

有学者通过对我国教育研究的方法总结反思后发现，我国教育研究从经验走向理论，从单纯的定性分析走向定量与定性分析相结合，取得了丰硕的成果，但也存在以下问题：

（1）缺乏科学方法论的指导。研究表现出一定的经验主义、教条主义倾向，研究成果经验总结或思辨性综述居多，实证性文章较少。这与教育科学突出的实践性特点不相吻合，也背离了理论联系实际、实践出真知的辩证唯物主义原理及方法论。

（2）研究方法比较单一。虽然研究者不再局限于定性研究，积极拓展实证—实验科学研究。但在具体的研究过程中，又表现出一定的矫枉过正，不能将定性研究和实证—实验研究的优势融合起来，使教育研究既具客观性，又具目的性。

（3）研究方法陈旧。定性研究往往以思辨为主，但思辨大多基于文献，而缺少客观事实或实验数据集的支撑，因而缺乏说服力。其他质性研究如现象学研究、人种志研究及个案观察等方法应用较少，已有的研究质量也有待提高。定量研究实验设计不够严密，数据的有效性欠缺，现代数学思想和先进的统计软件在定量研究中应用较少，数据分析质量不高，结论缺少理论的高度。

第二节　当代教育研究范式的转型

方法论是一种规范和厘清研究中探询程序的思维方式，是对实践中得到的检验手段的反思。这种思维方式与反思是基于研究者对所使用的具体研究方法进行哲学层次上的思考，包括理论以及对研究如何或必须怎样进行的分析。理论不但指一般方法或策略的逻辑或原理，而且还是关于存在、知识与实质理论的原理论，后者指研究者所持有的特定学科的基础理论视角，如哲学、社会学、心理学理论等，而前者通常为决定研究类型以及研究实践中研究者所采用的“基本信念系统或范式”。

研究者选择何种教育研究范式取决于他们的方法论基础。

一、教育研究方法范式的哲学阐释

库恩提出范式理论后，后继的学者给予了不同的阐释：帕藤认为范式是“一种世界观、一种综合的视角、一种分解真实世界复杂性的方式”；古芭则认为范式是“在受过训练的探询中指导行动的一套基本的信念”。他们的阐释对启动和指导研究范式的理解都揭示了其哲学意义上的实质性。

古芭等人认为，教育研究的范式建立在本体论、认识论和方法论基础之上，因而也必须在本体论、认识论和方法论三个层次上理解教育研究范式。本体论关注“知识的本质是什么”或“现在的本质是什么”，认识论关注“研究者与研究对象之间关系的本质”，而方法论则关注“研究者应如何发现知识”。其中，认识论假设特别是关于“知识是否能够被论证与如何被论证”假设的，直接影响研究者的方法论和思维方式，进而影响他采用的具体研究方法，最终影响研究者的理论架构。由此，方法论、方法与认识论的问题成为“知识的生产与合法方式的问题”。

基于本体论、认识论和方法论的分析，又引发了人们对科学研究的理论基础的探讨。比较有影响的人物是罗斯维尔和古芭。罗斯维尔提出元客观主义与元诠释主义两种方法论范式。元客观主义范式包括现实主义范式、理性主义范式、实证主义范式与逻辑实证主义范式；元诠释主义范式包括现象学范式、存在现象学范式、结构主义范式、新实用主义范式与解释主义范式。古芭则提出了实证主义、后实证主义、批判理论范式以及建构主义范式四种范式。

鉴于以上简要的分析，可以得到这样一个共识：很多研究者认为定量研究与定性研究是具体的研究方法，仅有少数学者把它们看作方法论。而事实上，方法论范式早已存在于研究者的意识和思维中，并潜在地影响着研究者采用的研究方法和研究过程。而要实现这种事实，研究者必须经过方法论的科学的训练，具有科学研究的方法论理论素养与具体研究方法、技术的基本知识。否则，研究者的研究就会处于一种混沌的状态，最终影响研究结果的信度和效度。

根据以上分析，认识论、方法论、范式与方法之间的关系如图2-1所示。

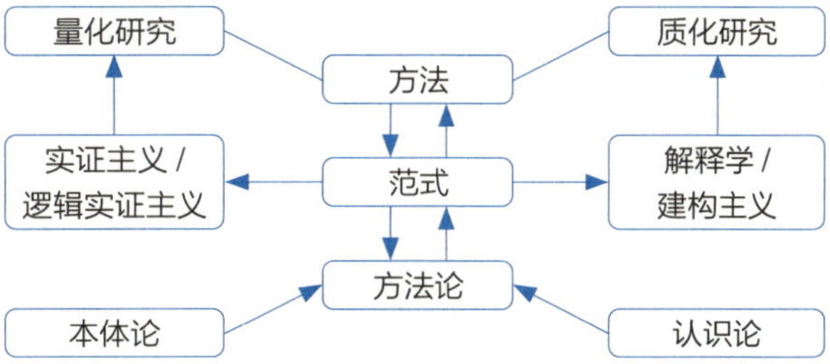

图 2-1 方法论范式图解

如图2-1所示，在本体论层面，实证主义方法论范式认为事实存在于人的心智之外，它受永恒的自然规律与机制控制；而解释学/建构主义方法论范式坚持事实是在社会情景中建构的，知识是人的一种建构。在认识论层面，对实证主义方法论范式来说，研究者可能探究和了解外在于人的事实，在探究的过程中，研究者与研究对象是独立的，他们之间的关系是客观的，研究者的价值或其他偏见应该能够被排除；但是，解释学/建构主义方法论范式却强调了主观性的立场，也就是带有价值取向的研究者使用主观的互动与交流的方法接近“他人”的内心世界，因为事实存在于他人的内心，所以研究者与他人是不可分离的。由于本体论与认识论上存在的分歧，导致实证主义方法论范式与解释学/建构主义方法论范式在具体研究方法上各有所重，即上述的定量研究与定性研究。从表2-2中可以看出这两种研究方法在范式上的区别。

表 2-2 两种主要教育研究方法论范式的区别

	量化研究	质化研究
认识论	实证主义、逻辑实证主义、自然主义	解释学、建构主义、象征互动论、民俗方法论、现象学、批判理论
本体论	有一不变的世界存在、社会世界是规律的。当所有的主观性从世界抽离后，真实世界方可存在	社会世界是人为建构的，且持续经由社会互动而为新的一代所重新建构。所有的社会行动均是有意图的
研究方法	自然科学的研究模式，如实验法、问卷调查法等	人文与诠释取向：田野工作、参与及观察、访谈、文本分析、个案研究与叙事法等
特性描述	价值中立、客观性、研究信度、效度、归纳、可复制	主观性、互为主体性、诠释、象征、意义
研究过程强调者	取样、计算、度量及抽象化	深入、诠释、互为主体性、象征、意义
对彼此的批判	（质—量）对人类思想与语言的变异性与适应性不具敏锐度、干扰的、外来的、违反人性的	（质—量）将学科变成旅行者的故事、缺乏客观性、严谨与科学的控制，研究结果无法归类以建立人类行为的规则

对于具体的研究而言，绝大多数情况下，人们不是关注范式与认识论的问题，而是关注采用何种方法收集数据，以及采用何种理论解释、分析数据，得出结论。对于定量研究而言，研究者往往先研究文献或总结经验，提出研究问题或研究假设，然后借助实验、问卷调

查、内容分析等方法来验证假设和已有的理论；而在定性研究中，研究者往往直接进入研究场域，观察、分析并提炼研究问题，制定研究思路，收集研究资料，描述、分析与解释研究情境中的意义与关系，最终建构理论。

因此，研究者对现实、知识、自身与研究对象的关系的立场决定他们的方法论立场，从而影响他们对某一研究问题所使用的具体方法。

反之，研究中具体的方法的选择也取决于研究者自身的认识论与方法论立场。只有遵循这样的逻辑，一项具体的研究才具有科学性，才称得上是科学的研究。

二、教育研究中混合研究范式的兴起

从教育研究发展的历史脉络来看，混合研究方法是基于定量研究、定性研究演变形来的教育研究方法。

尤莉曾撰文指出，一个完整的混合方法研究程序主要包括8个步骤：①确定研究问题；②确定研究目的，即确定混合研究是否合适；③选择研究策略，即选择顺序法、并行法、转换法；④收集资料；⑤分析资料，它包括数据压缩等7个基本环节；⑥解释资料，即赋予整合后的资料以意义；⑦使数据合理化，它包括评估定向和定量两种资料及其解释的可信度；⑧得出结论并写出最终报告。混合研究步骤如图2-2所示。

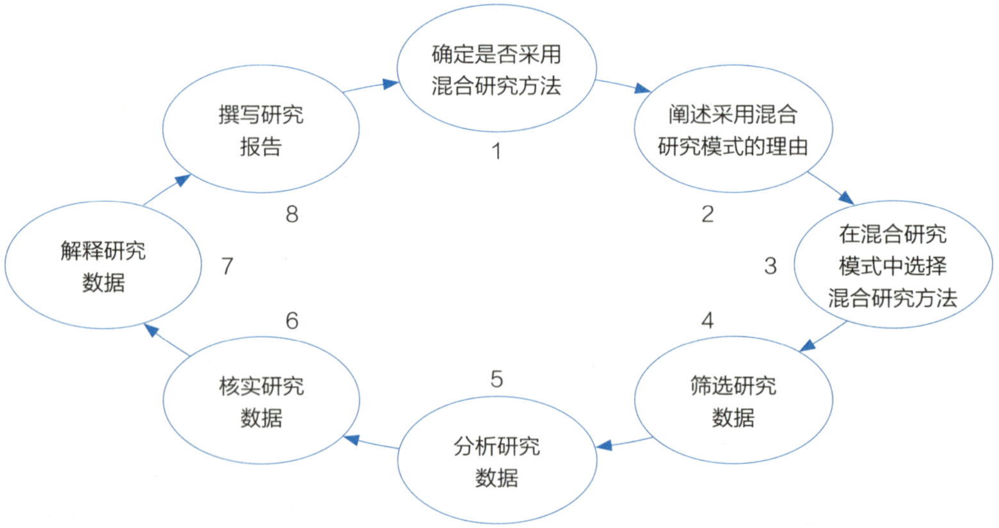

图 2-2 混合研究步骤图

其中，“选择研究策略”显得尤为关键，也是自20世纪八九十年代以来，众多研究混合研究方法的专家学者的研究热点。而并行法、顺序法、转换法等研究策略的突破，使混合方法研究取得实质性突破。

值得一提的是，在并行设计中，为了更好地理解所要研究的问题并获得关于同一个主题不同的但相辅相成的数据，人们往往同时进行定量统计与定性分析。这样既可以将定量统计与定性发现进行直接比较，又能够用定性数据来验证或推广定量结果。混合研究方法需使用两种甚至更多的研究方法，这就需要对研究方法进行顺序设计，将重要的研究方法靠前优先运用，以保证研究取得实效。转化性设计取并行设计和顺序设计之长，研究者在一定理论的指导下，可以依据研究问题随时选择转换研究方法，这对研究者的水平提出更高要求，既要灵活运用，又要克服随意性，保证研究一以贯之，科学有效。

三、教育研究范式转型的反思

纵观混合研究方法的发展历程，不难看出混合研究是采用了两种以上的研究方法或整合不同研究策略的研究，它的哲学基础是实用主义。混合方法研究符合研究对象多样性的特点，能有效弥补当前教育研究中定量研究和定性研究方法的局限，极大地促进教育研究的科学化，因而在教育研究中具有独特的价值。

第三节　行动研究的方法论立场

起源于20世纪40年代美国的行动研究，在经历了一波三折的发展后，于20世纪90年代初被学者引入我国。20多年来，行动研究无论在理论领域还是在实践层面，都获得了很大发展，推动了我国教育研究方法的多元化，促进了教育理论和实践融合发展。

但值得注意的是，对于行动研究的归属问题，无论是理论领域还是实践场域，认识还比较模糊，甚至有些混乱。因此，需要对行动研究“是什么”和行动研究“不是什么”做进一步的澄清。

一、行动研究与正规研究的区别

行动研究与“正规研究”相比确实存在不少差异。博格在《应用教育研究：教师应用指南》中将行动研究与“正规研究”的区别归为9条，如表2–3所示。

表 2–3　行动研究与正规研究的区别

项目	行动研究	正规研究
研究技巧	不需要具备有关研究设计和解释的高级技巧，一般实践者都可以进行行动研究	需要广泛的训练以便熟练使用正规研究的方法

续表

项目	行动研究	正规研究
研究目的	获得能够直接应用于当下情境的知识	发展和检验理论，使知识具有更广泛的适应性
确定研究问题的方法	研究影响实践者自己或同事工作效率的问题	阅读前人的研究来提出研究问题，但与研究者的工作实践不一定直接相关
对待文献研究的态度	对相关研究有大致了解，可用第二手资料	广泛的文献研究是获得原始资料必须经历的步骤
选择参与者的方式	研究自己的学生或相关人员	选择具有代表性的样本，增加研究结论的普遍意义
研究设计	比较自由地在行动中做出某些改革，在研究过程中能比较迅速地调整	强调周密的计划以便控制某些影响结果的解释的无关变量
收集资料的程序	使用比较方便的方法，如观察、与学生谈话或课堂测验	使用有效和可靠的资料收集方法去获得资料
资料分析的方式	关注实际效用而不讲究统计意义	使用复杂的分析程序
结论应用	研究结论的实践意义，并暗示这些结论对他们同事的专业实践可能会有一些应用价值	强调结论的理论意义以及对后续研究的可能启示

从上述分析可见，行动研究与传统研究的区别主要有：

第一，行动研究寻求合作者之间的相互理解并关注引起持续“改进”的因子。而正规研究只是解释社会关系的功能，人们何以相互影响，有效的小组或组织特征是什么，即他们关注的是解释和真理。

第二，行动研究期望发展和提高自己的小组和组织，留心那些有计划的变化。而正规研究者追求一个关于社会关系的知识体系，满足于知识的积累。

第三，行动研究者希望通过小组中不同的观点来超越个人的优先的视域，他们只从可靠的人那里获得可靠的信息。而正规研究努力走出他们的主观现实，以便在实验中或田野研究中收集资料，他们追求从有代表性的样本中获得客观数据。

二、行动研究的方法论反思

从方法论的角度来看，行动研究毫无疑问是一种研究方法，但绝不可以将其与观察、调查、实验等具体研究方法相并列、相混淆，它应该高于这些具体的研究方法，处于教育研究方法体系的第三层研究范式。究其原因，主要有以下几种。

（1）行动研究体现的是一种独特的研究理念，而不是对如何研究问题的具体方法的阐述。它是针对研究的主客体分离而导致的理论与实践相脱节而提出的一种解决问题的策略、思路。在坚实的理论导引下，它关心的是如何将行动和研究结合起来、如何有效地解放实践工作者的智慧，充分彰显了研究的实践取向。它在更高层次上回答了“如何做研究”的问题，而不是具体如何研究的问题。

（2）行动研究不是一种独立存在和可运用的研究方法，而是对多种研究方法的综合运用。在教育研究领域，只要开展行动研究，必然会运用其他研究方法。这也是行动研究的研究方法多样性特征的根源之所在。

（3）作为一种研究方式，行动研究已经形成了一套相对成熟的操作程序。成熟、规范的操作程序是行动研究质量提升的保障，但行动研究它本质上依然是行动，是更具目的性、更高质量的行动。

（4）行动研究者聚焦解决具体的问题来提高研究的有效性，他们只尝试建构适切、适用的理论来指导、改进个体的行动。而正规研究关涉更大范围的相关研究，以便建立具有普遍意义的理论，建构抽象原理，指导大众的行动。

本章小结

定量研究是实证主义科学方法论具体化的产物。定量研究发现的知识依靠归纳法，检验理论运用“假设—演绎”的模式。定性研究即“质性研究”，是通过与研究对象互动对其行为和意义建构获得解释性理解的一种研究活动。由于定量和定性研究各有优劣，所以现在研究者更倾向于根据研究对象选择多种的研究方法，混合研究成为当下研究的主要方式。

关键术语

定量研究；定性研究；混合研究

讨论与探究

1. 何谓定量研究？何谓定性研究？定量研究和定性研究的区别有哪些？
2. 如何开展混合研究？
3. 当代教育研究范式转型的表现是怎样的？
4. 行动研究和正规研究的区别是什么？

第三章 行动研究实务

学习目标

- 了解行动研究选题的主要方法
- 理解中小学教师设计行动研究方案的路径
- 掌握中小学教师实施行动研究的要求与程序
- 掌握行动研究结果呈现的样式

内容导引

- 开展行动研究的选题
  行动研究选题的价值　行动研究问题的发现
  行动研究问题的确立　行动研究选题的论证
- 行动研究的设计
  拟定设计方案的基本要求　设计的前期工作　制定行动研究方案
  行动研究设计方案的几个注意点　行动研究方案设计要素示例
- 行动研究的实施
  依据设计方案开展行动　收集行动研究资料
  分析研究资料得出结论　实施行动研究效果评价
- 行动研究的结果呈现
  起始部分　正文部分　结尾部分

本章导读

行动研究作为一种教育研究方法，必然有章可循。本章主要介绍中小学教师开展行动研究的选题、行动研究的设计、行动研究的实施和行动研究的结果呈现四个方面的内容。其中，行动研究的选题需关涉研究意义、研究效果和研究能力；行动研究的设计需关注研究背景、研究目的、研究假设、研究方法、研究分工和研究进程；行动研究的实施主要包括依据设计方案开展行动、行动研究资料搜集、分析研究资料得出结论、实施行动研究效果评价等；行动研究的结果呈现主要有起始部分、正文部分和结尾部分。

进入新时代，行动研究已成为教师越来越离不开的“生活方式”，无论是完成教育教学工作任务还是促进自身专业发展，都离不开行动研究。教育是培养人的活动，因此教育是十分复杂的社会活动，与之相应，行动研究也必然难以用统一的模式来固化。事实上，我们也没有必要强求行动研究遵循特定的范式。但是，行动研究作为一种教育研究方法，仍然有章可循。

第一节　行动研究的选题

如同其他类型的教育研究一样，行动研究也要求研究者具有强烈的问题意识。但是，行动研究注重“行动”，因而它的问题主要来源于教育实践。事实上，教师在日常的教育教学工作中，难免会遇到一些问题或困惑，对这些问题或困惑加以归纳、整理，就有可能形成行动研究的选题。表面来看，选题似乎很容易，尤其是行动研究似乎没有那么深奥的理论思考，事实情况并非如此。教师只有不断提升自己的研究意识，不断强化自我专业发展的能力和水平，通过研究实现自我的革新，才能发现、归纳、提炼出更有价值的选题。

拓展阅读 3-1

写作一直是英语学习中的难点，也是评价学生综合语言运用能力的重要指标。然而，学生的写作现状却不容乐观。据报道，2010—2012年浙江省高考英语作文平均分仅12.46分、10.79分、9.75分（总分30分），考生得分普遍较低。英语写作困扰着高中生语言能力的发展已是一个不争的事实。虽然英语教师费尽心思极力想改变现状，但“低效”仍是制约英语写作教学的“瓶颈”。本研究以写作策略为研究对象，旨在通过行动研究的方法探究学生写作能力滞后的原因，探讨提高高中生英语写作能力的策略。

（资料来源：郑士强．运用“策略包”提高英语写作能力的行动研究［J］．现代中小学教育，2013，（2）：34.）

思考题

作者是基于什么样的教育问题确定研究选题的？

一、行动研究选题的价值

（一）选题关涉研究意义

教育作为培养人的活动，过程中充满了各种各样的问题。从教育目的、教育原则、教育内容、教育方法、教育手段等方面都可以借“题”发挥。然而，只要从事行动研究就会知道，选题是很困难的事。选题是否恰当直接影响研究的价值。例如，没有新颖性的选题在耗费大量人力、物力、财力之后，研究者最后会发现，他的研究人家早就公之于众。因而，行动研究者应当根据研究选题的价值以及研究条件综合考虑选题。否则，就会陷入为研究而研究的怪圈。

（二）选题关涉研究效果

任何研究都是要追求一定的效果的。选题的失当会影响研究效果，行动研究较之于其他理论研究更是如此。例如，由于行动研究者的特殊角色与地位，他们不太可能研究宏大的课题，因为这类课题需要自上而下动员各种力量完成。同样，行动研究者也不宜选择理论性较强的思辨类研究，如关于现象学的研究、元教育学研究等。也就是说，行动研究选题应当是十分贴近教育实践的，只有贴近自身教育实践的选题才是可能产生研究成果的有效选题。这也是广大教师从事行动研究的优势所在。

（三）选题关涉研究能力

行动研究的目的是解决特定的教育问题，揭示较为微观的教育规律。对于研究者自身而言，行动研究也是一次宝贵的科研训练，对于提升他们的研究意识、研究能力也大有助益。通过选题训练，可以提高研究者对教育现象的洞察力，对研究问题的敏感度，从而避免围绕“热点”一哄而上，人云亦云，善于独辟蹊径，从新的视角发掘研究的生长点。

二、行动研究问题的发现

研究问题是研究的出发点。尽管行动研究作为实践性较强的研究不同于专门的教育理论研究者的思辨性的研究，但是行动研究的问题并不是自动地生成，而是需要中小学教师做有心人，基于实践、通过实践、为了实践，产生有价值的问题。研究者要深刻地认识到，发现问题比解决问题更重要。甚至可以夸张地说，发现一个有价值的问题，研究已经成功了一半。

行动研究的意义就在于解决当前教育教学活动中的现实问题。不少中小学教师常常“望‘题’兴叹”，不知从哪里遴选研究课题，其实教师坚守的课堂就是行动研究选题的源头活水。曾有学者将课堂比喻成教育研究的实验室，可见课堂与研究问题关系之密切。当然，除了鲜活的课堂之外，其他教育阵地也可以产生研究问题。

（一）在教育实践中产生问题

行动研究本身就是为弥合教育理论与教育实践之间的脱节而产生的研究方法，它不再复制以往的理性模式，而是关注鲜活的教育实践。当前，关于行动研究尽管还未有公认的范畴界定（如斯滕豪斯强调行动研究对教育实践的“改进”功能，凯米斯则认为行动研究是对自己的实践进行批判性思考），但有一点是公认的，那就是行动研究总是试图解决实际的教育问题。

实践是教育研究选题的首要来源。对于初涉研究的教师来说更是如此。教师直面鲜活的教育场景，对于“教育世界”感同身受，能够掌握第一手材料，所以说在实践中选题完全是可行的。

事实上，教育问题始终都是存在的，并且存在的形式多种多样，这就要求教师首先要成为观察者。观察是有意识的感性认识活动，具有较强的计划性，是从事教育科学研究的前提。值得一提的是，“研究性”的观察是“负载”着理论的。教师的教育观念与理论背景决定了他们能够观察到什么，观察到何种深度。因此，面对同样的教育现象或教育问题，不同教师的观察是有差异的。从这个意义上说，一名理论缺失的教师要想进行敏锐的观察是难以想象的。正是观察负载理论的特质要求教育实践与教育理论必须交互作用。因此，即便是日常的观察，也要求教师加强教育理论的学习，这为教师发现真正的教育问题奠定了基础。教师的观察需要动力的支撑，这种动力的源泉就是改善教育实践的迫切愿望。教师应当以积极的态度观察身边的教育现象才能发现真正的教育问题。

（二）基于已有观点进行验证性选题

现在，从事教育研究的人员众多，研究成果也十分庞杂。对于一些边界比较模糊的研究观点既不能轻易地肯定，也不能轻易地否定，此时开展验证性行动研究就成为可能。因此，教育前沿理论中预测性的观点，也可以成为行动研究的选题。例如，关于隐性知识理论对于学生学习的影响，就可以设计行动研究方案，在实践中加以验证。尽管验证性选题似乎创新意味不浓，但这也是批判性思维的体现，针对已有观点可能存在的缺陷进行的验证研究，无论是证实，还是证伪，都是有意义的。

（三）在横向或纵向课题指南中选题

现在，各级政府和教育主管部门都十分重视教育科学研究，各类横向或纵向研究课题申报十分活跃。行动研究者完全可以在课题申报指南中选取合适的课题进行研究。一般来说，指南提供的选题有着较强的现实意义，课题研究成果受益面较广，并且一旦立项，在组织、制度、经费等方面都可以给予保障，从而有助于研究工作的顺利开展。

三、行动研究问题的确立

在日常教育教学实践中，会涌现出许许多多的问题，但这些问题并不都能够成为行动研究的问题。必须要对发现的问题进行认真的筛选、分析、论证，使问题逐步典型化、规范化，问题才能最终确立为行动研究的选题。

（一）行动研究选题的原则

一般来说，行动研究的选题要符合以下几个原则。

1. 应用性原则

这是选题的基本原则。研究本来就是一种目的性、针对性较强的探索性活动，行动研究更是一种解决实际问题的研究。因此，行动研究选题应能有效解决教育教学实践中的具体问题，研究成果具有直接应用的价值，能够丰富一线教师的实践智慧。基于应用角度的选题会直接提高教育科研对教育教学质量的贡献率。

2. 创新性原则

研究本身就是探索，因此，选题必须新颖独特，必须是他人尚未解决或未完全解决的问题。基于此，除了验证性的研究之外，一般不宜重复已有的研究课题，否则会造成人力物力财力的浪费，也不具备探索的意义。当然，这里的创新，可以是理论的创新，也可以是研究路径的创新。创新性原则并不是要完全脱离现有的研究成果，它倡导的是在继承的基础上创新。

3. 科学性原则

科学性要求行动研究必须凭借科学的知识与思维方式，形成科学的方法论，并以此作为选题的指导思想。选题应当有事实根据和理论根据，选题涉及的概念内涵和外延有明确的界限，从而保证研究能够达到预期目的。通过研究，对已有的研究成果能够进行补充或修正，实现教育科学的新发现。凡是已经被多次证明行不通的选题不必强行开展研究。当然，确定选题是否具有科学性需要进行充分的分析、思考与论证。

4. 可行性原则

首先，选题要有生活基础，要源于生活又高于生活，适于立足生活实际开展研究。其次，选题要有能力基础，要基于研究者的研究条件和研究能力筛选课题。从主观条件来看，考察研究者是否具有专业知识、实践经验等研究能力；从客观条件来看，考察研究者是否具备研究时间、研究经费、研究工具（如统计软件、相关量表）以及研究资料等。就选题本身而言，不宜太空泛，行动研究一般倡导“小题大做”。例如，关于高考制度的改革、关于脑电理论对于学生行为的影响等，行动研究者会感到困难。要注意的是，如果由课题组集体完成课题，那么选题应当集体讨论决定，集思广益。当然，选题并不是回避困难，如果能够想办法化解困难，所开展的行动研究往往可能更有价值。

（二）选题的精致化

在初步选题之后，还要经历一个精致化的过程，这一过程实际也是对选题进一步论证的过程。

拓展阅读 3-2

1. 课内外观察

在写作教学过程中，笔者时常发现许多学生写英语作文时并没有打草稿的习惯，一些学生经常会审题不清或偏离主题，遗漏内容要点，不注意使用衔接词和过渡句，中式英语泛滥等。写作后，也很少有学生一起谈论写作感受或帮助同伴修改作文。因此，学生的作文错误百出，得分普遍偏低。

2. 研究预设

笔者对学生写作不佳现象进行了归纳、分析、总结，提出了以下三个预设：学生缺乏写作兴趣；学生缺乏有效的写作策略；学生缺乏有效的写作策略指导。

3. 写作学情调查

为了验证以上预设，笔者针对写作策略设计了9个选择题，于2010年12月对所任教的高二（3）班和高二（9）班共108个学生进行问卷调查。调查发现，写作前经常列提纲的仅占2%，写作前经常先列出要点并翻译关键短语的仅占5.9%，写作中会经常考虑使用过渡句和连接词的学生占42.6%，会经常使用高级词汇代替普通词汇的仅占12.9%。写作的后续跟进活动（包括自我检查、找同伴互评、与同伴或教师交流写作感受等）几乎为零。只有14.9%的学生写作后会经常通读全文并修改明显错误，而写后很少找同伴帮助修改的占75.2%，能以审美的眼光欣赏自己作文的学生仅占9.9%。

（资料来源：郑士强．运用“策略包”提高英语写作能力的行动研究［J］．现代中小学教育，2013，（2）：34.）

思考题

作者是如何形成研究假设的？又是如何基于这些假设进行深入调查的？

1. 形成假设

形成假设是初步选题后首先开展的环节。假设的路径是多元的，如对已有文献的研读受到启发，如同行间进行交流、头脑风暴，如资深教育研究者的指导等。

2. 深度调研

在假设的基础上，研究者就可以有针对性地广泛开展调查研究工作，如查阅文献资料，了解国内外研究现状，了解已有研究方法、研究思路、研究成果，了解该选题受到的关注度等。

3. 细化选题

经历上述过程后，选题的研究意义更加明确，研究范畴更加具体，研究步骤更加清晰。为方便研究，需要将选题具体化，必要时可以分解为若干小问题，既便于降低研究难度，也便于课题组进行分工。

四、行动研究选题的论证

当局者迷，旁观者清。无论是初步选题，还是选题精致化，课题申请者往往因“只缘身在此山中”而“不识庐山真面目”。因此，为了保证选题真正具有研究价值，并具备操作性，由“第三方”对选题进行论证是十分必要的。

课题论证包含对选题的科学性、创新性的论证，对研究目的、思路、方法、进程的论证，重在分析选题的价值与可行性，预测可能产生的研究成果及其效益。通过论证，可以帮助研究者更好地开展研究设计，少走弯路。同时，论证报告也可作为将来进行研究鉴定的依据之一。

第二节　行动研究的设计

[微视频]
行动研究方案设计

行动研究设计是指在研究开始之前就对所要从事的研究具有较为系统的规划，提出相应的行动计划或方案。主要涉及具体的研究方式方法、研究步骤与流程等。行动研究致力于研究与解决具体的实际问题，而教育问题是纷繁复杂的，因而行动研究也不可能有放之四海而皆准的明确模式或步骤。但这不影响研究者探索基本的设计思路。

一、拟定设计方案的基本要求

对行动研究进行设计，有利于研究者克服研究的随意性和盲目性。好的设计方案对于研究的顺利开展十分必要。切实可行的设计方案要满足下列基本要求：一是设计的方案具有较强的可行性，经过研究者通力协作能够达成研究目标；二是设计的方案能够兼顾日常的教育教学工作与研究工作，二者不能偏废；三是设计方案得到学校认可，相关研究工作要与学校工作相协调，争取学校的支持；四是研究具有可测量性，在研究的每一阶段可以有测量结果显示研究的进程。

二、设计的前期工作

行动研究是基于事实的研究，设计不能闭门造车，天马行空。研究者应当基于大量的教育事实，不断进行调查研究，在深入调研、掌握丰富的第一手资料的基础上设计方案计划。

（一）明确研究的基本条件

立足于解决问题的现实需求，必须认真分析现有的研究条件。研究条件可以分为“硬件”与“软件”。前者主要包括研究拟采用的方法与技术、物质条件等，后者主要包括研究依托的人员、研究的理论基础、研究的顶层设计策略等。在进行条件分析时要多问几个问题：教育问题的现状是什么？这些现状的原因可能有哪些？解决这些问题的关键点在哪里？解决问题的制约因素可能有哪些？各种研究条件应当如何组合？

在正式制定行动研究设计方案之前，如果研究者缺乏相关经验，可以向校内富有经验的同行请教，也可以邀请校外专家进行课题论证、实务指导。此外还要注意，研究的问题尽管在选题阶段已经反复推敲并精致化，但“计划没有变化快”，随着研究的推进，对原有选题的内涵或外延获得新理解、新认识是很正常的。因而，应当保持选题适当的弹性，以便适应后续行动的开展，不断修正、完善选题。

（二）研读参考文献

遵循选题原则遴选的选题，往往还是模糊的，还需要进一步精致化。引入相关理论对于确定选题具有指导意义，因为理论的介入有助于确定“因果关系”。此时，研读已有研究文献就十分必要了。

文献研究可以帮助研究者充分了解研究领域前人的研究成果，对于明确研究目的、研究内容、研究思路十分必要。一方面可以从文献中汲取前人的研究经验，拓宽自己的研究视野；另一方面，也可以提高研究效率，少走弯路。另外，也可以有意识地规避陈旧的研究方法，积极运用新理论、新方法，实现研究的创新。

研读参考文献之后，研究者对所要解决的问题会有更进一步的了解，此时，可以回过头来审视原初的研究问题，再进一步进行界定。

拓展阅读 3-3

1. 学情分析

调查数据表明：学生用英语写作时很少列提纲，写作后很少通读全文并修正错误，几乎不与同伴交流写作感受，很少主动找同伴或教师帮助修改。总之，写作习惯差、写作策略欠缺成了高中生英语写作中日益凸显的问题。可见，要想将英语写作提升到较高的水平，学生必须拥有较好的写作策略，具备良好的写作习惯，这样才能在写作中运筹帷幄。另外，学生的学习离不开教师的指导，写作更是如此，因此教师良好的指导策略也是不可或缺的。

2. 文献梳理

《普通高中英语课程标准（实验稿）》指出，学生综合语言运用能力的形成建立在学生语言技能、语言知识、情感态度、学习策略和文化意识等素养整体发展的基础上。加强学习策略的指导，为学生的终生学习奠定基础。

陶行知先生认为："先生的责任不在教，而在教学，在教学生学。"学生只有掌握了科学有效的学习策略，才能举一反三，做好知识的迁移。写作学习策略是学习策略中的一个重要组成部分。近年的教学研究表明，学习者的学习策略对提高学习者的外语水平有很大的促进作用。教师在写作教学中的作用是帮助学生形成一套行之有效的写作策略，包括动笔前的酝酿、起草、修改等一系列的步骤。

3. 再次确认研究问题

以上学情分析及文献梳理基本验证了笔者的预设性分析：首先，有效写作策略的缺失是影响大多数高中生英语写作的主要因素；其次，学生亟须教师有效的写作策略指导。

（资料来源：郑士强. 运用"策略包"提高英语写作能力的行动研究［J］. 现代中小学教育，2013，(2)：35.）

思考题

为什么行动研究需要进行文献研读？

（三）开启协同研究模式

不少行动研究属于"个人行为"，个人经验色彩浓厚，这虽然使研究产生鲜明的特色与个性，但由于个人总有视角盲区，容易导致研究的狭隘性，降低研究的信度与效度。而协同研究则可以集思广益，取长补短。其实，协同应当贯穿于整个研究过程，但在进行研究设计、制定研究方案时，协同也起着重要的作用。例如，在进行剖析研究问题精准归因时，校内外人员就起着不同的作用：校内同行可以将相关问题的研究经历与研究者分享，还可以承担一定的验证方案的任务；校外专家则可以就研究的难点提供理论指导，有助于研究者优化顶层设计，打开研究思路。

三、制定行动研究方案

研究方案是研究的蓝图。一个完整的行动研究设计方案至少应包括下列内容。

（一）研究选题

研究选题是否清晰、准确，是否能涵盖研究的内涵外延、方式方法，从一定意义上说，也是检验与衡量研究者对选题认识程度和水平的标志。在设计方案时，要致力于进一步推敲选题，清晰、准确地表述选题，以使研究更具可操作性，更容易确立方案设计的突破口。一个较好的选题应主题鲜明、简洁明了，能够准确地反映研究的范围、对象、内容和方法。口号式句型要慎用，如“培养学生自信心，切实提高课堂效率”，只适合作为经验总结。

以下是从中国知网（CNKI）检索的一些行动研究论文：《“多元交互式”教学评价体系的建构与实践——基于地理教学观察的行动研究》《高中英语文学阅读教学行动研究》《提高数学教学的有效性——基于教研组的课堂观察行动研究》《开展高效数学教学的行动研究》《整体建构分数意义的教学行动研究》《小学课堂教学中有效实施小组合作学习的行动研究》，研究者可以参考这些题目，准确地提炼、表述自己研究的选题。

（二）研究背景

在设计方案中要简要地介绍研究的背景，包括已有的文献综述、教育问题表现形式、研究的现状、研究的意义等。通过文献综述了解相关领域研究的现状，分析已有代表性观点，已取得哪些进展，还有哪些研究的空白，可以开拓研究的思路，使自己的研究能够避免无意义的重复劳动，并基于已有的成果不断拓展研究的深度和广度。研究的意义要在理论意义与实践意义两个方面进行表述，对于该研究的迫切性进行必要的阐述。

（三）研究目的

设计研究方案是从探讨研究的目的开始的，研究目的回答了“为什么要进行研究”这样一个问题。这里需简明扼要地表述研究目的，并使之具体化。过于宏观的研究目的不利于提高研究的针对性。研究者可以用“本研究的目的是……”的句式直接阐明研究目的。

（四）研究假设

研究假设是在开展研究以前，根据已有的资料信息或事实，经过科学演绎而构建的有待验证的研究成果。假设不等同于假想，它们之间有着质的区别：假设具有一定的理论与事实基础，是根据研究对象的特征进行的科学性推测或猜想。虽然假设是尝试性的、暂时的，但它能够影响研究的方向，因而也会深刻地影响研究的进程。因此，提出研究假设是行动研究的必经阶段。提出假设要建立在已有的科学理论或事实的基础之上，假设的表达要十分明确，具有可检验性。

（五）研究对象或范围

行动研究由于研究者与研究对象共处鲜活的教育场景中，涉及学生、教师、家长以及教育管理者，因而不需要像其他教育科学研究随机化抽取大样本，只要根据研究需要选取能够提供大量信息的人员即可。但是，也要注意加强有效沟通，处理好与研究对象的关系，减少消极因素的影响。

选取研究对象时要注意对研究样本做出可操作性定义。如果研究对象确实具有模糊性，应以一定标准做出界定，如“家教不良儿童……研究”这一选题，何为“家教不良”？应在设计研究方案时采用列举法等使之明确化。此外，样本来源与选择范围也要明确规定，例如，《思维导图在小学语文习作教学中应用的行动研究》这项研究中，研究者选取S小学五年级的两个班级的学生，通过对五年级第一次月考成绩进行T检验分析和观察后，选取五年级（2）班56人作为实验班，五年级（8）班55人作为对照班，通过进行对比后探索思维导图在小学语文习作教学中的影响。

（六）研究方法及步骤

行动研究的方法有多种类型，包括观察、调查、访谈、作品分析等。由于行动研究主要面向教育实践，因此需要综合运用上述方法，或选取其中的一两种方法。

行动的可操作性是行动研究的基本要求。研究若分成几个阶段实施，则每个阶段具体的行动步骤需阐述清楚。每个具体的研究任务要将措施、人员等落实到位。

（七）研究分工及进程

研究分工及进程包括研究课题组人员的构成及其分工、经费安排、组织保障、时序进度安排等。现示例如下：

（1）理论学习和资料收集阶段；

（2）分析研究资料阶段；

（3）设计研究方案阶段；

（4）实践阶段；

（5）总结、结题阶段。

（八）预期成果

预期成果是预设通过研究可能取得的研究成果，这些成果都要以书面的形式进行表述。一般来说，研究报告是最基本的结果呈现形式，此外还有学术研究论文、研究专著等形式。

如果不做严格要求，还可以是一般性的经验总结。

四、行动研究设计方案的几个注意点

（一）设计方案的可行性

研究者必须具备保证研究正常开展并取得预期成果的现实条件。例如：研究团队应具有相关知识基础、学术专长、研究经验与能力、研究兴趣等；还要具有必备的图书资料、研究设备、研究经费等。

（二）设计方案的开放性

行动研究是一个螺旋式上升的推进过程，因此行动研究方案也不是一成不变的。当在研究过程中遇到新情况、新问题，应及时优化研究方案，在行动中研究，在研究中行动。

（三）设计方案的兼容性

行动研究并非与其他教育研究方法完全割裂。因而，在设计研究方案时可以将其他教育研究方法的合理元素吸收进来，为我所用。

（四）设计方案的创新性

设计方案的创新，要求以新的视角、新的理论基础、新的技术路线、新的方法手段等从事研究，以求得到新的突破。设计方案的创新首先表现为选题的创新，即开辟新的研究领域，在新的领域寻求新的突破。

五、行动研究方案设计要素示例（表3-1）

表 3-1　行动研究方案设计要素

姓名		学科		年级	
面临的困难	准确、详细地描述自己遇到的困难和困惑，尽量“白描”，提供足够的细节				
对问题的初步分析	根据自己目前的经验分析问题，并进行归类： ①哪些是教师自己可以解决的？哪些是需要与校长、家长、学生一起努力的？哪些是自己无法解决的？ ②哪些是技术问题？哪些是思维方式问题？哪些是观念（价值观）问题？ ③哪些是主要问题，哪些是次要问题？				
确定需要并能研究的问题	①陈述研究的主问题 ②确定研究的具体内容（子问题） ③定义重要概念：规范性定义和操作性定义；画概念框架（如果可能的话）				

续表

目的和意义	这个研究希望达到什么目的？有什么意义？
抽样的标准和方法	找什么人、地点、事件等进行研究？选择的标准是什么？打算使用什么方法来找到研究对象？
研究队伍	什么关键人群（利益相关者）需要进入研究队伍？
收集资料的方法	访谈、焦点团体、观察、实物分析、问卷等
研究的子问题	①……
	②……
	③……
分析资料的方法	归类分析（扎根理论），情境分析（叙事探究），话语分析，统计分析等
设计并实施干预措施	设计并实施应对问题的措施；反复探究实验，从错误中学习
评估干预的效果	方法与上述收集资料和分析资料的方法相同；可以进行前测和后测，了解改进的程度
撰写研究报告	描述、解释、分析；报告的结构和环节要齐全，介绍过程中遇到的困难和应对策略；语言要生动、具体、翔实，避免“假大空”；论点要有论据的支持，让证据说话；需要指出研究的不足以及今后继续努力的方向
分析研究成果	学校内外口头交流，向相关刊物投稿，参加会议，向相关部门提政策性改进建议等；进入下一个行动研究的循环

（资料来源：王庆灿教育博客．[EB/OL].http://blog.sina.com.cn/u/2036673541.）

第三节　行动研究的实施

行动研究的实施就是“有计划”行动的正式开始。如果将研究设计作为行动研究的“序幕”，那么行动实施就是行动研究的主体。这个环节的主要任务就是研究者按研究设计方案，通过有目的、有计划、有组织的“行动”展开研究，在实施过程中不断地搜集各种资料，验证研究假设。实施阶段的主要任务包括两个方面：行动及对行动资料的收集。

拓展阅读 3-4

当前，我国课堂实践领域已涌现出诸多新的教学模式，其中以杜郎口中学、洋思中学、东庐中学等为代表的“导学案”越发引起实践界、理论界的关注。“导学案”即以预习稿、导学稿、导学卡片、讲学稿、前置性学习、学习单、任务单、自主学习文本、小组讨论材料、例题案等多种理论称谓为主要特点的课程资源或文本材料。这种模式基于学校自身对新课改理念的理解，成为自下而上实施新课程理念的典范。这种以“导学案”为主的课堂教学模式改变了传统课堂教学的基本范式，内蕴的课程意义至少体现为：传统备课改变为课程开发，由此带来教师课程身份的改变；传授教学模式转变为师生合作的探究实践，由此带来课堂教学方式的转变；将国家课程进行校本化实施的特色探索；学校课程体系的构建等。一定程度上，“导学案”可以被认为是代表我国推行素质教育的阶段性成果以及标志着基础教育新课程改革的重大事件。无疑，深入剖析“导学案”在实践中的现实问题，寻求完善与改进的可能对策，既是审视我国课程与教学研究的理论诉求，同时又是推动新课程“再出发”的实践需要。

（资料来源：张良. 论“导学案”的现实问题及可能对策［J］. 中国教育学刊，2014，(1)：57.）

思考题

以“导学案”为主的课堂教学模式改变了传统课堂教学的基本范式。作者对“导学案”在实践中存在着削弱教师独特的课程理解，异化为背诵案、操练案或应试案，拉大学生间的差距等问题进行了思考。结合这一话题谈谈如何实施行动研究？

一、依据设计方案开展行动

这里所指称的行动是按照事先的设计方案开展有序的研究行动，这也是行动研究的核心步骤。行动研究的行动与其他教育研究方法中的行动相比，更具情境性与实践性，因为它是在教育现场中进行的。

一般来说，行动的周期为1～2个学期。对于一些规模较大的研究，研究周期可能更长。

表3-2是《以绘本图书促进小学生英语阅读能力发展的行动研究》的第二阶段，行动计划和按计划逐步开展的行动。

表 3-2　第二阶段研究方案

步骤	开展绘本阅读活动
计划	①每周开展绘本阅读活动帮助学生更好地阅读 ②针对学生阅读水平的不同，下期活动将根据学生的阅读成绩进行划分，让学生在不同时间段进馆阅读 ③通过制订每期的阅读计划帮助学生挑选书籍
行动	①围绕学生感兴趣的话题制订阅读活动计划，并提供相应的英语绘本阅读材料 ②阅读过程中，伴读教师详细记录学生的阅读档案 ③教师针对阅读内容进行提问，根据学生的回答情况，依据阅读能力评价标准进行打分 ④学生阅读完绘本后，可以根据自己的兴趣选择绘制绘本，培养学生的动手能力并促进对绘本教材的理解和创新能力 ⑤在四场阅读活动结束后，所有伴读教师进行及时教研并对本次活动进行及时反馈，拟定下期的活动主题
观察	①学生对教师设计的阅读活动很感兴趣，阅读过程十分认真 ②在对绘本的选择上应该密切联系每一期的阅读主题，让阅读更具针对性 ③因为在阅读过程中会遇到很多生词，部分学生的阅读速度很慢 ④阅读过程中，学生非常喜欢制作绘本书这个环节
反思	①阅读过程中，学生总会遇到生词，教师怎样让学生更好地理解并记住生词 ②针对阅读速度很慢的学生，教师应该采取何种办法提高其阅读速度 ③每一场活动人员不固定，导致一对一伴阅读无法实现，怎么才能更好地提高阅读效率

（资料来源：马尔悦. 以绘本图书促进小学生英语阅读能力发展的行动研究［D］. 哈尔滨师范大学，2016：21.）

思考题

分析这项行动研究是如何针对计划去实施并进行反思的？

二、收集行动研究资料

研究资料的收集是伴随着行动的过程开展的，甚至选题时也需要收集资料。不过，不同阶段搜集资料的侧重点是不一样的：选题阶段收集资料的目的在于了解现状；在行动阶段收集资料的目的在于对行动情况进行观察和记录，以便及时、全面地反映设计方案的实施过程，并最终做出比较全面、透彻的分析。

没有研究资料，研究活动就不能正常开展下去。同样，没有行动，也不会产生新的研究资料。由于行动研究的主要目的在于改进教育实践，因此在实施研究时，作为对研究预设的验证，需要研究资料的支撑。在行动研究中，常见的收集研究资料的方式主要有以下几种。

（一）观察

观察是常用的收集研究资料手段之一，无需高科技技术设备，简便易行。

1. 观察的分类

观察分类标准很多，根据是否借用媒介可以分为直接观察与间接观察；根据观察的情景条件可以分为自然观察与实验室观察；根据研究者是否参与活动可以分为参与式观察与非参与式观察；根据实施程序与方法可以分为结构式观察与非结构式观察。对于行动研究来说，观察往往是在自然环境下进行的，所获取的资料是关于观察对象的第一手资料。

2. 观察的方法与要求

行动研究属于教育观察，不同于纯粹的实验室研究，在开展观察行为时要注意以下几点：

（1）做好观察的准备工作。观察的简便易行常给人以错觉：观察不需要进行认真准备即可进行。这会常常导致观察要么浮于表面，无实质意义，要么就半途而废，不了了之。因此，在观察之前要围绕研究选题进行认真思考，明确观察的目的和重点。以“以绘本图书促进小学生英语阅读能力发展的行动研究”课题为例，观察不应仅仅关注学生对词句的记忆，而应聚焦语言的整体性。只有明确观察的目的和重点，观察时才会有的放矢，观察才会更有针对性和实效性。

（2）选择恰当的观察对象。观察范围不能无限扩大，应当围绕与待研究的教育问题密切相关的事物、现象或活动进行观察。在设定研究目的时就要确定观察对象，如某个教师、学生或某个教师、学生群体。还以“以绘本图书促进小学生英语阅读能力发展的行动研究”为例，可以选取几所小学的学生，并配备相应的伴读教师，制定绘本阅读主题，指导学生阅读，观察每一次阅读活动过程及之后学生出现的问题与变化，请伴读教师重点记录学生阅读速度慢、阅读不认真、对阅读不感兴趣的种种表现以及经教师指导后学生的改善情况，就得到了第一手宝贵的资料。

（3）有意识地建立样本典型。行动研究观察面广量大，因此需要对观察对象置身于其中的场景，如课堂内外、师生群体、朋辈群体、家庭等进行“聚焦”，进行重点观察，并发现样本典型，以便将来整理资料，形成研究成果。观察样本越具有代表性，得到的研究成果的外部推广效果就越明显。

3. 合理运用观察记录方法

观察是有目的的研究活动，对观察对象一般不加以干预、控制，只用纸笔进行记录备忘即可，也可以利用音视频录制设备录制音像资料。观察要实事求是，客观理性，要反映事物的本来面目，不能根据研究的预设而“选择性遗忘”或“选择性放大”。观察记录主要有连续记录法、轶事记录法、日记法等。

（1）连续记录法。连续记录法是将观察对象在特定场景中所有言行举止等表现以及与他人的交互影响等全部进行记录，最常见的连续记录就是“课堂实录”。连续记录法将行为与行为发生的环境一起展现出来，有利于研究者对行为完整、反复地把握。显然，连续记录法获得的资料原始、真实、详尽。

（2）轶事记录法。轶事记录法又称记事法，常用于对某一“事件”进行记录，事件要求比较典型，具有片段性，它是一种质性的记录法，有利于在日常活动与教育教学过程中收集信息。例如，关于学生交往能力发展的研究，就可以用轶事记录法在以下方面采集信息来评价学生的发展态势：与同伴的交往，与教师的交往，与家长的交往，与陌生人的交往，等等。在实际运用过程中，研究者要保证观察记录的真实性和客观性。研究者应当常常反思以下几个问题：为什么要记录这些事件？事件的过程能够反映本质问题吗？我有没有受到刻板印象的影响？文字的表述是否具有倾向性？对事件的解释是否合理？

（3）日记法。日记法是一种古老的方法，适用于一线的教师，因此对行动研究较为适宜。日记法的特点是可在较长时间内持续地进行，观察记录对象可以是个人，可以是小的集体，较为灵活、生动。

日记内容大致可以分为两类：一类是综合性的，将观察对象的各个方面的行为表现如实记录下来；另一类是指定性的，只记录某一个或某几个方面的行为表现。当然，日记法的代表性不太强，宜用于观察者与被观察者接触机会较多的情境。

（二）教育调查

作为研究者，职业意识与使命感常推动他们试图真实、全面地了解研究对象的现状，如学生的发展质态、教师的专业发展等。教育调查就是研究者基于行动研究的目的以及设计方案，通过访谈、问卷等手段有目的、有计划地收集资料，从而深入认识、分析和研究研究对象的一种研究方法。通过教育调查，有助于了解事实，把握真相。

教育调查不受时空限制，可以在较短时间内收集到大量的数据。在自然状态下，一般不需要严格操纵自变量，简便易行，十分适合行动研究的需要。教育调查的方法多种多样，如问卷调查、研究者直接访谈、发放调查表、查阅档案资料等，研究者在研究中可根据需要灵活选择。

1. 问卷调查

问卷是将研究的问题分解为若干详细的系列问题，由研究者分发或邮递给调查对象填写。尽管这种方法不如观察法细致，也不如实验法那样可以严格控制变量，但它可以获取大量的样本数据，有利于透过现象认识事物的本质，常被行动研究者使用。

问卷的内容主要包括：①调查对象的基本信息，如年龄、年级、性别等，姓名等信息根据实际情况确定是否要求填写。②调查的主要内容，主要是考察调查对象对已发生的“教育事件”的认识，或调查对象的行为表现。

调查的信度与效度取决于问卷设计。问卷中的问题与研究的问题高度关联，并有极强的针对性。对于研究问题之外的内容不应在问卷中出现。对于涉及调查对象的社会道德、隐私的问题也应尽量避免，因为受访者往往有防卫心理，过于唐突、直白的问题，即使要求受访者填写，也难以获得客观的信息。在问卷表述时，力求简洁明了，不要超越受访者的知识与能力范围。

编制问卷时要考虑采用开放式问卷还是封闭式问卷。开放式问卷没有列出答案供选择，填写人能够自由表达，适用于探索性的研究。开放式问卷由于难以做到标准化评判，一般用于小样本群体。封闭式问卷是让填写人在提供的答案中选取他认为合适的答案，或对已有答案进行排序、配对等。封闭式问卷是标准化问卷，便于统计，能够在大样本调查中使用。但是，这种问卷限制了受访者的自由表达权，不利于研究者发现新的问题。

2. 访谈调查

访谈是以口头形式了解相关情况，收集研究资料的方法。由于访谈调查需要逐一进行，在应用上受到限制，不能在短时间内进行大样本研究。访谈形式灵活多样，有个别访谈，也有团体访谈；可以面谈，也可以电话访谈，还可以网络访谈等。谈话双方可以质疑、可以插话、可以追问，可以引出新问题，这种形式使研究者能够深入探讨所关心的问题。

访谈的内容大致包括三个方面：其一，要求调查对象提供事实性资料；其二，征询调查对象的意见、建议、看法等；其三，了解涉及个人的经历、兴趣、动机、信仰、愿望等信息。

要进行访谈，事前应进行充分的准备工作，主要包括四个方面：①明确访谈目的，确定访谈的方式；②选择访谈对象，访谈对象的选择既要注意覆盖面，又要突出典型性；③拟定访谈提纲，设计访谈问题；④安排访谈时序。研究者还可以根据需要设计访谈调查记录表，方便填写。

访谈是具有较强技术性的活动，由于访谈对象千差万别，要顺利进行访谈，需要掌握访谈技巧。具体来说，应该做到以下几点：一是向调查对象表明善意，向他们介绍访谈的目的和意图，打消他们的顾虑，取得他们的积极支持；二是研究者要善于引导话题，在起始时可以谈及题外话，但要迅速转入正题。研究者要善于倾听，在调查对象谈及无关话题时，要利用插话等方式将话题引导到既定的话题上；三是提问要通俗易懂，少使用专业术语，避免他们难以接受，产生反感；四是访谈要及时记录，如现场不便记录，在访谈结束后及时补记，并进行整理。此外，访谈不能影响调查对象的学习、工作和生活。对于不便于面谈的对象，可以采用电话访谈或网络访谈。

3. 调查表

调查表从形式上看与问卷法很相似，都是以书面的形式收集资料，但是问卷法更侧重于对态度等信息的收集，调查表则侧重于事实性材料的收集。调查表需要根据研究目的确定调查事项，可以分为单项表与多项表。

调查表的结构大致包括标题、表格、填表说明等。要求标准规范，易于判断选择。在使用时与问卷法有诸多共通之处。

4. 作品分析

作品分析法又称产品分析法，是指研究时有目的地依据一定的主题，通过对某些特定调查对象完成的各种“作品”，如作业、笔记、日记、文章以及其他形式的资料等进行系统地分析，把握研究对象的特点和规律的方法。这种方法省时省力，可以进行重复研究。作品分析要区分重要与不重要的作品，将纷繁的作品归类、排序。

具体地说，作品分析可根据需要收集下列资料（部分示例）。

（1）课程表；

（2）工作计划；

（3）测验表；

（4）量表；

（5）会议记录；

（6）学生作业样本。

（三）研究资料的分析处理

通过一系列方法收集到的资料要加以整理，以便分析它们解释相关问题或建构相关理论的效能。收集的研究资料越多，越有利于研究，但海量的资料也需要经历一个去粗存精、去伪存真的过程。针对不同的研究重点，建议在不同的阶段收集不同的资料。

研究资料本身也需要进行研究，也就是资料的分析。一般来说，资料收集与资料分析同步进行，这样做可以在收集资料过程中，进一步加深对研究选题的认识，有利于提高后续资料收集的目标指向性。行动研究的研究取样规模一般较小，往往不涉及复杂的资料分析技术，只需要常规测量与分析即可。

三、分析研究资料得出结论

行动研究结束后，须用教育统计与测量的方法，在专家的指导下，将在行动中收集的研究资料尤其是实验数据转化为有意义的研究结果，以便解释原先的研究选题和假设。对结果的解释必须客观准确，要特别注意行动研究所得到的资料由于样本比较小导致的特殊性，对其外部效度要进行分析，不要轻易将研究结果盲目地推广到其他教育情境中去。

案例 3-1

在一个学期的教学中，老师们发现学生喜欢上电脑课，但对教学内容不感兴趣，总是偷偷地玩游戏，教学效果可想而知。怎样让学生对教学内容产生兴趣，成为一直困扰老师们的难题。

参与本研究的被试来自嘉信西山小学四年级的两个平行班（每班50人），年龄在10岁左右。这些学生家境较为富裕，家中都配有电脑和网络，对于上网、玩游戏非常熟练，对于文字、图片的操作和处理也较容易上手。

通过课堂观察和课后随机访谈，了解到不少四年级学生爱玩“洛克王国”游戏，因此，笔者设想借用“洛克王国”游戏来重新架构——“封面设计（PPT）”一课。

研究中采用了以下数据收集和分析方法：①问卷调查法。对学生教学前、后的态度和知识技能进行调查，通过百分比进行统计和前后的比对分析，进行班内的纵向比较和班级间的横向比较，了解行动前后教学效果的变化。②深度访谈法。通过协作备课平台、QQ聊天、面谈等方式，获取协作成员对教学效果的意见和建议，进而深化对游戏化学习的认识，改进教学实践。③课堂观察法。通过执教教师对学生反应的观察，获取对学生的态度以及教学效果最直观的感受。④作品分析法。对前后两个实验班的作品比对分析，进而了解行动前后教学效果的变化。

（资料来源：钟洪蕊，周卓慧. 游戏化学习对学生学习兴趣影响的行动研究［J］. 现代教育技术，2012，（3）：91-92.）

思考题

分析这项行动研究采用了哪些具体的资料获取方法？结合相关理论加以体会。

四、实施行动研究效果评价

行动研究有别于其他形式的教育研究，在行动研究实施完毕后，有必要回顾与反思，对行动研究的实施情况进行客观的评价。

（一）判断行动研究有没有解决原初的教育问题

这也是评价行动研究效果的最基本的标准。行动研究总是通过一系列新的措施加以推进，从理论上讲，如果措施有效，那么研究的各项指标数据应当改善。如果行动研究明确教育问题的成因，并提出解决问题的思路，对教育实践有改进作用，那么研究者就可以说行动研究取得了基本的效果。当然，教育是一门“等待的艺术”，不可能毕其功于一役，研究者要有耐心静待花开。

（二）判断行动研究是否促进研究者的专业发展与能力提升

教师作为研究者，所做的研究应当反哺教育教学工作，如果通过行动研究不仅解决了具体的教育问题，还有助于行动研究者形成反思意识、批判意识，提升研究能力，建立研究自信，进而能不断提出新的问题并加以解决，就可以说行动研究发挥了促进教师专业发展的功能。

（三）判断研究全过程是否合理

行动研究并不是万能的，与其他研究一样，它也会经历曲折但又渐进的过程。从操作层面分析行动研究的研究思路、技术路线、研究方法手段等是否合理，有无需要改进之处，这就为后续的研究提供了宝贵的经验。教师可以通过撰写教师日志积累行动研究的经验。当然，任何事物都具有两面性，因此，研究者也要分析行动研究可能具有的副作用，就要在反思的基础上探索有没有更好的办法。这就决定了行动研究的完成并不意味着是研究的终结。

此外，由于行动研究所研究的是教育问题，直接关涉学生，这就需要从伦理、道德、心理等视角对行动研究进行检视，是否合乎培养人的相关要求。

案例 3-2

1. 效果反馈

经过近一个学期的行动研究实践，师生均在此次行动研究中受益匪浅。该行动研究不仅让笔者了解、熟悉并运用了“在行动中研究，在研究中行动”的高效而实用的研究方法，也促进了笔者的专业化发展。在这个过程中，一方面教师更加了解学生的写作实情及学生对写作的内在需求，另一方面教师提高了运用写作“学习策略包”指导学生开展英语写作的能力。

为了验证学生在写作策略和习惯培养方面的进步，笔者对所任教的两个教学班再次进行问卷调查。结果显示，经过近一学期的写作课题研究和实践，学生的写作策略与写作习惯发生了可喜的变化：学生不再像以前那样惧怕写作，学生的自我修正能力、自我欣赏能力和写作水平都有明显的提高；良好的写作习惯逐步得到培养，学生写作与评价的主体意识、自信心和积极性明显增强；学生写作前后各种坏习惯的比例大幅度减少，而好习惯的比例明显提高。例如，在行动研究前的写作学情调查中，没有一位学生写作后会与同伴或老师交流写作感受或主动找同伴帮助修改，而在行动研究后的问卷调查中，7.2％的学生会经常与同伴或老师交流写作感受，18.4％的学生会主动找同伴帮助修改。虽然由于学习任务繁重等原因，该比例还有点低，但很少有这种学习习惯的学生已大幅度地降低。

2. 进一步思考

由于研究的样本偏少、研究时间不足、研究水平有限等原因，该行动研究成果还有待于在新一轮的写作教学中尝试、检验及改进，并在其他学校进一步推广和应用。

（资料来源：郑士强. 运用“策略包”提高英语写作能力的行动研究［J］. 现代中小学教育，2013，（2）：38.）

思考题

该案例中教师是如何进行成效评估的？如何体现出行动研究是一个螺旋式上升的循环往复的过程的（为什么说行动研究的终点又是新的起点）？

第四节　行动研究的结果呈现

［微视频］
行动研究报告的撰写

行动研究旨在帮助教师解决实际问题，研究者对行动研究全过程进行梳理，可以进一步理清研究脉络，进而总结形成研究成果。行动研究报告则是最常见的行动研究成果。

行动研究报告可以分为口头报告与书面报告两种形式，二者同等重要，但在实践中多以书面报告呈现行动研究成果。

行动研究报告主要包括起始部分（主要分为标题/副标题、署名、作者单位/邮政编码、摘要/关键词、目录等）、正文部分（主要分为前言/引言/绪论、研究现状、研究方案、实施与结果、结论/建议/反思等）、结尾部分（主要分为参考文献、注释、附录、致谢等）三个部分。

一、起始部分

（一）标题/副标题

标题是报告最为重要的信息点，可以为读者提供简洁的主题提示。标题或为研究的问题，或为研究的结论，或为研究的范围。标题应力求简洁，能够直接反映行动研究的主旨与本质。优秀的标题往往可以起到画龙点睛的作用。标题中一般可以出现“行动研究”字样，但并不是所有研究报告都要显示此字样。标题字数一般不要超过20个字。必要时，可以使用副标题，常见的有“——基于××的视角”“——以××为例”等。

标题在表述时，应体现出问题与解决措施之间的关系，不宜运用“诗化”的语言。

（二）署名、作者单位/邮政编码

署名要求标注真实的姓名，多个作者要标明各自的单位。若为集体研究成果，也可署集体名或研究课题组名称。署名的目的首先在于对研究报告负责，其次也是对研究者研究成果的肯定。署上姓名与单位，也有利于大家相互进行交流。

（三）摘要/关键词

摘要是关于研究报告的简短陈述，一般不加注释和评论性内容。摘要字数约为200字，内容涵盖：研究目的，说明研究缘由，表明研究的范围和重要性；研究方法，主要阐明研究的基本设计、研究方法、统计学方法等；研究结论，简要阐明研究成果的主要观点及理论价值或应用价值。

在撰写摘要时，首先要求以第三人称作为报告主体。若使用“我们”“笔者”“本文”作为摘要陈述主语，会减弱摘要表述的客观性。其次，本学科领域的常识或科普性知识的内容不应作为摘要的组成部分。此外，还要求语义确切，结构严谨，表述简明。

为了满足文献标引或检索工作的需要，行动研究报告往往还要提供关键词，以扼要呈现全文主要内容信息。关键词的数量一般以3～8个为宜。摘要与关键词的常态化积累，有利于学校行动研究案例库的建设，教师可以通过索引查询自己需要的行动研究案例，从而使行动研究成果实现效益最大化。

（四）目录

为体现研究报告的脉络，便于读者阅读，较长的研究报告要提供目录，将章节标题以页码的形式表达。

二、正文部分

正文部分要向读者介绍问题提出、归因、措施、结果等。研究者在撰写报告时，可根据研究的实际情况进行调整。

（一）前言/引言/绪论

前言/引言/绪论是对研究的背景、目的、缘起等内容进行简介。前言中要对所要研究的问题进行清楚的界定与说明，如对基本的概念进行界定。

（二）研究现状

研究现状要对国内外研究现状进行描述，可采取文献综述的形式。可以交待理论来源，便于进行理论归因。研究者通过对已有研究的现状进行分析，使读者明确研究的进展情况，还存在什么问题。文献综述重在“综”字，要力图简洁明了，不是诸多观点的简单罗列，而是进行归纳提炼。

（三）研究方案

研究方案要展现研究对象抽样方式、研究所采用的技术、统计工具、研究假设以及研究的步骤等。

（四）实施与结果

实施与结果包括对行动方案的论证、执行以及在执行过程中所可能发生的方案调整等。还应包括观察或测量结果，以及在行动研究中生成的“意外”成果。要注意的是行动研究重在行动，因此研究方案的每项措施都应有具体行动的相应支持。在报告措施与行动部分如果出现较长的课堂实录、访谈实录、观察记录等，可以放置在附录中供读者查询。

（五）结论/建议/反思

结论/建议/反思旨在阐明研究的结论，具体说明此项研究解决了什么问题，取得什么成效，得出什么结论，以及对今后开展教育实践或后续行动研究的启示等。对行动研究的全过程可以进行反思，分析得失。

结论/建议/反思部分也可以分析现有研究的不足，这也是反思的重要部分，应当得到重视。有研究者回避研究的不足，其实研究的不足恰恰是下一步行动研究的起点。

三、结尾部分

（一）参考文献、注释

参考文献主要作用是注明作者引用的观点、数据和材料等内容的出处。注释则是对特定内容所进行的进一步解释或说明性文字。

行动研究报告一般没有学位论文要求严格（如果学位论文就是行动研究报告则另当别论）。但是，在行动研究中离不开参考文献的理论支持与实践指导，实事求是地列出参考文献也是研究者学术诚信的体现。

一般来说，参考文献大多用方括号进行标注，并集中在文末按序排列。注释大多用圆圈标注，在当前页面脚底排列。当然，不同的书籍、刊物要求不尽一致。文献类型和标志代码：普通图书［M］、期刊［J］、报纸［N］、会议录［C］、学位论文［D］、报告［R］、汇编［G］、标准［S］、专利［P］、数据库［DB］、计算机程序［CP］、电子公告［EB］、磁带［MT］、磁盘［DK］、光盘［CD］、联机网络［OL］。

（二）附录

附录为研究报告最后所附的资料，主要包括不便于列入报告正文的材料与数据，常见的有问卷、量表等研究工具，重要的统计资料、旁证性材料等。附录也是反映研究真实性的证明材料。

（三）致谢

致谢旨在对在研究过程中给予协助、资助或指导的人员表达感谢之忱，体现了行动研究强调合作的特点。致谢也可以提及其他需要感谢的人，如有研究者在致谢中感谢家人。也有研究报告将致谢置于文前页脚。要说明的是，致谢不仅是出于礼貌客套，也是学术伦理的一部分。

需要提及的是，并不是所有行动研究都要以学术性论文（报告）形式发表，因而研究报告呈现的形式可能不像论文那么严谨，学理也不如论文那么深刻。研究报告更关注的是有没有将所要研究的问题讲清楚，是否有利于他人与他人交流分享。

案例 3-3

自主学习策略在小学课外阅读中应用的行动研究

赵蒙成，倪慧敏

（1. 苏州大学教育学院，江苏苏州 215123；2. 南京浦口区浦厂小学，江苏南京 210031）

摘　要：为了改变小学生课外阅读效果不佳的现状，笔者选择制定目标与计划、组织与转换、自我评价等8项自主学习策略在所任教的班级中开展了行动研究。结果表明，小学生在自主学习策略的运用上非常需要教师的帮助，而本行动研究有效地提高了小学生的阅读能力，以及他们的阅读效率。学生掌握制定目标与计划、组织与转换等5项策略相对容易，而使用自我评价、自我奖惩等3项策略较困难。

关键词：自主学习；策略；小学生；课外阅读

当前小学生课外阅读存在着动力不足、不会选择合适的阅读内容、阅读方法不科学等问题。这种状况与学生在课堂教学中没有较好地掌握自主学习的方法有很大关系。本文选择了相关的自主学习策略，采用行动研究方法，尝试将之应用于小学课外阅读，以期提高学生的阅读成效。

一、自主学习策略的分类

自主学习策略有多种分类，美国学者齐莫曼把自主学习策略大致划分为14种。上述策略是普遍性的自主学习策略，在不同的学习阶段及学科中，这些策略会呈现出不同特征。考虑到小学课外阅读的特性，笔者选择了制定目标与计划、组织和转换、记录与监控、寻找信息、环境安排、寻求社会帮助、自我奖惩、自我评价8项策略，把它们应用到小学生的课外阅读中，目的是检验其对小学生课外阅读的适切性，提高课外阅读的成效。

二、小学生课外阅读中自主学习的策略运用

正确把握小学生课外阅读的现状是开展此次行动研究的前提。笔者为此编制了小学生课外阅读问卷。问卷共包括个人情况、阅读态度、阅读方法、阅读状况、阅读需求、课外阅读的影响因素六大部分，题目包括等级式选择题和分类式选择题两种，以小学生在课外阅读中所使用的策略为调查的重点。调查对象是南京市浦口区浦厂小学六年级的167名学生。调查的结果可以看出，每次阅读都能制定目标和计划的仅占10.8%，较多的学生只是有时做计划，表明小学生的课外阅读具有很大的随意性。另一方面，一旦制订了计划，很少及从来不监控计划执行状况的学生仅占6.6%，说明使用监控策略对于小学生来说并不困难。在组织与转换策略方面，每次阅读都能对材料重新安排的仅占15.6%，大部分学生不能有意识地坚持使用该项策略。这表明，不能有效地运用组织与转换策略是导致小学生课外阅读效率不高的重

要原因，读完了事是他们比较普遍的想法。对于自我评价策略的使用，大部分学生也比较随意，偶尔使用该策略的学生占了58.7%。而自我奖惩策略是学生运用最少的策略，从未使用过该项策略的高达28.1%，极少运用这一策略的也高达35.3%。很多小学生在课外阅读中不能有效地进行自我评价，倾向于被动接受他人的奖励和惩罚。在改善学习环境方面，大部分学生基本上能够在需要时主动寻求帮助，仅有4.8%的学生不会使用该项策略。寻求相关信息的策略的使用情况与此相似。在消除干扰阅读的环境因素方面，总是能或经常能主动采取措施的学生超过一半（56.8%），但也有10.2%的学生无法改变环境，说明小学生大体上能够支配其课外阅读环境。

三、小学生正确运用自主学习策略行动研究

为了有针对性地帮助小学生在阅读中正确运用自主学习的策略，笔者在所教的班级中（34名学生）开展了行动研究。时间是2009年5月，为期一个月，其中又分为四个阶段，每一周为一个阶段。本行动研究的目标、方法、结果分阶段论述如下。

（一）第一阶段即第一周

本周的目标是让学生理解各项自主学习策略，并在自己的课外阅读中初步运用。本周采取了五种方法：第一，确定每周周五为“读书日”，从早读开始到放学，所有的语文课和活动课学生都可以看自己想看的书。第二，告知学生将要在阅读中进行为期一个月的自主学习策略的研究，向他们介绍几本中外名著，并请同学们选择最感兴趣的一本来共同阅读。学生选择了雨果的《笑面人》。第三，向学生讲解所选择的8项自主学习策略，并结合《笑面人》一书向他们示范各种自主学习策略的运用技能。比如，为什么选用某一项策略？这种策略的使用程序是什么？等等。第四，学生自主阅读，笔者督促他们填写“自主学习策略应用表”。第五，组织学生自主交流运用自主学习策略的情况。每天利用一节课的时间，结合“自主学习策略应用表”，组织学生就阅读情况和自主学习策略的运用情况进行讨论交流。第六，组织学生进行自我评价。本周结束时，笔者针对学生阅读的自我效能感进行了一次小测验。测验针对《笑面人》一书应了解的基本内容，包括10道小题目。先让学生估计自己在测验中可能获得的分数，然后用三个等级（没有把握、有把握、非常有把握）的选择题来评定自我效能感。在34名学生中，预测得分非常有把握的有7人，有把握的有16人，没有把握的有11人。总体情况说明测验得分高于预测得分，学生阅读的实际状况比估计得要好。自我效能感得分低于测验得分和预测得分，说明学生普遍不够自信，对答案没有把握。

第一周的研究结果表明，大部分学生对于阅读地点、阅读内容的安排比较周密，但忽视了时间的安排，说明小学生的时间观念比较薄弱。每个学生都能记录自己的阅读进度，大部分学生记录了自己遇到的问题、解决的方法及自己的体会，但很少有学生记录与阅读有关的事件，如和学生讨论书中内容、摘抄好词句等。部分学生填写了自己在阅读中对材料的处理策略，如概括了所读的内容、在书中写下自

己的感受等，但也有部分学生仅仅写阅读的进度、阅读了几遍。所有学生都计划运用寻找信息的策略，但大部分学生在阅读开始后没有按计划去寻找信息。大部分学生都运用了寻求社会帮助的策略，有15名学生没有使用，其中既有阅读能力强、不需要帮助的，也有阅读能力较差的。大部分学生学会了使用环境建构的策略，有14名学生没有运用该策略。多数学生能按照计划对自己的阅读情况进行奖励和惩罚，但仍有15名学生忽略了这一策略。所有学生都对自己的阅读情况进行了评价，但都集中于对阅读情况是否满意、是否按进度阅读，对阅读的质量没有做出评价，没有对造成阅读成功或失败的原因进行分析。

总之，第一阶段结束时，本行动研究取得了一定的效果，大部分学生初步理解并在阅读中运用了这些策略，但对部分策略还没有完全理解，运用还不熟练。

（二）第二阶段即第二周

目标是使学生较熟练地运用自主学习策略。部分学生已经在第一周内读完了《笑面人》一书，比计划提前了三周。但由于其他同学仍未读完，学生决定第二周仍继续阅读《笑面人》。笔者要求每个学生根据自己的阅读情况设置第二周的目标和计划。与第一周相比，本周主要运用了三项措施：其一，督促学生继续每天填写自主学习策略应用表。其二，继续组织学生自主进行交流。其三，在本阶段结束时进行与第一周相同的小测验。测验结果显示，测验得分低于预测得分，说明学生阅读不够仔细，实际阅读状况比学生自估得要差，对自己的答案正确率估计能力较差。自我效能感分数远远高于测验得分和预测得分，一方面反映出学生的自信心增强，另一方面也反映出学生一味追求分数的心理，认为得分越高越好，而不顾实际答题情况。在本阶段结束后，总体上学生在阅读中运用自主学习策略的状况较上周有了较大改善，绝大部分学生能较正确地运用各种策略。大部分同学已能自觉对阅读时间进行计划，能正确运用保持记录和监控的策略，不仅能评价自己的阅读进度和质量，还能对自己阅读的结果进行分析。由于部分学生是第二遍阅读，对阅读材料比较了解，故寻求帮助、寻找信息的策略运用较少，有部分学生没用“自我奖惩”策略。

（三）第三阶段即第三周

……

（四）第四阶段即第四周

……

四、行动研究的效果检验

为了检验行动研究的效果，笔者在研究开始时就学生在阅读中运用8项自主学习策略的状况进行了前测，行动研究结束时进行了相同项目的后测。

结果表明，本行动研究的效果较为显著。总体上看，经过行动研究，大部分学生在课外阅读中能较好地掌握并运用各项自主学习策略，例如，在前测中，每次都能和经常会制定目标和计划的学生有9人，而后测为20人。如果计算百分比的话，分别为26.5%和58.8%。就自我评价这一策略而言，相应的百分比从23.5%上升到73.5%。

从问卷调查的结果看，尽管喜欢课外阅读的学生在行动研究前后没有明显增加，但大部分学生认为在行动研究中受益匪浅。就各项策略的运用情况而言，经过行动研究，所有学生都能够使用制定目标和计划、记录和监控、组织和转换、寻求帮助和环境安排5种策略。对于组织和转换的策略，每次都会和经常会使用该策略的学生在后测时反而减少了（前测为18人，后测为15人），但这并不意味着学生运用自主学习策略的能力下降了，相反，它表明学生不再机械地使用自主学习策略，而是能够根据不同阅读材料有选择地运用。在8项策略中，自我评价、自我奖惩和主动寻找相关信息3项策略运用较少，说明小学生调节个人行为的能力和优化环境的能力较弱，他们觉得这些是教师无法检查的软任务，可以应付。在有计划的行动研究中仍然不能积极主动地学习，这从一个侧面反映出当前小学生的学习存在较大的惰性，学习自主性欠缺。

参考文献

[1] 张旭东，周国韬．自我调节学习的若干研究综述［J］．内蒙古师范大学学报：教育科学版，2001（2）：8-15.

[2] 曲苒.中学生自我调节学习与学业自我效能感、成就目标定向及学业成就的关系研究［D］．西安：陕西师范大学，2004：21.

（资料来源：赵蒙成，倪慧敏．自主学习策略在小学课外阅读中应用的行动研究［J］．宁波大学学报（教育科学版），2011，2.）

本章小结

行动研究是有规律可循的。在实际研究过程中，应当先进行选题，好的选题标志着研究已经部分成功；在选题之后，进行合理的研究设计对于行动研究来说起着关键作用。“计划、行动、观察、反思”是较常见的研究过程，不断往复。行动与研究、行动与研究资料一直是互为伴随的关系。为分享研究成果，行动研究报告是常见的结果呈现方式。

关键术语

行动研究；中小学教师；选题；设计；实施；结果呈现

讨论与探究

1. 在行动研究时如何发现并明晰研究问题？
2. 如何制订行动研究计划？
3. 如何撰写行动研究报告？

第二篇

为师之本：教师专业发展

第四章 教师专业发展概述

学习目标

- 掌握教师专业发展的概念
- 了解教师专业发展的特点
- 理解教师专业发展的内容和阶段

内容导引

- 教师专业发展的概念
- 教师专业发展的特点
  - 教师专业发展的终生性
  - 教师专业发展的自主性
  - 教师专业发展的阶段性和连续性
  - 教师专业发展的多样性
- 教师专业发展的内容
  - 教师的专业理念
  - 教师的专业知识
  - 教师的专业技能
- 教师专业发展的阶段
  - 新手阶段
  - 胜任阶段
  - 熟练阶段
  - 专家阶段

本章导读

教师专业发展不仅包括个体教师专业发展，还包括群体教师专业发展。教师专业发展具有终生性、自主性、阶段性和连续性、多样性等特征。教师专业发展的内容包括专业理念、专业知识和专业技能，其中教师专业理念是教师专业发展的支点。教师专业发展是一个持续不断的过程，主要包括新手阶段、胜任阶段、熟练阶段和专家阶段。

第一节　教师专业发展的概念

［微视频］
教师专业发展概述

自“教师专业发展”这一概念被提出以来，其就成为教师教育领域的研究热点被广泛关注。教师专业发展不仅关乎教师个体及教师群体的发展，还会激活和推动整个教育的革新和发展。基于不同的视角，人们对“教师专业发展”这一概念会产生不同的理解，进而形成教师专业发展的不同取向和观点。这些观点彼此交互关联，共同构建了教师专业发展的全貌。

20世纪60年代中期以后，西方大国对教育的关注开始转向关注教师的专业发展。到20世纪80年代，教师专业化已经成为全球教师教育的共识，很多国家都加快了教师专业化建设的步伐。而教师专业发展则是教师专业化的动态表现，它是教师不断更新和丰富自身专业素质的过程。随着工业化的深度发展和信息化时代的加速到来，西方发达国家率先对人才培养质量提出了更高的要求，但学校的人才培养质量却没有达到社会和公众期望，这就导致了公众对教育信心的下降，引起了全社会对教育的反思。

1986年，美国卡内基小组、霍姆斯小组相继发表了《国家为培养21世纪的教师作准备》和《明天的教师》两个报告，明确提出了教学专业化的概念，主张确立教师的专业地位，改革教师培养和培训的方式手段，提高教师教育的水平，以教师的专业化来实现教学的专业化，进而提高人才培养的水平和质量。

伴随着教学专业化，“教师专业发展”这一概念在国外逐步形成并日渐清晰。富兰将教师专业发展解释为“它是教师的正式与非正式学习的总称，是教师在复杂多变的学习环境中所经历到的一切”。他将教师亲身的经历作为学习活动，进而促进教师专业发展。凯尔克特曼认为：“教师培训即教师持续专业发展活动，它是指教师在与周围背景有意义的互动中发生的一次学习过程，是最终能够导致教师专业实践与专业思维改变的教师学习活动。”

还有一些国外学者认为教师专业发展不仅仅是学习过程，而是涉及多系统、多要素的相互关联。埃文斯认为，教师专业发展包括三个子系统——心智发展、态度发展、功能发展。他运用系统分析方法为教师专业发展带来一种全新的视角。

美国全国教职员发展委员会（NSDC）也指出，教师专业发展能够在有效提高学生学习成绩的同时，提高教师以及校长工作的有效性和持续性。该委员会还指出，教师专业发展要得到大学、教育服务机构等各方面的专业支持，大学和相关机构要促进教师加强学习，形成“学习—提高—再学习—再提高”的良性循环，促进教师专业发展。

在我国，著名教育家叶澜认为，教师的专业成长或教师内在专业结构不断更新、演进和丰富的过程就是教师专业发展；朱玉东认为，教师在专业素质方面不断成长并追求成熟的过程，教师专业信念、专业知识、专业能力、专业情意等不断更新、演进和完善的过程，就是教师专业发展。教育部师范教育司也曾指出，教师专业发展是教师个体不断丰富和发展自身素质的过程，教师在此过程中不断吸收和同化新知识，同时增强自身教学和专业能力。

从以上国内外关于教师专业发展的内涵界定可以看出，教师专业发展中的“教师”不是抽象笼统的概念，而是一个个鲜活生动的生命。教师首先与学生相对，其专业发展要以学生的发展为基本考量和依据。同时，教师还要注重多方面能力的培养。因此，教师专业发展需要不断重构教师角色和身份，把教师还原到真正的生活状态和情境中。教师专业发展中的“专业”在实践中一直未能得到很好的解决，教师专业不是单纯的学科专业，而重在教育，其基本依托为教育学。教师专业发展的实践也就是要帮助教师逐渐成长为一个懂教育、会教育的专业人士。教师专业发展中的“发展”一般强调的是教师正向的变化，是教师正能量的积聚。它需要多重的协调和组织，促进教师教育的变革，进而引起发展。

总之，教师专业发展既要关注教师群体，还要关注教师交往中的各种公共关系；既要注重入职前的培养，也要关注职后的培训；既要关注教师在教学中的表现，也要关注与之配合的制度、文化等，使其能促进教师专业的良性发展。

在新时代背景下，教师专业发展还需要体现中国特色，积极汲取中国传统儒家文化的营养，强调教师的伦理和社会情怀，关注教师在群体中的归属感，关注教师的人际关系和人师属性。

案例 4-1

教师专业发展规划师：校长的使命

有学者认为，校长的第一使命只能是促进教师专业发展。校长的工作没有比促进教师专业发展更重要、更基础、更持久。百年汇师小学，积淀了深厚的文化底蕴，孕育了优良的办学传统。“汇”包含了两层含义：其一，是交汇，中西交融的办学理念、中西方文化的交汇；其二，是汇聚，即汇天下英才。汇师的优质品牌和文化，如何更加有力地滋养每一位教师的发展，这是校长必须思考的问题。汇师本着真心赏识、扬长避短、激发潜能的理念，因人制宜、因时制宜、因科制宜地帮助教师制定个人发展规划，校长从课程领导者变身为教师成长的规划师。面对新使命，汇师开启了多方面的探索和实践。

1．建立稳定的教师专业发展规划责任机制

为形成和建立稳定的教师专业发展机制，学校成立了三个互为联系、互为制约、互为影响的“组织架构”。即宏观层面学校“核心组”、中观层面“教研组”“年级组”和微观层面“教师个体”。

核心组负总责。依据师资现状和需求制定校本教师专业发展阶段性目标：分析学校师资现状，划分专业发展阶段；完成教师专业发展需求分析；制定学校专业指标要求框架。

教研组或年级组担重任。在引领他人专业发展目标中制订专业活动计划：开展工作坊，明确校级专业要求框架；解读和引领组内教师完成专业目标；依据教师规划制订专业活动计划。

教师个体重研修。在专业目标引领下，定位个体发展阶段并分析专业现状；完成个人专业目标发展规划；依据规划目标投入专业研修活动。

这样的架构，分工明确，责任到人，各司其职，有利于工作的推进和落实。

2．精准编码，分类规划导航

教师制定个人三年发展规划，学校已经进行了三轮（九年），笔者的体会是：以科学的方法来分析教师的现状，摸清家底，了解发展需求是非常重要的。笔者的工具就是语义编码，即通过词语对信息进行加工，按意义、系统分类，按语义特征编码。由于此项工作较为烦琐，故需在核心组中选择合适的教师承担，并经历以下四个步骤：阅读每位教师制定的三年发展规划；辨别有意义的关键词（称为语义单元）；记录整理、归类汇总；数据分析。

3．成就教师个人“三年专业发展规划表”

在完成指标框架的基础上，笔者不以一次性、大面积、全员化铺开的方式开展，而是层层深入、扎实推进。教师在制定“三年专业发展规划表”时，分为三个步骤：自我诊断，必须做到“三了解”，即“了解自己”“了解学校要求”“了解自己想要重点发展的项目”。明确方向，重点思考“三问题”，即“专业发展现状分析”“重点突破方向”“想法和要求”。准确定位，具体描述“三目标”，即阐述分年度（三年度）具体、可操作、可检测的目标和任务。

4．为规划加装多轮驱动机制

当一份份显现针对性、差异性和发展性的规划产生后，校长就应该千方百计以专业支持的方法给予指导，帮助教师完成个人发展目标，助推每一个教师成名成家。具体做法如下。

1）以赏识增强进步力

真心赏识是学校助推教师专业发展的重要理念，校长要成就教师，必须真心赏识教师，激发潜能。随着教师年龄的增长，教学行为模式化、家庭牵绊等因素会影响规划的落实，在这种情况下，作为校长，不是指责批评教师，而是给予教师发展的精神滋养：创设和谐的环境，成为教师安心、开心、舒心工作的心灵守护者；提供私人订制的服务，成为教师完成规划的有力支持者和助手。借助各类平台激励鼓励，当好激励教师不断前行的“啦啦队长”。

在汇师小学，可以说每位老师都有感人的故事，笔者每周都利用教师大会告诉每个汇师人，你们是最棒的，是汇师的骄傲和自豪。赏识教师的潜质，赏识教师的专长，时刻关注每一位教师，尽最大可能帮助不同的教师树立自信、激发潜能，有利于帮助教师积极达到发展目标，促进教师的专业成长。“赏识”具有不可替代的意义和作用。

2）以“链接”增添组合力

在教师实现个人规划过程中，引导“链接”不可小觑。笔者引导教师尽可能做到“三链接”，即将自己所定的目标与学校发展目标链接，将个人发展与学校发展“链接”，将个人预设的任务和学校教研、科研、德研工作链接，将学校教育教学工作转化为自己的任务，建立内在联系，联动互动，教师在认真完成各项工作的同时，也就相应完成了自己的任务，实现了发展目标。

3）以平台激活内驱力

教师要落实好个人专业发展规划，对学校而言，寻找机会，推教师一把是不可或缺的。笔者积极采取“三推动”措施。

推动普通教师走上舞台：学校利用各种团体展示的机会，让每位老师特别是青年教师都有机会走上舞台，展示自己的成长，使之在展示中探求，在展示中反思，在展示中前进。

推动骨干教师走上讲台：学校每年举办“学术节”“三奖”评比，开展见习教师规范化培训的带教工作，让骨干教师、党员教师走上讲台，展示自己的课堂教学，反思自己的课题研究，总结自己的成长历程，共享自己的专业发展成果，让广大教师学有目标、学有榜样。

推动校名师走上论坛：学校举行学科带头人展示活动，让名师走上校本培训的讲坛，展示教学风格，在本学科、跨学科的研讨中实现思维碰撞、分享智慧，引领教师主动发展。

（资料来源：宓莹．教师专业发展规划师：校长的使命［J］．上海教育科研，2016（5）：66-68.）

思考题

结合上述案例，谈谈你对教师专业发展这一概念的理解。

第二节　教师专业发展的特点

发展是事物由小到大、由简单到复杂、由低级到高级的变化过程。每一个事物的发展都有自身的特点。教师专业发展也不例外。教师专业发展具有以下特点。

一、教师专业发展的终生性

进入21世纪以后，构建“学习型社会”，促进人人学习，终生学习已经成为社会共识。随着经济社会的快速发展，因循守旧、故步自封的教师是很难胜任教学工作，甚至无法适应生活的。

教师作为教书育人的专业人士，终生学习对其格外重要。首先，教师面对的是一个个鲜活的生命，他们兴趣不同，性格各异，如果要引导他们主动、生动地向着国家人才培养目标出发，这不仅需要知识，更需要艺术。无论是知识，还是艺术，都需要教师终生学习。其次，教师专业发展也是一个不断完善和提升的过程，包括职业道德、专业能力、专业知识等诸多方面。无论是哪一方面，都需要学习、掌握、运用最新教育理论，指导丰富生动的教育实践，这样才能满足学生的好奇心和求知欲，提升其核心素养。

此外，在终生学习的大背景下，教师教育一体化已成为不可逆转的教师教育浪潮。教师教育一体化的目的就是要打破职前培养和职后培训的制度壁垒，打通教师一贯式培养的通道，促进教师专业发展，提升教师综合素养。同时，教师专业化也呼吁教师自身要勇于突破舒适区，主动吸取新理论和新知识，进而帮助学生获得成功。

二、教师专业发展的自主性

教师专业发展的自主性要求教师根据学校的发展战略以及自身的发展需要，自主确定发展目标、开发利用学习资源、设计发展策略、评价学习结果。自主性是教师专业发展的前提和基础，教师首先要具有专业发展的意识，进而才有动力和责任积极主动地寻找一切可能的专业发展的机会，使自己的专业能力获得相应的提升。

教师作为研究者也体现了教师专业发展的自主性。只有具备强烈研究意识的教师，才会在了解学生、钻研教材、设计教案、批改作业、辅导学生等专业工作中嵌入反思行为，即不仅考虑“怎么做”，而且深入思考“为什么这样做”，据此结合自己工作的实践场景开展切实的教育研究工作，不断改进实践并提升自己的专业水准。

教师在教育教学实践中会遇到各种各样或简单或复杂的问题，而随着教师专业的发展，教师的解决问题的能力和水平也将获得相应提升。可以说，行动研究在教师的实践与研究之间架起了桥梁，将教师的工作和学习研究有机融合，是教师专业发展的有效载体。

三、教师专业发展的阶段性和连续性

教师是从事教育教学工作专业的人员，是课堂教学的设计者和学生学习的引路人。教师的专业成长，就是专业不断从不成熟到熟练的过程。在这个过程中，会呈现出阶段性的特征，即在不同专业发展阶段，教师的专业信念、专业行为、专业认同等都会呈现出显著的特征。

教师的专业发展过程中有发展、有停滞、有低潮。研究教师专业发展的阶段性有助于教师选择、确定个人的专业发展计划和目标。教师专业发展是一个多维发展的过程，只有从教师所处的职业生涯的阶段性、心理发展的阶段性、社会化程度的阶段性等多种视角来分析，才能全部理解当前的教师专业发展状态。此外，教师专业发展的阶段性也是相对的，一方面表现在不同的阶段性划分是相对的，不是非此即彼的；另一方面，教师专业发展的阶段性并不意味着其总是单向的、唯一的固定路线，在特定条件下，某些教师的专业发展可能呈跨越式，而有些教师的专业发展可能停滞不前甚至会退回至原有的发展阶段。每个个体教师的专业实际发展的阶段性都是独特的，有显著差异的。

和阶段性相对，教师专业发展还表现为一个完整且持续的过程，具体体现为教师的专业日臻完善，逐渐成长为骨干教师甚至成长为专家教师后，仍有不断进步和发展的空间。专业发展“高原期”是存在的，但教师专业持续不断地发展则是永恒的。

四、教师专业发展的多样性

教育教学情境是复杂且多变的，这就决定了教师专业发展的多样性。教师的工作丰富而多样：课前要深入了解每个学生的性格和学习特点，钻研教材，设计教学预案；课中要根据教学实际，调整教学预案，应对各种可能出现的教学事件；课后要批改作业，辅导学生，对学生进行形成性和终结性评价等。此外，教师专业发展还要兼顾教师师德的成长以及教师管理方面的相关内容。因此，教师的专业发展要将这些诸多的发展要素整合成一个有机的发展整体，使教师的知、情、意、行等专业维度和谐发展。

教师专业发展的多样性还体现在教师专业发展的路径上。教师专业发展的最重要、最核心的路径是学习，既包括个人学习，也包括群体间的合作学习或团队学习。教师的个人学习可以是读万卷书，向已有的书本学习；也可以是向同侪学习，取长补短，形成自己的教学特色或风格；还可以借助网络，利用丰富的网络资源，提高自己的专业水平和技能，促进自身的专业成长。

但是，现代社会是一个充满竞争的社会，更是一个需要合作的社会。一个人尽管可以走得很快，但一群人往往可以走得更远。因此，现代社会更提倡教师群体的专业发展，教师群体的学习和反思能形成教师专业成长共同体，形成强大的教师学习文化，使每一个教师得到潜移默化的浸润和发展。

教师专业发展的另一种重要途径是反思。反思是教师专业水平的重要体现，普通的教师和专家教师最大的区别就在于想不想反思，会不会反思。只有学会反思，教师才能更加深刻地理解自己的教育教学行为，并将之创造性地加以转化，使自己逐渐走出“经验”，走向“研究”，提高教育教学工作的质量和效益，获得专业的发展与进步。

案例 4-2

提升教师学习力需把握好三个向度

学习力为教师提供了驱动学习资源、理解教育情境、探究教育现象、深入专业实践内部的精神力、认知力与发展力，是其在专业领域竞争中胜出、在专业实践中迅速成熟的动力支柱，是专业成长能量的孕育者。提升教师学习力不仅是当下的现实需求，更是面对未来挑战而进行的战略行动。教师的学习应该有思想、目标和方法，这样才能提升学习力的深度、宽度和广度。

用问题驱动学习——要带着“思想”学。问题意识强化着教师的学习意识。教师工作面对的不是冰冷的机械器具，而是活生生的人，人的思想的丰富性和复杂性会不断生成大量不同的教育教学问题。问题促使教师学习，可在学习中寻找问题的解决路径，做一个合格的教师。当然，任何人都应该拥有积极、正面、向上的思想，并且用这种思想去解决自己面临的问题。

用差异推动进取——要瞄准“目标”学。教师学习要找准自己的目标定位，提高专业的层次，拓展专业的眼界。这需要引导教师制定有个体差异的专业发展目标，并把这种差异视为在学习活动中实行分工合作的资源。例如：新教师追求控班能力和教学思路清晰，可以侧重教学环节的观察与记录；有经验的教师追求多样化，可以侧重对课堂教学中教学任务的设计和实施情况进行对比；专家型教师追求自我价值实现，可以侧重于整体把握课堂教学的目标定位、重难点是否适当。

用技术突破经验——要运用“方法”学。在教师学习活动中可引进一些课堂教学研究的方法和手段，以此来审视经验所不能达到的地方，或者说通过方法背后折射的理论视角梳理经验，使之条理化并凝练下来。例如，针对教师学习中的听课和评课活动，可以采用课堂信息观察和记录技术、学科内容分析和诊断技术、以学论教对学生思维进行评价技术等。因为每个技术背后往往提供了不同于经验式观察的课堂理解的独特视角，观察和分析的结果有时与经验一致，有时则产生冲突，这正好可以激发教师跳出经验式思考从而重新解读课堂。

（资料来源：陈国民．提升教师学习力需把握好三个向度［J］．中国教育学刊，2017（10）：103.）

思考题

分析上述案例，谈谈对你的启发。

第三节　教师专业发展的内容

教师专业化程度是衡量国家教育水平的重要标志。因此，无论是20世纪的师范教育，还是新时代的教师教育，促进教师专业发展始终是教师培养和培训工作的基础和核心。教师专业发展是一个持续不断的过程，是教师通过不断地学习、反思和探究来拓宽其专业内涵、提高专业水平，从而达至专业成熟境界的过程。具体来说，教师的专业发展主要包括以下三个方面。

一、教师的专业理念

教师的专业理念是教师理解教育的本质后所形成的教育观，它是教师专业发展的支点，是教师将教育观念化为实际行动的关键。教师的专业理念不同，其教育教学的目标、方法、过程都会不同。因此，教师的专业理念不仅影响着教师的专业行为，也影响着教师专业认知和职业道德。一般来说，教师的专业理念包括教师的专业态度、教师的教育理念和教师的专业道德三个方面的内容。

教师的专业态度反映的是教师对其职业的认知度，直接影响着教师的专业行为，包括对学生的情感和态度、教学的准备及实施等。教师的专业态度包含教师的专业认知、专业情感和行为意向这三个维度。专业认知主要指教师是如何看待教学和所教学生的，它离不开个人对教育的理解和价值取向。专业情感是教师面对教学和学生时所直接迸发出的情感意识体验。行为意向则是教师处理可能发生的教学情境的基本倾向和相应准备。这三者相互依托，共同构成教师的专业态度。

教师的教育理念是教师在对教育工作本质理解基础上形成的有关教育的观念和理性信念。广义上的教育理念指在教育发展过程中对教育的看法，狭义上的教育理念则突出教育教学过程中出现的具体问题。时代的变迁，会引起教育理念变化，因此教育理念与社会、政治、科技、文化等息息相关。可以说，教师的教育理念直接决定其教育行为，教师必须通过教育教学及与学生的互动，及时地反思和交流，不断更新自身的教育理念，促进教师专业的良性发展。

教师的专业道德是教师在长期的教育教学历程中形成的一种人格化的专业品质和专业规范，是每个教师必须具备的道德准则。教师承担着立德树人、培根铸魂的重任，国家和社会公众对教师的专业道德要求更高。教师的专业道德体现在日常的一言一行，特别是教育教学的一举一动之中，潜移默化地影响着学生的言行举止，因此，教师要时刻牢记自己的人师身份，热爱本职工作，严于自律，甘于奉献，做好学生的人生导师，带领学生一起健康成长。

二、教师的专业知识

教师专业知识是教师专业化的根基，是教师区别与其他专业人员的根本特征，是教师专业能力生长的土壤。关于教师专业知识的研究，在教师教育史上主要经历了三个阶段：一是学科知识阶段；二是学科知识+教育知识阶段；三是学科教学知识阶段。其中，舒尔曼的学科教学知识研究最为系统，成为教师知识分类研究的重要视角。舒尔曼认为教师专业知识主要由7个方面构成：①学科知识；②学科教学知识；③一般教学知识；④课程知识；⑤学习者及其特征的知识；⑥教育环境知识；⑦教育目的和价值观的知识。

我国学者综合国内外的相关研究，认为教师的专业知识具体包括四个方面的知识：一是教师所教授的学科知识；二是教师应掌握的教育学和心理学的相关知识；三是广博的人文科学知识；四是实践性知识。实践性知识是指运用在教育教学中的各种情境知识、案例知识、策略知识、学习者的知识、自我的知识，还包括教师对理论性知识的理解、解释和运用原则。

综合已有研究可见，一般教学知识、课程知识、学科知识、学科教学知识是教师专业知识的核心要素。一般教学知识主要包括教育基本原理、教育心理学等知识；课程知识主要包括具体学科的课程目标、学习内容、知识体系等知识；学科知识主要包括具体学科的概念、原理、理论、方法等知识；学科教学知识是指将学科知识转化为“易于学生理解、接受的方式”的知识。

三、教师的专业技能

教师的专业技能主要是指教师在教育理论指导下，通过对专业知识的灵活运用，所形成的相对固定的教学模式和心理活动方式。

从定义来看，教师的专业技能首先是一种整体的表现，它涉及教学过程和在教学过程中教师的心智表达。在这里，教学过程的各阶段是有一套完整的表达顺序的，并伴有周期性；教师的心智表达则是一套复杂的智力系统，它负责完整的教学活动输出，并完成教学任务。

根据不同的运用情境，教师的专业技能可分为三类：一类是教学准备技能；一类是课堂教学技能；一类是教学研究技能。具体包括研究学生、设计教学、实施教学、评价教学、学法指导、教学媒体选择与运用、教学反思和研究等专业技能。教师的专业技能要求教师要有意识地自主培养自身的专业技能，使教师在教学的各个阶段和环节都能达到相应的要求。教师的专业技能是教师不断练习的结果，它需要教师持续地体悟、反思和研究，进而不断提高和完善自身的专业技能，向着教师专业发展的更高阶段迈进。

案例 4-3

优质课大赛与教师专业发展

S老师是S省C市一所公办小学的音乐教师，2006年从省师范大学的音乐教育专业毕业后即到该校任教，2007—2008年，她代表学校参加区优质课大赛并获二等奖，2009—2010年，她代表区参加市优质课大赛并获一等奖，同时选拔参加省优质课大赛。由于优异的赛课成绩，S老师被聘为学校音乐学科带头人、区音乐骨干教师、区音乐组副组长、区优质示范课代表。赛课给S老师带来了一系列的荣誉，大大促进了S老师的专业成长与发展。但荣誉的背后是什么呢？S老师参加工作的第二年就开始了赛课历程。笔者问她："工作前了解优质课大赛吗？"她说："上师范大学时我完全不了解也没有接触过优质课大赛，只是参加了一些和音乐专业相关的比赛。虽然我学的是音乐教育专业，但并没有把自己和一名音乐教师联系起来，对于中小学的教学实际也不太了解；当时认为只要把专业学好就可以当好教师，所以并不重视教师方面知识的学习。参加工作后才知道，专业好并不等于教学好。特别是经过这次赛课，我更明白了教学并不是一件容易的事。"S老师的回答再一次说明，师范教育确实存在与中小学具体实践脱节、只重视专业能力的培养，不重视学生教师信仰及教学能力培养等问题。

下面是S老师的赛课经历：

"我的赛课过程可以分为两个阶段。第一阶段是区级优质课大赛。区级优质课大赛由教师所在区的每一所中小学推选一名音乐教师参加。2007—2008年，我有幸被学校推选参加区优质课大赛，当时我刚从大学毕业，只有一年的工作经验，区赛课前后大约持续了一年的时间。开始我选取了五年级音乐《迷人的火塘》作为赛课的课题，《迷人的火塘》是一首根据侗族民歌创作的双声部歌曲。选这个课题并没有征求音乐组其他教师的意见，完全是从个人喜好出发选择的，从选题到说课都是我独自完成的。直到我在校内进行第一次试讲，音乐组其他教师才了解到我的赛课内容和教学过程。由于没有征求她们的意见，她们对于我的选课不以为然，并且议论纷纷，显出轻视的表情，试讲后也不愿意对课提出实质性意见，而是对学校推选我为赛课候选人有看法，这让我很难受。加上我刚参加工作，个性也好强些，于是干脆把其他教师放到一边，关起门来自己弄。到正式赛课前，我也只是走过场式地按学校要求在校内试讲过两三次，同组教师也没有提出什么问题，但背地里说我上课很差。区赛课后，评委认为我作为音乐教师的专业素养还可以，但课的亮点不够突出，课的环节也不够有章法，希望我对课的环节多下功夫。由于缺乏教学经验，也没有名师指导，区赛课上暴露出了许多教学问题，再加上组内教师对我赛课的不良评价，学校在赛课结果还没有正式出来之前就认为我赛课失败给学校抹黑，于是在全校通报批评我，并将我调离教学岗位。学校的这种做法几乎让我想到了辞职。没想到，不久赛课结果出来了，我获得了区赛课二等奖，于是就又重新回到了教学岗位。”

“第二阶段是市优质课大赛。市赛课分为初赛和复赛。初赛实际上是先在区里进行的选拔赛，然后根据赛课成绩由区里推选三名教师参加市里的比赛。我所在的区有九名教师进入选拔赛，他们不少来自于市级名校且经验丰富，参加过多次优质课大赛，竞争相当激烈。刚开始，在音乐组教师、学校及校外专家的指导建议下，我选择了《我是少年阿凡提》这一课作为初赛内容。但在充分准备了三个月之后，学校请来的区教研员听完课后否定了这个选题，并要求我马上换题目，因为这次是代表区里赛课，关系到我们区中小学音乐教育的形象。从学校到我个人都必须充分重视区教研员的意见，所以我只好换题（此时离初赛只有三个星期的时间），新换的课题为《山谷静悄悄》。刚开始，我并没有意识到重新准备会有多困难，以为只是换个课题而已，以前做好的准备都可以套用，后来才发现并没有想象中的那么简单。课题换了，前期做的准备基本不能用，要重新开始写教案和试讲，由于时间紧，可想而知，工作强度有多大，加上音乐组其他教师无法理解换题，意见分歧较大。种种的困难、挫折让我感到很失落，甚至想打退堂鼓。这个过程中，区教研员给了我真诚的帮助，在区教研员的指导下，我反复修改教案，借班、借校上课。由于准备时间仓促，勉强进了区前三名，幸运地通过选拔赛，获得市复赛的资格。”

（资料来源：李剑. 优质课大赛与教师专业发展——对一位小学音乐教师的叙事研究［J］. 教育理论与实践，2010（35）：31-33.）

思考题

试分析案例中S老师的专业技能发展脉络。

第四节　教师专业发展的阶段

教师专业发展是一个持续不断的过程。教育心理学在研究操作技能形成过程时发现：新教师教学能力的发展以及专业成长一般历经四个阶段，即始发阶段、速发阶段、高原阶段和再发展阶段。而以德耶弗斯为代表的另外一些学者，通过对专家型教师和新手型教师的比较研究，将教师的专业发展划分为新手、胜任、熟练、专家等不同的阶段。研究显示，教师必须要经受长期的教育教学实践的历练（一般以10年10000个小时左右的课堂教学经历为标准），才能积累丰富的教学经验和实践智慧，使自身的专业发展到专家级水平。根据上述研究和观点，可将教师专业发展分为以下四个阶段。

一、新手阶段

新手阶段一般指毕业2～3年的新教师的专业发展阶段。这个阶段的新手教师教学常以模仿为主，在课前准备、教学设计、教学方法的选择、重点难点的把握与突破以及和组织课堂师生互动方面都有着明显的不足。因此，这个阶段的新手教师的专业发展要突出专业知识学习和专业技能的训练。

专业知识方面，要在熟悉教师专业标准的基础上，比较准确地把握学科标准，特别是执教学科的课程标准，学会根据学生的身心发展规律和认知规律，设计教学预案，灵活地组织实施教学。同时，还要了解国家对教师职业出台的相关制度和政策，理解教书育人的实质，将自身发展与国家社会联系在一起，也要在当今的学习型社会中有快速应变的能力。

专业技能方面，由于新手教师缺少教育教学的实践经验，对各种教育情境中出现的问题往往束手无策。因此，这个阶段，新手教师的主要任务是浸入到教育现场，观察各种教育现象，对出现的问题进行积极反思，积极寻求同侪的帮助，特别是要向熟练型、专家型教师学习，这样才能将教育理论与教育实践结合起来，将教育教学知识转化成教学实践能力，促进自身的专业发展。

二、胜任阶段

胜任阶段一般指从事3～5年教育教学工作的年轻教师的专业发展阶段。这些年轻教师，已经积累了一定的教育教学经验，形成了一定的教学技能，他们具备了基本的教师素养，能胜任自己的本职工作。这个阶段的教师的专业发展的重点应指向师生人际互动、教师对学生的发展性评价、教学设计的创新、教学内容和方法的革新、教育研究的初步开展、教学信息资源的掌握，等等。其发展目标是对实践性知识进行再丰富和再加工，并经过多次转化和同化，将实践性知识发展为教育实践能力，摸索出一套适应自身的教学经验。提高自己立德树人的水平。胜任教师还要学会对我国教育发展的现状进行分析，时刻关注国家教育改革和发展的动态，自觉将个人的专业发展融入科教兴国、民族复兴的大计之中。

三、熟练阶段

熟练阶段的教师一般已成为学校的中坚力量，他们经过了5年以上的教育教学实践的历练，掌握了丰富的理论知识和实践知识，教学基本得心应手，还能针对某些教育问题尤其是教学问题，开展一些切实可行的研究，初步体现出熟练教师的作为研究者的特质。熟练教师掌握了一定的教育科研方法，可以独立申请教育研究课题，也可对其他新手教师给予相应的指导。

处于熟练阶段的教师，他们关心教育教学改革，积极投身教育教学改革，在改革中拓展自身的学科、教育学以及人文科学的相关知识，升级知识结构。他们也能熟练地运用现代教育信息技术，形成教学风格和教学特色。

作为学校的中坚力量，处于该阶段的教师有更多的机会外出观摩其他优秀教师的教学，参加教师培训。在这个阶段，其教育理论和教育实践的感悟体验都比较多元深刻，善于透过教育教学现象看清教育的本质，总结形成自己的观点，将经验化为知识，实现量变到质变的飞跃。

当然，在此阶段，不少熟练教师的专业发展会进入“高原平台期”。如果迈不过这道坎，教师的专业发展将进入衰退期；而迈过这道坎，教师的专业发展将会顺利迈入专家阶段。

四、专家阶段

专家阶段的教师不仅经历了长期的教育教学历练，积累了丰富的教育教学经验，而且他们也经历了多种多样的学习培训和科研训练。因此，无论是理论性知识的获取，还是实践性知识的养成，他们都技高一筹，在教学、教研等方面形成了自身的成功模式，并已经在所处的公共关系中建立起广泛的声誉。此外，专家型教师的不少典型经验可以推广给其他教师，使其不再仅仅是知识的“传递者”，而且还是知识的“生产者”。

综上所述可见，专家型教师在业界已经有了一定的影响力，形成了口碑效应。但教育是一门艺术，探索永无止境，因此，即使是专家教师，其也不能裹足不前，他们还要扩大其实践性知识的影响力，并且不断拓展其研究的深度和广度，实现自身的人生价值。

总之，处于任何阶段的教师，其专业都还有继续发展的空间。科技的发展，社会的进步，呼唤教师终生学习，与时俱进。专家型教师作为教师的“领头羊”，更要快人一步，先学先试，当好教师专业发展的模范。

案例 4-4

优秀教师专业发展：分享教育研究成果

邱学华老师，1935年生于江苏常州，1960年从华东师范大学教育系毕业，先后做过小学老师，中学老师，大学老师。担任过师范学校校长，尝试教学研究会理事长，华东师范大学和华南师范大学的兼职教授。1984年被评为了江苏省特级教师，1988年享受政府特殊津贴，被评为“突出贡献中青年专家”。选择邱学华老师作为教师专业发展典型案例的研究对象，不仅因为他是一位数学名师，而且从他身上笔者看到了一名普通的年轻教师如何通过利用自身条件和环境，最后成长为一名国家级优秀教师。

邱老师说：“我经常到各农村去了解他们那里尝试教学法的情况，听取他们的意见，以便继续修改。我亲自帮他们上课，有时候还到各地开展尝试教学研讨活动。活动了几年，全国许多地方都留下了我的印记，我培训过的老师和学生都对我的尝试教学法进行了肯定，并给我提出了许多中肯的意见。”

一名优秀教师不仅要会教书，更要善于思考，把自己的思想和大家分享。邱老师为了收集各地教师教学上遇到的实际问题，不辞辛苦翻越大小山头和教师讨论如何备课，还把自己的上课经验和大家分享，在培训班上让更多的教师能相互交流和学习。笔者认为，一个优秀的教师需要有自己的思想和特色，并具有和大家分享思想的胸怀。邱老师在和其他教师的交流中不断完善自己的思想，并能从分享经验的过程中体会到幸福。

邱老师说：“虽然工作很忙很累，但是一想到自己的劳动能够帮助全国各地的教师和学生解决许多棘手的问题，心里非常欢畅。我把大部分时间放在了科学研究上，得到了教育局领导的关心照顾，才让我有足够的精力来完成尝试教学法的实验。虽然有时也被接连几天的演讲任务累得喘不过气来，但是为了进一步完善尝试教学理论，为了这个实验能有更多的理论依据和经验支持，我还是非常乐意和同事和学生交流的。”

不难看出，邱老师就是从服务教师和学生的专业情意中获得动力，并且和他人一起分享提高教学质量的乐趣。

（资料来源：周文阔．优秀教师专业发展个案研究［D］．湖南师范大学，2011.）

思考题

结合上述案例，谈谈优秀教师专业发展的必要性。

本章小结

教师专业发展作为教师教育的重要基础和依托，对教育事业有着重要的影响作用，它也对教师的行动研究有启示作用。通过对教师专业发展的概念、特点内容和发展阶段的理解，可以使个人的教师专业发展更加有的放矢，尽早向更高的教师专业发展阶段迈进。

关键术语

教师专业发展；特点；内容；阶段

讨论与探究

1. 什么是教师专业发展？其有何特点？
2. 在当今终生学习的背景下，如何理解教师的专业知识？
3. 请访谈当地一位新任中小学教师，了解其在专业发展过程中遇到的困境。

4. 请结合本章内容，分析下述案例。

“伦理为职业之基。‘教书育人’是教师的天职，是倡导教师朝着‘怎么做更好’的方向，自主履行教师的职业使命。大部分教师还是能遵守行为底线的，他们缺少的可能是教师职业特有的道德伦理意识与能力。例如，给学生排座位或分组时如何考虑公正，公布学生成绩时应不应该尊重隐私，在非职业领域是否也要保持为人师表的责任等。因此，在明确‘底线’要求的同时，需要呼唤‘高标’，回到教育的道德性目的，实现教师共同体的伦理责任。”

第五章 —教师专业发展取向

学习目标

- 了解教师专业发展理智取向
- 理解教师专业发展反思取向
- 掌握教师专业发展生态取向和实践—意义取向

内容导引

- 教师专业发展理智取向
  教师专业发展理智取向的教师与教学观
  教师专业发展理智取向评析
- 教师专业发展反思取向
  教师专业发展反思取向的教师与教学观
  教师专业发展反思取向评析
- 教师专业发展生态取向
  教师专业发展生态取向的教师与教学观
  教师专业发展生态取向评析
- 教师专业发展实践—意义取向
  教师专业发展实践—意义取向的教师与教学观
  教师专业发展实践—意义取向评析

本章导读

基于不同的理论，人们对教师、对专业的理解也略有不同，由此衍生了不同的教师专业发展取向，丰富了教师专业发展理论。教师专业发展经历了注重工具性的“由外而内”的发展取向到注重主体性的“由内而外”的发展取向，到注重生态型的“人境互动”的发展取向，再到注重“实践—意义”的发展取向的转变。

第一节　教师专业发展理智取向

［微视频］
教师专业发展取向

基于教师的教育教学实践活动是一种需要以特定的知识为基础的理性的专业活动，衍生了教师专业发展的理智取向。虽然在不同情境下发生的教育教学实践是复杂而多变的，但万变不离其宗，其依托的理论基础知识是简明且稳定的，容易被学习和掌握。因此，即使研究者的最终目的是改变教师的实践，但从改变支撑实践的理论基础知识入手，也是一种容易操控、可靠而经济的选择。

一、教师专业发展理智取向的教师与教学观

教师专业发展的理智取向建基于教师专业知识和专业技能，强调其对教育教学的基础性。教师要掌握丰富的理论知识，练就扎实的专业技能，才能在复杂的教学情境中做出理智的选择，展开恰当的教学，实现教学相长，促进学校改进和学生成长。因此，教师专业发展的理智取向十分注重教师专业知识学习和专业技能训练。

一般来说，随着教龄的增加，专业知识和专业技能也可以不断丰富和发展，它们对教师的教育教学实践都具有强有力的支撑作用。但这种专业发展模式耗时多，周期长，所以教师专业发展往往借助教师职前培养和在职培训，包括专家型教师的指导和个人的教学训练，以此来加速教师丰富和重组专业知识，或提高基于专业知识的专业技能水平。

教师专业发展的理智取向的重点就是通过专业知识的获得，促进专业技能和实践的改变。如果教师掌握了先进的教育教学理论和扎实的学科知识，并将其用于自己的教育教学实践，这些理论和知识就会对教育教学实践产生“认知—刺激”作用。从教师的角度来看，教师要理解学科教学知识所揭示的教育的一般规律，并采取多样化的教学和管理策略，辅以特定的教学设计，传道授业解惑，这样的教育教学才是有效果的，受学生欢迎的。

在理智取向的专业发展中，教师就相当于做一项“输入—输出”的技术活动。只要将特

定的技能和技巧输出，就可以保证教学活动的有效性。另外，现代社会“效率为先”的观念融入学校管理之中后，很多学校要求教师追求“有效教学”，“有效教学”逐渐成为教学的第一要义。在此背景下，教师必须要凭借扎实的专业能力，才能有效应对各种复杂多变的教学实况，并及时做出反馈调整，进而提高教师立德树人的水平。

二、教师专业发展理智取向评析

理智取向以特定的专业知识或技能为基础，但这种特定的知识或技能包括教师的教学决策在内，在教育界的大量实践决策都是非理性的，而在教育现实中，教师也普遍地对需要立即完成的事务之外的事情缺少兴趣。理智取向对于结构化的公共知识的依赖，在教学实践中也常常被证明是过分的；教师不但很难把这些公共知识作为实践的基础，而且往往从一开始就对这样的知识表示怀疑，不愿意接受。事实上，正是基于这样的理解，才催生了20世纪80年代中后期的其他教师专业发展取向，包括后面将要阐述的反思取向和生态取向。

此外，把教师当作一个统一的整体，容易忽视这个群体内部事实上存在的分化：正是群体内部事实上存在着的“亚类”，甚至更具体的个体之间的差异，使得理智取向对许多理论和实践不能奏效。有些教师能够从这一取向的教师专业发展活动中获得明显的提高，但另外一些教师则可能完全没有收获。因此，把教师当作一个笼统的、一般的复数名词来讨论教师专业发展的理论或实践问题，现在看来，是一件存在着很大风险的事情。

虽然如此，但是教师专业发展的理智取向还是有着一定的积极作用。

首先，教师专业发展的理智取向强调教师职业的与众不同——教学活动是一种需要日积月累的专业，与医生、律师相同，它需要常年的实践和锻炼，才能获得发展。这种取向有利于提高教师专业水平，提高教师的专业化程度。

其次，教师专业发展的理智取向认为教育的一般规律可以被教师所掌握和运用，教师可以运用教育理论指导自身的专业发展，加速专业成长。这种取向，特别重视教育研究的重要作用，强调科学严谨的研究方法对教育的变革与重塑，有利于提高教育的质量和效益。

最后，教师专业发展的理智取向对于教学的深入理解有明显的实用性。教师专业发展的理智取向注重教育理论的灵活应用，对现代管理、技术和科学的方法都有所吸收和借鉴，它所提倡的专业发展模式和举措，都有可推广的价值。对于归纳总结的有关教师在课堂中所发生的教学行为和教学情境都有技巧和经验可循。理智取向还对教师专业知识和专业技能进行深挖，可以形成教学课例供教师教育者研究，也供其他教师模仿借鉴。

总之，教师专业发展的理智取向虽然受到了批判，但它仍是教师专业发展诸多取向中占主导地位的一种，在全世界范围内被广泛地运用。

案例 5-1

教师知识对学生学习的“提质减负”

教师知识是由反映所任教学科内容体系的本体性知识，揭示教育教学规律和学生身心发展特点的教育学和心理学知识等条件性知识，以及与教学实践密切相关并能有效指导教师相机而教的实践性知识等整合而成的知识合金。在这个知识合金内，不同的构成元素发挥着各自的作用和功效，教师的本体性知识、条件性知识和实践性知识分别主要回答和解决了课堂教学中“是什么”“为什么”和“怎么办”的问题。因此，教师任何一方面知识的欠缺都会导致课堂教学的低效和学生课业负担的过重。当教师在本体性知识方面欠缺的时候，就会迫于教学压力现学现卖，甚至会出现错误教学；当教师在条件性知识方面欠缺的时候就会产生导致教师不明教学原理、不懂教学规律，违背学生生理发展规律，实施“照本宣科”“题海战术”的“灌输式”或“填鸭式”教学；当教师缺乏应对复杂多变的教学情境的实践性知识的时候，就会生搬硬套、盲目嫁接、简单移植书本案例或他人的教学经验，而不能充分发挥自己的教育机智相机而教，不能针对自己的教学情境随机应变、因材施教。这些种种都会导致课堂教学的低效和学生课业负担的过重，引发“质轻负重”的课堂教学，或者即使能够取得较高的课堂教学质量，但那也会使学生学得死、学得累、学得苦，而非让学生好学、乐学。重重压力下甚至会产生厌教情绪，并由此导致“破罐子破摔”的“质低负轻”课堂教学现象。

事实上，虽然本体性知识、条件性知识、实践性知识各有其独特的教学地位和作用，但在课堂教学实践中，它们并不是各自为政，而是以知识合金的形式作用于课堂教学。如同人的躯体一般，尽管各个组织器官都有其独特的运动机能，但唯有统整于身体结构才能发挥其作用功效，脱离了整个躯体或彼此分离，胳膊就不再是胳膊，腿就不再是腿。实际上，教师知识的各个组成部分也是交互影响的，并联合作用于课堂教学和学生的发展。因此，为实现“质高负轻”的课堂教学，为避免“课上不懂课下补”的教学现象，为保证学生在课堂教学内取得最佳的学习效果并获得最大化的身心发展，教师必须建构系统而完善的知识体系。而教师知识的建构程度直接关系到课堂教学中教师对学生的指引效度和帮助力度，并直接影响着学生对知识的接受、理解和内化程度，不同建构程度的教师知识会直接导致学生对同一教学内容的正确理解和合理内化付出不同的认知和情感努力，由此引发了课堂教学质量的高低和学生课业负担的轻重。

（资料来源：常攀攀．教师知识视域下的“提质减负”研究［D］．西南大学，2015.）

思考题

结合上述案例，谈谈你对教师专业发展理智取向的理解。

第二节　教师专业发展反思取向

20世纪中叶以后，社会科学研究中有关人的研究出现了重要的转向，对人作为单个分析单位做出了新描述：人是丰富的个体，每个人都有自己独特的社会关系和历史境遇，人不能简单地进行加总，进而抽象出一般的人的共性特点。自此人的个体复杂性成了研究的新热点。教师专业发展的反思取向，就是在这样的社会大背景下产生的。

一、教师专业发展反思取向的教师与教学观

首先，反思取向的教师与教学观是基于教师直接的教育教学活动经验的。它强调每个教师的专业发展都是与众不同的，都是教师个人与所处的教育教学环境的相互作用的结果。与理智取向相比，教师专业发展的反思取向强调教师的教育教学体验受制于不同的社会环境，具有内在的独特性，它与人的世界观和价值观、性格和行为息息相关，因而其表现形式也因人而异。

其次，反思取向的教师与教学观是基于现场情境的。理智取向更强调知识，而知识是抽象和脱离具体对象的。在反思取向中，教师不会仅仅依赖于教科书或其他文本，而是将自己关于知识的理解融入实践，对其进行批判性的思考和反思，教材不再“至高无上”，它在教师与学生的多维多向互动中，被不断地批判、质疑和重构，这与教师作为独特的人也是相符合的。

反思取向的教师与教学观主张要以实现人的最高价值和增强教师幸福感为己任，它着眼于人的幸福生活，而不论获得职前培养的师范生是否毕业后从事教师工作，这是每个人的实践智慧所带来的果实。此外，刚入职或在职的教师既要掌握专业知识和专业技能，又要对自身的实践抱有充分的信任，在教学的反思中获得体悟，进而培养自身的创造性和专业敏感度，获得教育智慧，将之创造性地贯穿于塑造和培养学生的过程之中，即“通过树木达至森林”的做法是反思取向教师专业发展所提倡的教师培养。

二、教师专业发展反思取向评析

教师专业发展反思取向在很多方面都打开了研究者对于教师专业发展可能性的认识。不过，从目前教师专业发展的具体实践来看，教师专业发展反思取向也有一个缺陷，不得不引起教育工作者的重视，那就是反思与实践的关系。这种取向注重教师的实践过程，也把实践当作相关理论研究的基础，但教师重视反思后，又往往对实践浅尝辄止，反思与实践之间缺少有机的衔接和过渡，影响实践和反思的质量。这应引起每一个教师和教师教育者的重视。

过去相当长的一段时间，教师教育更关注教师知识的掌握，教师教育以学习、掌握理论

知识、学科知识、教育教学知识为主要目标，而忽视了教师实践性知识和反思能力的培养。长此以往，教师的个体独立性被淡化。教师专业发展反思取向的出现恰恰是将教师作为一个独立个体的人来看待，将人的发展与教师的专业成长紧密相连，并作为教师专业发展的主要动力。教师教育（包括职前培养、职后培训），强调每个教师生命的多样态，不仅关注知识的累积，更关注教师对自己对教学行为的洞察、反思和改进，在此基础上发展教师的专业，完善教师的教学机智。这样，教师不仅获得了专业的发展，也获得了人格的完善。

更重要的是，教师要用于破除教育理论与实践之间的壁垒，既要以生为本，处理好每天发生的教育教学问题，又要跳出实践的圈子，用专业的眼光审视教育教学实践，彰显人的审美价值，享受教育的幸福与满足。

任何反思，都是在现实脉络中的反思，离开了现实的需要，反思在很大程度上会走向无用的乌托邦式的胡思乱想。因此，教师在反思的过程中要将自己的感悟与教育教学、学科知识等相链接，为反思确定一个正确的方向。这样，教师就不仅仅是一个汲取知识的理性人，更是一个脚踏实地、根基坚实的实践人。

最后，教师还要求真，要在教学的各个环节严格自律，以审慎的研究态度对待教育问题，真正做一个基于实践的思想者和领路人。所以，反思取向下的教师要有一套自己的教育哲学，对教育教学问题有自己独到的看法，并能抓住要点，形成自己独有的解决各种教育教学问题的方式方法。这时，教师即可运用行动研究、叙事研究等进行相关的反思行动。

案例 5-2

一位高中地理教师在向高一学生讲授大气散射现象时，一开始完全使用讲授的方法，介绍阳光通过大气漫射使教室有光亮的原理。教师通过板书将基本原理写在黑板上，然后向学生提问。部分坐在前排的学生对教师的提问做了回答，但后排有学生明显没有参与进来，有的在睡觉，有的在做其他的事情。观课的大学研究者课后问教师，是否有办法让学生更充分地参与进来？

教师在别的班再上该节内容时，先将课堂里的灯关了，然后问学生："没有阳光射入的教室，如果关上灯，本应该是漆黑一片的，因为没有光源。但现在我们的教室还是亮的，只是亮度减弱而已，为什么会是如此呢？"学生们表现出很高的探究兴趣，在教师的带领下开始分组讨论，然后回答教师的问题。与之前以教师讲授为主的课堂相比，学生的参与度明显提高，平时被认为是"后进生"的同学表现尤其活跃。过后，当被问到为什么要先关灯时，教师说，可以为学生创造一个思考的情境，促使学生在教室里寻找光的来源，用自己的眼睛和思考去发现看不见的空气分子在起作用——散射太阳光。如此，一个简单的关灯的动作就具有了重要的教育意义——让学生自己去发现。

（资料来源：陈向明. 对教师实践性知识构成要素的探讨［J］. 教育研究，2009（10）：66-73.）

思考题

试论述教师的实践性知识对教师专业发展反思取向的意义。

第三节　教师专业发展生态取向

20世纪90年代以后，生态取向逐渐成为一种新兴的思维方式，并影响到教育研究，研究者尝试利用生态取向来分析和处理教育中出现的各种问题。如在学生学习方面，生态取向认为学习不是学生独立完成的事情，不是静态的背诵和简单的迁移内化，而是在广泛的社会背景之下的人与人、人与书本的交际互动的过程。再如教育的改革问题，也要将其放在整个社会大背景下去考虑和分析，教育现状一定是各种社会要素和教育要素综合作用的结果，所以要想改革教育，就要从社会和教育两个维度着手。教师专业发展生态取向，即是对学校的生态变化给予关注并尝试改变，秉持这样的一种思路，我们才能对教育改革有所期待，并将其不断推进。

一、教师专业发展生态取向的教师与教学观

教师专业发展生态取向强调教师所处的教育生态对教师专业发展的重要作用，教师专业发展是教师个人的专业学习、专业实践、专业反思与教育生态共同作用的结果，教育生态可以促进教师专业发展，反之，教师专业发展也可以促进教育生态良性发展。

首先，教师专业发展生态取向注重良好教育生态的构建，使教师在良好的教育生态中体验个体专业及生命的成长。其次，教师专业发展生态取向重视同侪合作。生态取向的教师专业发展提倡合作为教师专业发展的基本方式，让教师在群体的学习和反思中，获得专业成长，并构建教师专业发展的生态系统。最后，良好的教育生态系统是一个教师专业发展共同体，教师群体专业发展与个人专业发相辅相成，相得益彰。

教师是一个社会人，社会尤其是学校的教育生态对一个教师的专业信念、专业知识等都会产生很大的影响。例如，社会将教师的奉献视作崇高，社会就会形成良好的尊师重教的风气，教师也会为教育事业付出自己毕生的心血。反之，在部分地区，社会对教育低投入，对教师高要求，就可能诱发教师对教育事业的无奈和抵触。此外，每个学校除了有正式的组织，还存在非正式组织。因此，只要我们在某个教师群体中生活、感受一段时间，就能大体感受到该学校或该学习共同体教育生态的特点。

良好的教育生态，必然会对身处其中的教师产生潜移默化的深刻影响。作为专业人员，

教师更重视他所生活的社会尤其是具体的教育生态对他的认同。由于这种社会认同对于每个教师都相当重要，所以很少有教师会甘愿被其他同事认为是异类，并被排除在这个生态圈之外。当然，在不同的教育体制或不同性质的学校中，学校的教育生态也会不同——偏向个人主义的学校，教师们各自为政，相互之间少有合作甚至少有交流，个体受群体的影响就会较小；而在一所教师之间关系紧密的学校中，个体受群体的影响则会较大。

所以说，生态取向的教师专业发展，教师自身、教师自身与教师群体、甚至教师与校长、教师与学生都是互相依存、互相影响的。不同教育生态中的教师既具有群体特质，又具有自身个性，每个教师的发展阶段不同、教龄不同、所教学科不同、所面对的学生也不同，他们之间的相互碰撞就形成了教育生态的多样态。在这多样的教育生态中，每个教师都要携手协作，求同存异，形成稳定的教师专业学习共同体。在共同体中，不同学科的教师相互启迪，互通有无，取长补短，共创和谐共生的教育生态。例如，通过共享教案、课件，使新手教师与专家型教师相互切磋，专家型教师对新手教师给予更多的关心和指导，促进群体性的教师专业发展。再如，在校本研讨中，和谐包容的研究生态，能使每个教师特别是新手教师勇于表达自己在教学中的困惑，获得专家的指点，促进专业加速成长。

二、教师专业发展生态取向评析

生态发展强调平衡，教育生态是一个统一体，每个组成部分都有着自身的特点，并且随着时间的变化而发生着自我的改变。这种自组织性，使教育生态的平衡不易被打破。只要保持平衡，良好教育生态的结构和机能就会相对稳定。这在教师专业发展的生态取向中也表现得淋漓尽致，所以对教育生态的保护就尤为重要。

教育生态环境与每个教师都息息相关。在其形成之时，便对教师产生影响，但同时，教师也反作用于教育生态环境。教师在所处教育生态之中，以合作、共享等积极的方式与其他教师互动，推动群体交流和群体反思。而在群体交流和群体反思中，学生自身也会逐步被教育生态同化，使教师的行为烙上群体的特征，体现一定的特色。

教师专业成长、教师队伍建设等诸多方面都是通过生态环境所影响和发生的，一个方面的改变会对其他方面造成直接或者间接的影响。因此，同侪合作是教师生活的一种常见方式，不让教师游离于教育生态之外，提高教师的归属感和获得感。当然，群体在环境中产生冲突和张力也在所难免，但只要每个教师都抱着相互理解和相互帮助的心态，同时运用批判性思维和二分的解决方式，共同面对出现在教师群体面前的种种问题，就会一起渡过难关，体现教师专业发展生态取向的独有魅力。

教师专业发展的生态取向就通过教师间的互相影响促进教师个体迸发出强劲的生命力。当然，教育生态也不是一成不变的，优化教育生态是每一个教师应尽的义务和职责。这种环境最好是能够动态生成的，只有保持生态取向、教师专业发展生态取向框架的基本稳定，才能够使其朝着有利于教师专业发展的方向推进，使教师个体和教师群体都得到相应的可持续成长和进步。

所以说，教师个体的发展离不开教师群体的进步。教师专业发展生态取向就强调这样的一个环境生态圈，即先有教师群体专业的发展，才有教师个体的专业成长。如果将整个社会看作一个生态环境的话，那么社会的发展，才给教师带来进一步发展的机会和可能。教师必须与社会相融，在社会这个大熔炉中汲取营养，专业才会不断地获得发展。

拓展阅读 5-1

教师团队合作学习

生态化教师发展是在合作互动和知识共享的基础上，通过对话、分享、协商和反思等实践活动，以达到有意义学习的目的，共同完成对意义的建构，促进教师个体和团队的发展。教师团队合作学习的形式主要有以下几种。

1. 深度对话

深度对话即每个人谈出心中的全部设想，真正一起思考，目的在于使团队智慧超过个人智慧的总和。教师团队通过深度对话，破除成见，建立互信和感情，形成凝聚力，共同解决问题，实现共同意义的建构过程。在深度对话中，团队伙伴表达和交流不同的看法，彼此分享观点，参与知识的生产、切磋、建构和升华的过程，使教师深入地思考教学情境中遇到的问题，借鉴和吸收他人的观点和方法，多种观点的碰撞也可以激发出新的思想和观点，更广泛的视角审视问题，实现多种视界的沟通、汇集、融合，激活思维，生成新知。

2. 主题研讨

主题研讨是团队伙伴提出自己的看法，对研讨的主题加以分析和解剖，在不同观点经过充分碰撞后，最终形成较为统一的认识和观点，以期获得解决教育教学问题的综合经验，目的在于集中大家有益的想法与看法，从中找出更为合理的方案。比如对某个教学问题进行研讨，逐渐澄清事实，明了观点，对课堂决策与行为的理论根基明晰化，明确操作方法。研讨不是以说服他人，最终强化自己的观点为目标，而是以追求事情真相、提高认识水平为最高目标。在有效的研讨中，教师应尽力理解形成某种教育教学观点的影响因素、态度和反应，而不对彼此思想的正确与否做出判断，在研讨中依据共同意见，一起来分析和衡量各种可能的想法，从中进行选择，做出决定。

3. 头脑风暴

头脑风暴的特点是集思广益，在别人想法的基础上进行自由联想，产生新的想法。它是团队伙伴就某一个问题畅所欲言，提出自己的看法和意见，充分交流，互相启迪的一个开放的、分散的过程。头脑风暴的过程是：首先，团队伙伴在一定的时间内自由地提出尽可能多的观点，不允许任何人批评或评论，并且所有观点都当场记录下来；然后再共同进行分享讨论或批判检讨；最后由团队主持人总结出几条重要结论。比如可以是教师把自己所获得的教育信息或成功案例提出来交换与共享，以此促进信息的流动和成功经验的推广，也可以就理论学习中的某一个观点或教育教学中遇到的热点问题、焦点问题站在反思的角度展开辩论或提出质疑，通过相互碰撞、充分摩擦，以达到更高层次的共识；运用头脑风暴反思教学，产生新的思想和问题解决方法。

4. 协同教学与反思

协同教学与反思是教师团队通过共同教学设计、示范教学（课堂观察）以及课后反思和研讨的方式相互学习、相互纠正，通过主动探究、不断质疑、分享经验、合作互助，以改进教学策略与成效的发展过程。协同教学与反思是一个行动学习的过程，是“从做中学”“从反思中学”，行动与反思的过程，核心内容是团队伙伴对行动的自主观察与合作反思，目的在于改进教育教学行为的有效性。

（资料来源：陈雅玲. 教师团队合作学习：生态取向的教师发展机制［J］. 当代教育科学，2011（15）：26-29.）

思考题

试分析教师专业发展生态取向中教师合作的必要性。

第四节　教师专业发展实践—意义取向

实践—意义取向的教师专业发展，其以对教师性质一种新的理解而成为教师专业发展的新途径，其思想的内核为：教育在本质上是实践的，而教师的实践性就是其在教育教学过程中与学生共同建构出教育意义的全过程。实践—意义取向，顾名思义，即是对实践和意义的重点关注，使“教育”的概念在教师心中变得丰满和立体起来，它时刻都在以生动的形式显现着自身。该取向与教师的日常工作紧密相连，贯穿当代教育变革的各种新理念，也有深厚的哲学意蕴。这时，教师的职业特征得以表现，也获得广泛的认可和理解。

一、教师专业发展实践—意义取向的教师与教学观

教师专业发展实践—意义取向认为，教育的理论与实践是本然统一的，教育理论一直都

具有教育实践自身的立体和充盈，而教育实践也始终保留着教育理论普遍和深刻。所以，实践—意义取向的教师专业发展肯定教师实践的重要性，但它是以哲学的角度去分析，以发展意义为基本结构，而意义本身是不受时间和空间的约束的，它不能被分割，而以整体的形象保留生动性。意义也不像概念和命题一般的抽象而独立于情境存在，它是面向情境本身向我们打开，实践与意义是整体呈现在我们面前的。

既然理论和实践是本然统一的，那么将教育学理论与教师每天的教育教学实践有机融合，使教师专业发展之路更加顺畅，每天的工作也更具意义，就成了教师专业发展实践—意义取向关注的重点。应该说，教育之意义不能用概念去解释，而更应该用实践来表达，因为实践本身蕴含着丰富的概念。

首先，教师要对教育所蕴涵的意义有清楚的认识。教育的意义即在于教师能否用恰当的言语行为对学生产生积极的影响，并促进学生身心的成长。学生有了发展和成长，教育的意义才能显现出来。从这个角度来说，教师要时刻反思自己能否给学生带来这样的教育意义，如何呈现这样的教育意义，这些都是教师在平时教学设计的重点所在。有时，教师的一句话或者一个举动，都可能会给学生一辈子的教育触动，这就是教育的真正发生。

其次，教师要对执教学科的实践—意义有着积极的思考意识。每个学校的教师都是以学科知识为中介来实现教育意义的，而每个学科也都有其自身的属性和教育意蕴，所以不同学科的教师就要充分利用这些学科资源来对学生进行教育，让学科的教育意义真正发生。充分利用学科开展教育，一样可以促进学生成长，本身也是一种综合教育的体现。此外，教师不仅仅关注自己学科的发展，同时还要关注其他学科的发展，不断提高自身的人文、科学等素养，并融会贯通，激发学生学习和求知的兴趣，让教育真正发生。

再次，教师要准确建构教育意义。教师要清楚自己现阶段所讲授的教学内容在整个学科中的价值和位置，现在的发展状况如何，通过怎样的教学方式能将其教育意义充分展现。可以说，每一门学科的发展都是一个漫长的过程，每门学科都建立有独立的知识体系，教学不仅仅要关注这些分散的点，更要将学科整体的意义呈现给学生。如何建构教育意义，直接体现教师专业实践能力，也直接指向教师的专业发展阶段。

最后，实践—意义取向的教师专业发展特别强调学生的主体作用。教育意义在学生身上呈现才是教育的最终愿景，才能说完成了教育实践。教育意义因每个学生的理解不同而存在着一定的差异，因此，教师在教授时应区别学生的年龄阶段，预见自己的授课将会带给学生怎样的理解，这是教师实现教育意义的关键所在。教育现场千差万别，教师在不同时间、空间，教授同样的课程内容都会引起不同的教育意义，所以教师对教育现场的把控决定了教育意义实现的程度。这种把控能力也是教师专业发展的重点之一。优秀的教师总能充分了解学生的生活、学习、思维现状，在此基础上，准确设计预案，灵活调控课堂，就能更好地改进自己的教育实践，实现教育的原初意义。

对教育意义的探寻之路没有捷径可走，它需要各种理论的指导、知识的更新，以及实践的验证，这就是教师每天的工作。它看似枯燥，实际很有挑战性，要把这种教育的初心融入每天的教学准备和教学活动中去，这样的教师才是成熟而富有实践力的。

从实践—意义取向的角度来看，教师教育的哲学之教至关重要，它要求教师要将理论和实践放在一个维度下思考，不仅要对学科的维度和范畴有清晰的认识，还要对学生有着深入的了解，根据学生的特点，让每一节课、每一道题中都能彰显教育意义的本质。所以，教师要见微知著，不放过任何一个细节，真正让每一节课、每一道题都能释放其内涵的教育意义。

二、教师专业发展实践—意义取向评析

教育是每个人都要经历的以成长为目的的活动，有着丰富的内涵，包括对人的具体要求和对善的伦理认知，实践—意义取向正是通过教师的个人实践进而对学生产生影响，使其获得教育意义这个层面来分析教育问题的。此外，该取向对教育的理解也是有独到之处的，它将教育划为一个整体，意义的呈现都是在这个整体中获得的。教育理论和实践的统一，更要求我们重视教育实践过程，回到生活世界，在生活世界中去寻找教育意义的本真，进而获得对人的理解和升华。

对教育意义的理解也是教师专业发展的基本活动。具有教育实践能力的教师能够把握住每一节课，甚至每一道题来让学生顿悟和成长，教师要注重与学生的人际交互，要走进学生的内心世界，帮助他们解决存在的问题；反过来，学生也要信任教师，两者共同促进，一起建构教育的意义。所以，教师的专业性是不可低估的，教师的发展也不是一蹴而就的，它需要上下齐心合力，教师和学生形成共同体，一起走向进步。同时，也要求教师有严谨的研究态度，教师作为研究者将行动研究嵌入课堂，丰富教育意义，改善教师专业发展的一系列问题。

因此，实践—意义取向强调一线教师行动研究的重要性。长期以来，人们都认为研究应该是专家学者、大学教授的工作，教师的任务是接受并实施他们的理论。这种把教师仅仅理解为教书匠或辅助研究者做一些简单的工作，是非常片面的认知。但是，这样的传统认知已经流行多时，它支配了人们对研究的认识，几乎成为对研究的唯一理解。在这样的社会环境中，许多教师荒废了研究工作，只把其当作培训负担，而没有正视其应有的价值。

其实，教育的实践本质决定了教育的研究领域就是教育自身。能够在教育中进行有效研究的只有教师。杜威曾指出：教育中实践才是第一位的。只有从实践出发，理解教育问题，提出教育问题，才能真正获得教育意义。因此，教育的本质是实践的，要求教师走入丰富的教学情境去洞察教育意义。教育研究也是如此，强调教师走入教育现场进行研究，就是要使其获得真是而有效的意义体悟，提出解决教育问题的有效手段。

在教育研究中，教师需要有求知的态度。对于教师来说，教学永远充满着未知，每个学生、每个时刻、每种情境都是不同的。对每个成长着的学生的关注，对总在发生、总是新鲜的情境的思考，对一定要让学生有所触动的追求，就是研究。在不断对未知因素进行探究的过程中，教师的工作呈现出生动而丰富的动态，教师的专业性质得以实现。

在教育研究中，教师还要有反思的行为。反思可以重新审视自己的教学目标和教学行

为，避免对学生的评价单一化，将形成性评价与终结性评价结合使用。在反思的过程中，教师主要对自己的教学行为、教学设计、教学任务的达成进行审视。教师若抱着这样的态度反思，就会发现许多教育问题，再通过研究的方式加以解决和改变。

在教育研究中，教师还需要清醒的认识。尤其是在教育实践中，要对其所产生的意义有充分的认知，包括所教的内容在整个体系中的位置、如何将教育意义融入教学内容之中。在这个前提下，教师再参与研究，过程就会熟练得多。只要教师牢记教育的意义，再将其创造性地运用到教育研究之中，教师就会习惯成自然，将学习视作每天必需的工作，视作专业发展的必由之路。

拓展阅读 5-2

“零距离”教师教育

“零距离”概念大致有两个方面的含义：其一是空间距离上的贴近；其二是意义、性质上的同一。空间距离上的贴近，是理论上的距离趋近于零，但仍然是两个事物，各自有其边界；意义、性质上的同一，则是本原的一体，同一事物内部在意义、性质上本无距离。我们首先在本原同一意义上使用“零距离”概念，作为教师教育理论与实践之根本出发点；也在距离贴近意义上使用“零距离”概念。在大学的教师教育实施中存有边界的地方，缩小其距离，实现“无缝”对接；还在二者结合的意义上使用“零距离”概念，努力突破边界壁垒，达至内在同一的无距离。

“零距离”教师教育是为全日制专业硕士设计的教师专业教育，其实质就是要在大学的课堂里走出专业硕士水平的基础教育教师。大学与中小学之间是有边界、有距离的，就前述“零距离”概念使用的界定而言，这意味着：让大学的教师教育与基础教育的理论与实践贴近距离、突破边界、达至内在同一。

这一意谓可以进一步具体引申为如下要求。首先，教师专业教育的课程设置与中小学教育教学实践具有充分必要的直接联系，为成为专业的基础教育教师所必须，并具有符合专业要求的完整覆盖。其次，教师教育课程的实施能够为胜任基础教育教学提供直接的、达到专业水准要求的充分必要的有效支持。再次，教师教育的过程可以在充分必要的意义上直接完成符合教师专业要求的教师专业素质养成。在这个以课程设置、课程实施、素质养成三个梯次的逻辑界定所做的关于“零距离”教师教育的表达中，以直接的、充分必要的限定性语言对“零距离”做了严格的界定，它既意味着操作路径的接近，更是在根本的本质意义上的严格的同一性要求。如果不是直接，就不能是“零距离”；如果不是充分必要就不能处处都是“零距离”；只有是直接和充分必要的，才能达到“零距离”的专业标准。教师专业需要在这样严格的意义上建设，如果没有，教师专业在实际上并不成立。

这个要求，用更直白的话来说，就是全日制专业硕士在教师教育专业课程学习中该学的都学到了，并且是未经这样的学习过程所学不到的；在完成这样的专业课程的学习时，他们已经可以成功地完成基础教育课程的教学，并且表现出专业训练所形成的专业水平和潜质。在经过专业实习之后，他们的专业素养很快进入稳定发展状态，专业潜质也很快具有更多的显性表现；两年的专业教育和训练过程让他们经历了可以明确解释的专业素养养成过程，在毕业时，可以明确认定他们拥有了专业标准要求的专业素养，并且这样的素养是未经这一过程所不能达到的。他们成为从大学课堂里走出的专业硕士水平的教师；他们所经历的过程，就是培养教师的专业教育过程。"零距离"教师教育在这里建立起自身与教师专业的联系——它的实现，充分体现教师专业的成立。

（资料来源：宁虹，赖力敏."零距离"教师教育——全日制教育专业硕士培养的探索［J］.教育研究，2015（1）：81-89.）

思考题

结合教师专业发展意义—实践取向，谈谈你对"零距离"教师教育的看法。

本章小结

行动研究与教师专业发展的不同取向之间有着紧密的联系。本章将教师专业发展概括为理智取向、反思取向、生态取向和实践—意义取向，对每种取向的教师与教学观进行了介绍，并分别进行了评析，需要把握四种取向之间的异同。根据我们自己对于教师专业生活状态的观察，批判地理解这些不同的取向，并在此基础上初步形成自己对于教师专业发展的取向问题的基本框架，以便进行行动研究。

关键术语

教师专业发展；理智取向；反思取向；生态取向；实践—意义取向

讨论与探究

1. 如何理解教师专业发展理智取向？
2. 试分析教师专业发展反思取向的策略。
3. 请结合教师专业发展生态取向，分析某所学校的中小学教师所处的生态环境特点有哪些。
4. 请结合本章内容，分析下述观点。

“教育在本质上是实践的。”它不为概念所定义，因为概念的抽象会使它失去原有的丰富；它不可以被分割，因为它总是整体地发生着，那些被认为是它的组成要素、影响因素的东西都是在它发生之后才分析出来的，而在实践的当场，那些后来被分析出来的要素、因素都没有也不可能孤立地存在，不可能被分别地感知，它是一个整体地发生着的事情，是教师与学生之间一种精神、意识层面的交互作用和影响。这是教育的根本，它从性质上决定了教育与其他事情特别是自然科学领域的许多事情的区别。

第六章 教师专业发展模式

学习目标

- 了解四种教师专业发展主要模式的含义和理论基础
- 理解四种教师专业发展主要模式的优势和不足
- 掌握四种教师专业发展主要模式的途径

内容导引

- 教师本位的教师专业发展模式
  - 教师本位的教师专业发展模式的理论基础
  - 教师本位的教师专业发展模式的优势和不足
  - 教师本位的教师专业发展途径
- 大学本位的教师专业发展模式
  - 大学本位的教师专业发展模式的理论基础
  - 大学本位的教师专业发展模式的优势和不足
  - 大学本位的教师专业发展途径
- 大学与中小学合作的教师专业发展模式
  - 大学与中小学合作的教师专业发展模式的理论基础
  - 大学与中小学合作的教师专业发展模式的优势和不足
  - 大学与中小学合作的教师专业发展途径
- 以中小学为本的教师专业发展模式
  - 以中小学为本的教师专业发展模式的理论基础
  - 以中小学为本的教师专业发展模式的优势和不足
  - 以中小学为本的教师专业发展途径

本章导读

"春蚕到死丝方尽，蜡炬成灰泪始干。"

"落红不是无情物，化作春泥更护花。"

上述两句诗是对教师这个崇高职业的赞赏。描述了教师为了促进学生的发展，宁可"牺牲"自身的高贵品格。但在当前信息化社会，时代巨变的时期，教师的"自我献身"也不一定能换来学生的发展。教师要以自身发展为前提，才能更好地促进学生发展，方能完成"以其昭昭使人昭昭"之使命。

第一节　教师本位的教师专业发展模式

[微视频]
教师专业发展模式

20世纪中期以后，社会科学关于"人"的研究，一个重要的变化是对"人"分析单位的变化：个体的、具体的、独一的、丰富的、复杂社会关系中的有特定历史和境遇的"人"。每位教师都是有个人历史、社会关系和情感倾向的丰富的"人"，教师的观念和行为与他个人的成长历史密切相关。教师本位的教师专业发展是建立在"教师本位观"基础上的教师专业发展模式。教师本位观，是指在促进教师专业发展的活动中，尊重教师的自主意志、尊重教师的感受、尊重教师的需要、关切教师的情绪发展与需要、积极聆听并支持教师的心声、迎合教师的期望，以便持续促进教师的专业发展。

唯物辩证法认为，内因是事物自身运动发展的动力之源，是事物发展的决定性因素。只有充分调动教师的"内因"，即教师本人的积极性、主动性和创造性，教师的专业发展才会永无止境。

教师本位的教师专业发展，不是说教师专业发展是为了教师本身，而是强调通过教师专业的发展促进学生更好地发展，提升教育的质量和效益。教师本位的教师专业发展模式是在教师专业发展理论和实践相对忽视教师自身在专业发展中主体价值和作用的背景下提出的。因此，教师本位的教师专业发展模式既关注通过教师专业发展促进学生发展、提升教育质量的外在工具价值，又强调教师专业发展对教师自身人格完善、自我价值实现的本体价值；既关注教师管理部门、教师教育机构、学校等提供的外部支持，又强调教师的主动参与和教师自我专业发展需要、意识对其专业发展的重要价值。

由此可见，教师本位的教师专业发展包括两层含义：一是立足于教师个性特点，充分发展自身优势，最终形成具有自身鲜明个性特点的教学风格；二是教师专业发展以教师个人主观努力为主要路径，通过充分发挥教师的主观能动性促进教师个体素质和能力的提升，进而促进整个教师队伍的发展，最终达到促进学生的发展、提升教育质量和效益的终极目标。

一、教师本位的教师专业发展的理论基础

（一）个人本体论

卢梭（J. Rousseau）是众多个人本位论者中最为激进的一个。他在《社会契约论》中提出，个人的天赋是绝对自由的，政府的组织是独立的个人的自由联合；政权的基础在于个人的自愿放弃。卢梭认为，人生来具有良心、理性、自由，具有善良的天性。鲁迪格尔（Rudyger）认为，教育就是要使人成其为人，教育的根本目的在于个人而不在于社会。他坚决反对将教育的社会目的作为教育目的的主要部分，而只是将其视为教育目的中的一个次要部分。阿德勒（M. Adler）认为，成为自我实现的人，像人似的生活或有理性的生活的优越性是无需辩护的，而为了追求物质享受而反对理性生活的人就是否定他本身是一个人，他只是像动物似的生活着，像植物似的生长着。

（二）人本主义学习理论

人本主义强调人肯定自我，进而实现自我。人的成长源于个体自我实现的需要，自我实现的需要是人格形成发展、扩充成熟的内驱力。所谓自我实现的需要，马斯洛认为就是“人对于自我发挥和完成的欲望，也就是一种使它的潜力得以实现的倾向”。通俗地说，自我实现的需要就是“一个人能够成为什么，他就必须成为什么，他必须忠于自己的本性”。正是由于人有自我实现的需要，才使得有机体的潜能得以实现、保持和增强。

（三）成人教育心理学理论

成人不同于儿童，一般来说，成人心智发育已经成熟，形成了相对稳定的“三观”（人生观、世界观和价值观）。成人的学习往往会有自我的导向，需要和兴趣是其学习的起点和持续的动力。鉴于此，积极引导成人进行自我探究和自我发展应成为成人教育的主要方式。当成人进行积极的自我学习时，效果最佳。

二、教师本位的教师专业发展途径

（一）自主学习

自主学习的思想由来已久。两千多年前，孔子和苏格拉底就提出了自主学习的思想。近年来，国内外学者提出了“教师自主学习”的概念，认为教师的专业发展不能是外在于自我的工具性发展和受他人规约的被动式发展，他们关注教师的主体地位，强调教师在专业发展过程中的主动性和自觉性。

教师的自主学习包括思想政治学习和业务知识学习两个方面。通过思想政治学习，进一

步提升教师的师德修养；通过业务知识学习，进一步提升自己的专业能力。师德修养和专业水平是衡量一名教师专业发展的核心指标。

思想政治学习和业务知识学习不仅要掌握基本的理论知识，更重要的是在教育教学实践中，做到教学相长。教育教学活动是教师专业发展的实践场域，也是专业发展的“主战场”。教师是在一次次教育教学实践特别是一节节课中，发展、成长为一名优秀教师的。精心备课、上课和反思是教师自主学习最主要的经历。在备课阶段，教师需要把教学内容的生成、发展与走向掌握得一清二楚，弄清教材的优势与不足；在上课阶段，教师则要通过自己的设计，帮助学生深刻理解知识，灵活运用知识。反思是对整个教学进行回顾和总结，举一反三，温故知新。总之，教学实践是教师专业发展最重要的途径。

此外，自主学习还体现在各级各类培训中。高质量的培训，可以激励和规约自主学习，促进教师深度学习，有利于教师专业发展。

（二）自我反思

美国心理学家波斯纳曾指出：教师成长=经验+反思。杜威也认为，反思思维是一种思维的态度和方式，是对某个问题进行反复的、严肃的、持续不断的深思，即“对于任何信念或假设性的知识，按其所依据的基础和进一步结论而进行的主动的、持续的和周密的思考”。范梅南认为，智慧的行为并不是魔术般发生的，它们依据的是在回忆性的反思中所能够获得的智慧。叶澜教授曾指出：“一个教师写一辈子教案不可能成为名师，但如果一个教师写三年教学反思，就有可能成为名师。”

自我反思是教师专业发展的另一条主要途径。而教师的主动参与是教师反思发生、有效的必要条件。反思可以坚定教师教育的理想和信念，反思加深教师对知识的理解，反思可以生成教学智慧，反思可以让教师成为教学名师。

对于教师专业发展来说，最有效的反思是基于行动研究的反思。行动研究主要是从教学实践出发，重点解决教育教学中的实际问题，在教学理论与教学实践搭建起了一座桥梁。它是一个行动—反思—再行动—再反思的螺旋上升的过程。通过行动研究，教师可以深入思考自己教学行为背后的理论基础，培养问题意识，主动解决教学实践中存在的问题。从而有效地激励教师自主学习，促进教师的专业成长。

自我反思不仅仅要反思教学的内容，还应包括成长、师德、学生、环境、教研等诸多的内容。

（三）自我研究

自我研究是教师以自身教学经验为起点，基于实际问题，与同事、学生、家长等合作，边教学边反思，并通过教育叙事、教学日志、行动研究、教学反思等形式，提出相应策略，以解决问题，改进教学实践的过程。

自我研究是教师专业发展中的高级阶段。自我研究更适合有一定经验的教师，在自己积累的丰富的教学经验的基础上进行研究，形成教学实践知识，逐步形成自己的教学信念、教学理论和教学风格。

教师的自我研究一般为行动研究。教师在日常的教育教学中发现存在的问题，引发对问题的思考，产生解决问题的想法，然后通过查阅文献，寻找理论的支撑，进而聚焦问题，提出解决问题的方案或计划，选择合适的试验对象，测试和验证改革方案或计划的科学性，经多次的试验—修订—试验—修订后，确定科学合理的方案或计划，应用于存在问题的教育教学，最终解决存在的问题。该过程中，教师的理论知识得到充实，研究能力得到提升，专业得到发展。

三、教师本位教师专业发展模式的优势和不足

教师本位教师专业发展模式突出了教师的核心地位。一方面，从教师自身特点出发，根据每位教师的学历层次、专业发展阶段、教学风格以及相关学科做出有针对性的指导，使得教师专业发展更具实效性；另一方面，将教师的自主发展作为专业发展最主要的途径，抓住事物发展的内因，突出教师自身在专业发展中的主体地位，能更好地调动教师专业发展的积极性、主动性和创造性。

虽然教师本位的教师专业发展有利于激发教师的内生动力，更好地促进教师的专业发展。但是现代社会，任何人的成长和发展离不开大环境的支持和同侪的帮助，教师的专业发展也不例外。国家、社会、学校和同事共同创造的良好的教育生态可为教师专业发展提供积极和谐的氛围与环境。

第二节　大学本位的教师专业发展模式

今天的“大学”与中国古代的“大学”含义有所不同，但传承文明，培养专业人才的功能基本没有改变。

世界范围内，近现代大学直接起源于12、13世纪的欧洲中世纪大学。在中国，近现代大学出现在鸦片战争之后，外国人在国内建立的教会学校以及洋务运动中设立的新式学堂。1681年，法国“基督教兄弟会”神甫拉萨儿在兰斯创立了世界上第一所师资训练学校，这是世界上独立的师范教育的开始。在中国，1897年成立的“南洋公学师范院”是第一所独立的师范学校。

随着世界范围内义务教育的普及与发展，对教师的需求急剧增加。在需求的刺激下，以大学为本的教师培养模式应运而生。在20世纪中叶，随着义务教育年限的普遍延长，中等教

育的迅速发展，教育改革的不断深入，职业教育的积极推进，师范教育需要在师资培养的数量上有大的发展，师资品类上多种多样，培养层次和质量上有较大提高。为满足这些需求，大学承担了师资培养的重任并发挥积极作用。

大学本位的教师专业发展，是指以师范大学或综合型大学为主要的教师培养、培训基地，提高教师（准教师）学科知识和教学能力的教师专业发展模式。它是一种比较传统的教师专业发展模式。它是20世纪八九十年代，中国最主要和最基本的教师专业发展模式。如今进入21世纪，高校在教师专业发展中仍发挥着不可替代的作用。

一、大学本位的教师专业发展的理论基础

一般来说，教师从教所需要的学科知识大多是在大学里获得的，这是教师从事学科教学的基础和起点。教师专业发展必须以系统的理论学习为基础，系统的理论学习也主要在大学里完成。师范大学或综合型大学教育学院的主要任务和目标就是创生理论知识，并把这些理论知识传授给职前教师或者在职教师。在职前培养阶段，师范生要想从事教师职业，就必须先学习学科知识和教育教学理论，然后在教学实践（如见习、实习）中依据教育理论传授学科知识，进而形成从教的基本技能。在职后阶段，教师想要更新自己的教育教学理念，提高自己的教育教学水平，也会选择走进师范学院或者综合型大学接受进一步的教育教学指导。由此可见，大学在教师专业发展中发挥着不可替代的作用。

二、大学本位的教师专业发展途径

（一）职前培养

在我国的《教师法》中，对教师从业资格应当具备的相应学历做了明确要求。

1. 取得幼儿园教师资格，应当具备幼儿师范学校毕业及其以上学历；

2. 取得小学教师资格，应当具备中等师范学校毕业及其以上学历；

3. 取得初级中学教师、初级职业学校文化、专业课教师资格，应当具备高等师范专科学校或者其他大学专科毕业及其以上学历；

4. 取得高级中学教师资格和中等专业学校、技工学校、职业高中文化课、专业课教师资格，应当具备高等师范院校本科或者其他大学本科毕业及其以上学历；取得中等专业学校、技工学校和职业高中学生实习指导教师资格应当具备的学历，由国务院教育行政部门规定；

5. 取得高等学校教师资格，应当具备研究生或者大学本科毕业学历；

6. 取得成人教育教师资格，应当按照成人教育的层次、类别，分别具备高等、中等学校毕业及其以上学历。不具备本法规定的教师资格学历的公民，申请获取教师资格，必须通过国家教师资格考试。国家教师资格考试制度由国务院规定。

——《中华人民共和国教师法》

随着社会的发展，教师的入职门槛已逐步过渡到大学学历。毫无疑问，要想从事教育工作，必须先要接受大学教育。大学在教师培养中发挥了奠基的重要作用。在大学选择了什么专业，将来很有可能就会从事该学科的教学工作。比如，大学里学数学教育专业的师范生，将来绝大多数要从事数学教育工作；大学里学英语教育专业的师范生，将来绝大多数要从事英语教育工作。

除此以外，大学应积极探索和研究教师专业发展的理论体系，为师范生提供有意义的学习经历，改革教学，培养教师所需要的意识品质与行动能力。

（二）职后发展

联合国教科文组织的研究表明：在18世纪，知识更新周期为80～90年；19世纪到20世纪初，知识更新周期缩短为30年；20世纪六七十年代，一般学科的知识更新周期为5～10年；到了20世纪八九十年代，许多学科的知识更新周期缩短为5年；而进入新世纪，已缩短至2～3年。可见知识的更新的速度越来越快。

从事学科知识教学的教师的知识结构必须要根据社会发展的需要及时更新，才能适应社会发展对人才的需要。同时，作为为社会、为国家培养合格人才的教师，更应践行终生学习的理念，活到老，学到老，不断汲取本领域和相关领域的知识，了解前沿的科研成果，完善自己的专业知识，提高自己的专业能力，使自己始终与时俱进。高质量的终生学习，除了自学之外，捷径就是走进大学参加进修，更新理念，完善知识结构，提高专业能力。

教师依靠大学发展专业能力的方式多种多样，短期培训、脱产进修、访学研究或攻读学位是可以选择的方式。当前比较有效的方式是建立大学和学校的教师教育共同体，促进教师专业发展（详见本章第三节）。

三、大学本位教师专业发展模式的优势和不足

大学在人类文明传承的过程中功不可没。大学在教师教育中的重要地位无可取代，特别是高等师范院校，已经成为教师教育的主阵地。现在，教师的职前培养基本都由大学来完成的。大学和中小学合作促进教师专业发展也越来越受到重视。

纯粹的大学本位教师教育也有先天不足，大学以理论研究为主，远离教育实践现场，而教师专业发展离不开教育实践，所以，大学本位的教师专业发展往往易导致理论与实践的脱节，削弱教师教育的绩效。要克服这种不足，有效的方法是推进大学和中小学教师教育合作，院校携手，共同培养新时代卓越教师。

第三节　大学和中小学合作的教师专业发展模式

教师专业发展是大学和中小学共同的责任。基于大学和中小学合作的教师专业发展模式可以使大学和中小学发挥各自的优势，共同促进教师专业发展，无疑是最佳的教师专业发展模式。

一、大学和中小学合作的教师专业发展模式的理论基础

（一）理论与实践的本然统一

实践哲学认为，理论总是在实践中不断生成和实现自身的。在此意义上，理论可以生动、鲜活，与丰富的实践具有本然统一的联系。教育在本质上是实践的，教师专业发展除了要以教育理论为基础，更重要的是植根于真实的教学情境，进行有效的教学实践，最真实的教学情境则来自于中小学，中小学真实的教育教学现场是教师专业发展最好的阵地。教师教育教学实践也是理论应用的过程，该过程也会加深对理论的了解，进一步拓展理论学习的深度。

（二）教师教育共同体理论

教育作为培养人的实践，其本质即是人与人之间互动的活动。杜威指出，教育是“文化与人的互动影响”。巴纳德在其提出的“协作系统”的概念中指出，组织是“两个人或更多人的行为或各种力量的系统”。生态学理论认为，社会的各方面因素都处在一个相互联系、相互制约的网络之中。

教师教育共同体是大学与中小学（包括地方政府及有关部门）合作建立的一种旨在促进职前教师专业成长和职后教师专业发展的专业性团体。教师教育共同体的具体形式包括由中小学（包括地方政府及有关部门）与大学合作建立的教师发展学校、教育发展服务区、教师发展基地、教师发展论坛、教师实践共同体等。教师教育共同体是当前最典型的大学和中小学合作的教师专业发展模式。大学与中小学伙伴关系的建立能够有效地促进大学师范生的培养质量和在职教师的专业发展，是教师教育变革的呼唤。

（三）教师专业发展职前职后一体化

20世纪60年代以前，教师教育一直被看作是“一次性”或者“终结性”的教育。终生教育思想提出后，人们开始重新审视和反思教师教育。1972年，英国学者波特（Porter）提出了教师教育要经历的三个不可缺少的环节：职前教育环节、入职教育环节和在职继续教育环节。波特还指出三个环节是一个完整的、缺一不可的、连续一贯的过程。这就为最初的教师教育一体化研究奠定了理论基础。随后，费斯勒（Fessler）提出的教师生涯循环的八阶段理论更是将教师专业发展视为一个整体设计的、前后连贯的一体化体系。

进入21世纪后，一些国际组织也致力推进教师教育一体化的进程。2002年，经济合作与

发展组织发表了《终生学习时代的教学生涯和教师教育》。该文件的相关论述对于教师教育的观念更新和教师继续教育地位的确立发挥了举足轻重的作用。《学会在知识社会中教学》研究报告诠释了知识经济背景下，教师职前教育、入职教育和在职教育应关注的教师能力发展重点。联合国教科文组织在其《教育——财富蕴藏其中》报告中直接建议："把终生教育放在社会的中心位置上，重新考虑并沟通教育的各个阶段。"教师作为学生的人生导师，更应该按照终生教育的思想，终生学习，与时俱进，实现专业发展的连贯性和一体化。

虽然国内外诸多学者将教师职业生命周期划分成了不同阶段，但是教师的专业成长是个终生的个体社会化过程，在与教育环境的互动过程中，不断调整自己的思想观念、价值取向，丰富专业知识和技能，满足自身的不同层次的需求，从而表现出与特定职业发展阶段相适应的教师角色行为。

二、大学和中小学合作的教师专业发展途径

（一）以中小学为基地

20世纪80年代，英国政府开始改革传统的"大学主导型"教师职前培养模式，开始试行大学与中小学合作培养教师的新模式——"以中小学为基地"的教师职前培养模式。1992年5月，英国政府开始正式推行这一新的教师培养模式。该模式突出了中小学在教师培养中的地位，因此被称为"以中小学为基地"的教师培养模式。

（二）教师专业发展学校

1986年，霍姆斯小组在《明日之教师》（Tomorrow's Teacher）中提出了五个主要目标，其中之一就是"使中小学不仅成为学生学习的地方，而且还成为教师发展的场所"。该报告首次提出建立"专业发展学校"，使"中小学教师及教育行政人员一起与大学教师结成伙伴关系，改进师范生的教与学。为教师提供各种机会，促进教师的专业成长。"

1990年，霍姆斯小组在《明日之学校》（Tomorrow's School）中提出了建立"专业发展学校"的六项基本原则：①教师实行的教学是为了理解的教与学；②创建一个学习共同体（Learning Community），以确保这种为了理解的教与学能顺利进行；③适应美国教育民主化运动的要求，为每一个儿童提供平等的教育；④学校中所有人（成年人和儿童）都是学习者，中小学教师、教师教育者和管理者应该持续不断地学习；⑤教师应能进行教学研究，成为研究型教师或反思型教师；⑥教师教育改革始终是整个教育改革的组成部分，教师素质的提高必须放在教学这个特殊的环境中来实现。

1995年，霍姆斯小组又发表了《明日之教育学院》（Tomorrow's School of Education），要求大学的教育学院必须进一步加强同中小学的合作，中小学成为教师学习的最佳场所，共同提高教师专业学习的质量。报告强调指出，设置"专业发展学校"的目的就是同时服务于中小学和大学，就像"教学医院"服务于医学教学一样，"专业发展学校"服务于专业教学，

它可以更好地将知识学习同师范生和中小学教师的实际需要联系起来。

美国大学与中小学合作进行教师教育的构想提出后，许多大学、学院、中小学和其他教师教育机构都积极探索相应途径。"专业发展学校"逐渐成为美国大学与中小学合作的主要形式。

（三）U-S（University-School）教师教育共同体

随着大学与中小学合作关系的深入发展，教师教育共同体进入研究者的视野。大学和中小学双方合作的传统做法是中小学接收大学的师范生实习，大学教师到中小学，指导教育教学改革和教学研究，这是一种传统的帮助型合作，双方是"我们和他们"的关系，形成方式是"传统情谊"。

我国U-S教师教育合作起步于师范生的实习。各师范院校都有自己的附属中小学或实习基地校。最初双方的合作仅仅是大学将自己培养的师范生送到实习基地进行实（见）习，中小学为师范生的教育见习实习提供现场。但随着美国、英国等国家的教师教育改革的不断深入，特别是建立教师专业发展学校以后，国内学者也开始了U-S教师教育合作的实践探索。1998年，首都师范大学和北京市教委签订合作协议，合力改造北京市基础教育薄弱校。首都师范大学教科院选取了北京市5所基础薄弱校，开始了以促进学校发展为主要目的的大学和中小学合作。这是一次大学和中小学有实质意义的合作。经过三年的努力，取得了较好的效果。同年，香港中文大学教育学院也开始了"大学与学校伙伴协作中心"的探索，旨在加强与中学、小学及幼儿园的合作，推广全人教育和优质教育。

U-S教师教育合作形式多样，从合作双方拥有的话语权的角度，可将其分为三种类型：①"帮助型"，合作形式是两个团队，是"我们和他们"的关系，合作动因是"传统情谊"。大学与中小学传统的合作——中小学接收大学实习生，大学教师指导中小学教改，就是典型的"帮助型"合作；②"互利型"，合作形式是一个联队，是"我们和你们"的关系，合作动因是"制度或权力"。通过政府协调而构建的合作往往属于"互利型"合作；③"协同型"，合作形式是一个团队，是"我们和我们"的关系，合作动因是"共同愿景"。目前建设的教师教育合作共同体属于"协同型"合作。

近年来，在传统的U-S合作的基础上，又创新发展了教师教育共同体"U- G（D）-S"模式和城市驻校教师"U-S-N"模式。"U-（G）-S"教师教育共同体是指大学、政府（Government）和中小学的合作模式，它是大学和中小学（U-S）合作的扩展和深化，比U-S的点对点的合作更显优势。"U-（D）-S"是指大学、区域（District）和中小学的教师教育合作共同体模式。城市驻校教师（U-S-N）模式主要是为当地薄弱学区培养优秀的教师的教师教育共同体合作模式。

三、大学和中小学合作的教师专业发展模式的优势和不足

大学和中小学合作的教师专业发展模式有效实现了教育理论与实践的双向激活。大学中

的教师教育者具有厚实的理论基础，对教师专业发展也有相对比较成熟的研究成果。中小学教师实践经验丰富，对中小学教育教学的实际情况熟悉。大学和中小学合作的教师专业发展模式可以有效地实现两者之间的优势互补，使得教师专业发展既有理论指导，又有实践的支撑，这样模式的教师专业发展才最理想。

大学与中小学合作的教师专业发展模式涉及大学里的教师和行政管理者、中小学教师和行政管理者、师范生，基层教育管理部门相关人员等众多合作主体，由于各个主体背景不同，追求的利益不一：大学教师在实践中以理论思维为主导，往往注重理论的建构；中小学教师在实践中以工作思维为主导，往往追求教学实践的效果。如果合作双方不能兼顾对方的利益，大学与中小学教师教育合作就可能貌合神离，有名无实。

第四节　以中小学为本的教师专业发展模式

正如学者王俭所言："医生如果离开了临床，就不可能成为名医；教师如果离开了课堂与实践，就不可能成为名师。学校与课堂既是教师专业实践的主要园地，也是他们专业发展的主要场所。"

相对于传统的教师发展，以中小学为本的教师专业发展有其明显的优势：首先，植根于教育现场。以校为本，在真实的教学情境中发现问题，解决问题，本身就具有先天的优势。其次，立足于以人为本。以校为本的教师专业发展既致力于发展学生和学校，又强调发展教师，注重教师个人的素质提升和人格完善。从实践中来，到实践中去，教师专业发展与教育教学实践教学紧密相连，无疑能有效促进教师专业发展。

一、以中小学为本的教师专业发展模式的理论基础

（一）成人学习理论

无论是在生理上还是在心理上，成人与儿童都有显著的不同。以成人为教育对象的教育必须要关注成人的特点。

美国成人教育学家诺尔斯（S. Knowles）从五个维度讨论了成人学习者不同于儿童学习者的特征：自我观念、经验、准备性、定向和动机。诺尔斯认为，成人学习以已知经验为支持，自我导向为主，其学习源于改变生活的需要，其学习所得往往直接应用于完成任务、解决问题或者提高生活的满意度，学习动机也大多从内部因素获得。史密斯（Robert Smith）认为成人学习有六个特征：终生的、个人化的、涉及变革的、个人发展的一部分、涉及经验的和部分是直觉的。史密斯重点强调了成人教育的终生化，更多是一种个人化的学习，往往是

改革的需要推动成人学习的产生，它是个人全面发展的一部分，同时部分的学习来自于自己的直觉。

（二）情境学习理论

情境学习理论认为，学习是一个参与情境的过程，是一个基于情境而开展的过程，即学习发生在情境之中。一种真实的社会情境、实践情境、任务情境、文化情境更有利于学习的发生。无需再多说明，情境学习理论强调其社会性和实践性，其社会性即体现在学习者与学习共同体的关系性互动中，而其实践性则体现在学习者所参与的以及整个共同体所致力于解决的活动或任务中。

综上所述，教师的专业发展是一个需要教师、情境、文化、活动、学习者等要素来共同打造的过程。学校便是这样一个融合教师专业发展所需要素的天然场所，因而，教师的专业发展需要学校本位。

二、以中小学为本的教师专业发展途径

（一）听课与评课

课堂教学是教师专业发展之根本。教师的专业发展需求来源于课堂教学，发展的最终目的是服务于课堂教学。听课和评课是教师互相观摩课堂教学，同时记录下听课的要点。课后，以教研室或者小组为单位，对教师上课的课堂教学做反思性讨论，分析课堂的目标设计、教学过程、师生互动等方方面面的问题，并提出中肯的意见或建议，促进教师以课堂教学能力为核心的专业成长。

拓展阅读6-1

如何听课和评课

听课时重点应该关注的是：①课堂教学确定怎样的教学目标？②新课程如何导入？③如何创设教学情境？④教学方法和教学手段。⑤重点关注教学步骤和步骤之间的衔接。⑥知识如何系统化呈现？⑦重点培养了学生哪些方面的技能？⑧情感目标如何实现？⑨课堂教学氛围如何？⑩核心素养如何体现？

如何评课？首先，切实中肯的分析和评价。其次，要有理论高度，不是“我以为，我认为”等话语。再次，抓住关键。一堂课下来可能要说的内容很多，要抓住核心内容，不要过分强调细枝末节。同时对发现存在的问题最好寻找到相应的原因。最后，对提出的问题最好有相应的解释和可以改进的策略和方法。评课本身就是为了促进课堂改进。

（二）教师工作坊

实践证明，能比较有效促进在职教师专业发展的载体是教师工作坊。教师工作坊是在一定区域内，由一名特别优秀的特级（高级）教师主持，以工作坊成员教师共同学习、集体研修等方式促进教师专业发展的学习型组织。由于这种教师专业发展模式主题明确、内容丰富、形式灵活，所以深受教师喜爱。教师工作坊研修主题一般都是直指教育教学中的现实问题，往往能帮助教师突破专业发展的瓶颈，很容易激发工作坊成员研究的积极性、主动性和创造性，再加上系列跟进式、多点聚焦式、短程互助式、骨干引领式等不同研究方法的合理运用，可以有效促进成员的专业发展。

案例 6-1

教师工作坊实例两则

1．国培计划（2013）——骨干教师高端研修项目初中英语教师工作坊

骨干教师高端研修项目是教育部示范性项目之一，初中英语教师工作坊由北京外国语大学和英国大使馆文化教育处提供专业化培训指导，并组织工作坊坊主集中培训，中国教师研修网承担远程网络培训。参训对象是来自辽宁、山东、河南、上海、江苏、四川、贵州、广东的4800名学员。本次培训旨在：通过“种子”教师引领一定数量的区域骨干教师进行工作坊研修，打造信息技术环境下的教学学习共同体，将集中面授与网络研修相结合，将线上学习与线下实践相结合，探索建立骨干教师常态化培训模式。

2．国培计划（2014）——骨干教师高端研修项目小学语文教师工作坊

骨干教师高端研修项目初中英语教师工作坊是由张连仲教授、徐浩副教授为首席专家的北京外国语大学专家团队，和英国大使馆文化教育处提供专业引领指导，由中国教师研修网提供远程平台支持的国培示范性培训项目。培训研修时长为一年，全程采用自助式研修模式，培训研修内容由专家团队带领各省种子教师共同制定而成。参训对象是来自北京、天津、重庆、陕西、浙江、江西、湖南、山西、云南、广西、新疆和新疆生产建设兵团的3900名学员。本次培训旨在推动骨干教师专业发展，提升其教育教学能力；帮助骨干教师拥有在线学习技能，提升其研修能力。

（资料来源：选编于中国教师研修网）

（三）教师行动研究

教师专业发展在全面提升课堂教学水平的同时，还要通过研究来完善自己的知识结构，

提高自身的理论素养。行动研究可以让教师学会分析问题，找到解决问题的有效方法，丰富自身的实践性知识，进而提高教育教学的质量和效益。（详见第七章）

（四）网络+校本

随着网络的普及，“网络+校本”的教师专业发展模式可以充分考虑到教师个体学习的参与性、社会性、情境性、建构性需要，可以满足教师相互之间资源深度共享、情境设计、互动沟通等的基本需求。“网络+校本”专业发展模式也可以满足教师可持续发展和终生教育的基本需要，以及教师在整个职业生涯中的各类学习需求。该模式以其便利性，被广泛地应用于以中小学为本的教师专业发展实践之中。

三、以中小学为本的教师专业发展模式的优势和不足

学校为教师专业发展提供了更真实的实践情境，最好的教育生态，以中小学为本的教师专业发展模式实现教师专业发展“从上到下”权力的下移，突出了学校在教师专业发展的重要地位，必将是教师专业发展的重要路径之一。

但我们也应看到，中小学教师如果只固守丰富的教育教学经验，而不去探求隐藏在经验背后的理论，专业发展很容易陷入经验主义的怪圈，不是“隔靴搔痒”就是“闭门造车”，这就会导致教师专业发展总是“原地打转”，难以实现“质”的飞跃。

1966年国际劳工组织和联合国教科文组织联合发表了《关于教师地位的建议》，该文明确指出：“教育工作应被视为一种专门职业。这种职业是一种要求教师具备经过严格而持续不断的研究才能获得并维持专业知识及专门技能的公共业务；它要求对所辖学生的教育与福利具有个人的及共同的责任感。”1986年美国卡耐基教育促进会和霍姆斯协会先后发表了《国家为21世纪准备教师》和《明天的教师》的报告，明确指出了教师专业化的概念，主张确立教师的专业地位，培养教师达到专业化的标准，以教师的专业化来实现教学的专业化。

顾明远教授指出：“社会职业有一条铁的规律，即只有专业化才有社会地位，才能受到社会的尊重。如果一种职业是人人可以担任的，则在社会上是没有地位的。教师如果没有社会地位，教师的职业不被社会尊重，那么这个社会的教育大厦就会倒塌，这个社会也不会进步。”

教师专业发展是教育发展之根本途径。以教师的专业发展来促进教育事业的发展。特别是教育部《关于实施卓越教师培养计划2.0的意见》，对教师专业发展提出了明确的目标和更高的要求：到2035年，师范生的综合素质、专业化水平和创新能力显著提升，为培养造就数以百万计的骨干教师、数以十万计的卓越教师、数以万计的教育家型教师奠定坚实基础。对教师专业发展的研究变得更为重要。

拓展阅读 6-2

以校为本，研训结合，促进教师专业发展

近年来，师资力量补充不足，教师队伍老龄化，知识结构陈旧化愈来愈凸现。师资问题已成为制约学校发展的瓶颈。面对这一问题，首先要深知：学校要发展，师资是根本。而教师队伍素质的提高，研训是关键。为此，学校应不等不靠，以校为本，挖掘潜能，走研训结合之路，促进教师专业发展的绿色平台。

一是让教师明确校本培训和校本教研的内涵与功能是一种新生事物的出现，要想真正实现它的存在价值，首当其冲就是让人们认识它，了解它，然后才是接受它。否则，这个新生事物就很难有立足之地。对校本培训和校本教研来说也是如此。关于校本培训和校本教研的正式提出和使用始于何时，尚无定论。但引发校本培训和校本教研的热潮却是近些年来的事，尤其新课程改革实施以来，这种热潮在学校中显得尤为强烈。校本培训和校本教研就成了教师素质提高的重要途径之一。校本培训是源于学校的发展需要，由学校发起和规划，旨在满足学校与教师的发展需要，在校内进行的学习与培训活动。校本教研是以学校为基地，以学校内教学实践中的实际问题为研究内容，以学校管理和教师为研究主体，以促进教师共同发展为研究目的，开展的教学行为活动。两个概念的共同点都是以学校为基地，为了满足学校和教师的发展需要而开展的。其功能都是有利于贯彻和实施学校的办学思想，有利于促进教师的专业化发展和教师能力的提高，有利于挖掘学校的潜能，充分利用学校的资源和条件。教师对这些问题认识清楚了，理解透彻了，认识到对自己的发展有利，就不会把培训和教研当作一种负担，相反，他们还会积极支持，自愿主动参与活动，并在活动过程中享受学习和研究的乐趣。校本培训和校本教研必然达到“不用扬鞭自奋蹄”的效果。

二是科学合理地安排校本培训内容和校本教研问题。安排校本培训内容和确定校本教研问题必须做到有针对性、与时性和创新性，切忌大而空、陈旧。我校在开展这两项工作时，首先考虑到教师的需要。从提高教师专业素质和教师教学中遇到的问题入手，依据学校的办学思想，办学特色，并结合新形势、新要求来安排培训内容和教研问题。例如，我校提出：走洋思之路，育抚民之才。因此，校本培训内容就围绕这一主题安排了《洋思的魅力》《洋思中学的成功之道》《蔡林森与洋思经验》《洋思经验与新课程改革》等系列培训。

我校的办学特色是：不让一名差生掉队。培训中就安排了《以学生为主——当代教育改革的新思潮》《魏书生班主任工作漫谈》《走进学生心田》等具有实际指导意义的学习材料和书籍。再如，根据我校教师队伍趋于老龄化，观念陈旧问题的需要，在培训内容中专门设置了《素质教育观念学习提要》《更新教育观念报告集》

和《中小学教师视野中的基础教育课程改革》等内容，目的是通过这些内容的学习培训，让教师对新课程改革有一个全新的认识，以便更好地实施素质教育和推进课程改革。新课程改革要求教学中以“自主、合作、探究”学习为主。教师从以“讲”为主的演员角色转变成谋划和指挥的导演角色，对“教”与“学”关系的处理，该教多少，该学多少；怎样的学习方式算合作；什么问题需要学生探究等感到茫然。我校针对这一现实问题，提出了“整体建构、自学互教、精讲多练”这一总课题。目的是通过这一校本课题的研究来探究和解决教学中面临的客观问题，把问题课题化。同时也是为了增强教师从事研究，投身教研的动机和兴趣，最终促进教师教育教学的有效性。

三是加强组织领导，强化校本培训和校本教研的管理。无论开展校本培训还是开展校本教研，都离不开有效的组织领导和规范化的科学管理。否则，校本培训就可能成为形式，有形而无实；校教研也只是做表面文章，干打雷不下雨，解决不了实际问题。为此，我校成立了以校长为第一责任人的校本培训领导小组，将培训工作落实到校办公室、教务处、政教处，形成了责任到人、分工明确、互相合作的培训工作局面。校本教研工作成立了以教学副校长为组长的领导机构，将教研工作落实到各学科领域，下设语、数、英、理化生、政史地学科教研活动小组，针对各学科教学中存在的问题，在校本教研总课题的引领下，开展各学科教研活动。同时强化校本培训和校本教研活动的跟踪管理。依据学校制定的研训计划、规章制度，严格对校本培训和校本教研进行督促、检查。检查的内容包括教师的学习方案、学习笔记、心得体会、学习时数、学习成果、教研活动问题的设计、教研时间、参加人员、教研结果，以及教研结果在教学中运用、产生的效果等，并对检查情况进行科学全面的评价。建立校本培训和校本教研评价档案，促进教师的不断发展。

四是开展灵活多样的研训形式。提升研训的实效性在校本培训工作中，我校采用“四结合四分层”的培训模式。

（1）集体学习与自学相结合。对通识性培训内容，由校长组织校本培训领导小组成员共同研究，制定培训方案，列出培训专题，提出培训要求后，再根据培训内容安排教务处或政教处根据培训专题撰写培训提纲，安排培训者和培训时间进行集中学习培训。对各学科培训学习，以教师自学为主，学校要求统一学习笔记，规定字数，并要求在学习资料内容旁白处做适当的学习批注或有感。学校对教师自学情况安排专人进行定期检查，并做批注。检查情况作为教师学期考核的一项内容。

（2）培训内容与互网联内容相结合。为了更好地完成上级安排的网联培训任务，发挥网络培训的优势，为教师参加继续教育搭建桥梁，学校为教师专门提供了电脑，安排学习时间。要求校本培训内容不能与继续教育内容相重复，也不能与继续教育学习时间相冲突。

（3）校本培训与引派学习相结合。我校在立足于本校，充分利用校内培训资源的基础上，在经费紧张的情况下，派出去引进来，选派优秀教师参加上级的各级各类培训。抓住一切机会派骨干教师外出学习。我们先后派骨干教师到江苏洋思、山东杜郎口、辽宁大连、河北衡水等地达60余人次，考察学习，借鉴外地经验。他们把学习的新理念、新方法通过讲座、公开课等形式反馈给学校教师，带动了全校教师教育教学质量的提高。同时主动邀请教育专家来校讲学，我们先后邀请了我省知名教育专家李元昌等到我校做专题讲座和上示范课。这种专家现身讲学的培训方式，备受教师欢迎，取得良好的培训效果。

（4）校本培训与科研相结合。我们提出课改实验课题化，通过开展科研课题来进行研训。如“在课堂教学中创设生活化教学情景，培养学生学习兴趣的研究”纳入课改培训中，特别是对怎样挖掘学科资源，怎样使学生在对生活感知中积累学习素材等问题进行了重点培训探讨。再如，为了使校本培训走向正规化，评价科学化，我校参与国家级课题“新课改教师培训纳入学校评价指标的实践与探索”的研究。这样，通过课题研究达到了以研代训、以训促研、研训结合的效果。

（5）对年轻教师的培训。为了让年轻教师尽快进入角色，更快、更好地融入学校工作中，我校特意开设了年轻教师岗位培训。只要有年轻教师到我校，我们都利用一学期每周一节课的时间，有计划有步骤地对他们进行辅导。同时让有丰富教学经验的骨干教师做他们的“师傅”。通过这种师徒制的培训方式，帮助年轻教师快速成长。

（6）对教学有困难的教师的培训。对在教学上有困难的教师，我们除了鼓励他们多听课、评课外，主要以训练他们的基本功为主，如课堂教学语言、教态、板书和对教材的处理等，使他们尽快缩短与其他教师的差距。在此基础上，帮助他们确定奋斗目标，对工作及时给予肯定、支持，鼓励他们争当先进，使他们有前进的动力。

（7）对中老年教师的培训。中老年教师多数具有丰富的教学经验，但思想观念落后，不愿接受新事物。针对这一特点，我们定期向中老年教师传达教育教学信息。例如，我校在学习洋思中学和杜郎口教学经验时，一部分中老年教师存在抵触思想。我们就定期把洋思、杜郎口的一些学习材料印刷发给他们，让他们通过学习来更新教育教学观念，跟上时代改革的步伐。并积极组织中老年教师听年轻优秀教师的课，向年轻优秀教师学习，与年轻优秀教师共同进步。

（8）对骨干教师的培训。对教学骨干及有潜质的教师，首先是给他们压担子，让他们承担实验课题，担负各类型的公开课。鼓励他们形成个人的教学风格，并让他们任学科组长或带头人。学校支持他们抓住机会，走出校门，开阔视野，多看多想，不断汲取养分，形成自身的教学风格。近三年来，我校已派出30余名骨干教师外出培训学习。每次学习归来，他们都争上示范课，展示新的教学思想。骨干教师的闪光点，本身就是对教师培训意义的真实写照。他们不仅让广大教师开阔了眼界，而且很好地带动了教师群体积极投入到各级培训中来。

在校本教研工作中，我们从解决教学中出现的问题出发，重点做好“四抓”。

（1）抓名师引导。每学期开学的第一周，我们都组织教师观看各学科名师教学光盘，学习名师的教学风采，感悟名师的教学思想，并把名师的教学亮点借鉴于自己的教学实践之中。这样，学名师就做到了“学”与“用”的有机结合，达到学以致用的目的，有效地帮助教师更新理念，提升教学素质。

（2）抓集体备课。“集体备课”是我校多年校本研究的重要形式。因其可操作性强，教师受益广，而备受教师青睐。我们的做法是：中学部每学期按单元集体备课，小学部按学期备课。备课力求做到“一统一三明确三定四备”。“一统一”是指统一打印教案（教案中应设计出教师二次备课空白）。“三明确”是指明确目标、明确要求、明确方法。“三定”是指定时间、定主讲人、定内容。“四备”是指备教学目标、备学法指导、备教学资源、备教学方法。

（3）抓案例研究。随着课程改革的深入实施，新问题随之而生。我校根据需要，分学科组织不同学科学段的教师分层次设计案例教学方案，使教师针对案例进行学习、研究、反思、感悟，形成资源共享，提高教师创新性和处理教材的能力。

（4）抓问题探究。课程改革中，教师经常遇到棘手问题。我们把教师教学中遇到的问题和困难按学科进行收集整理，由学科组长组织，教学副校长、中层干部参与，利用每周五下午时间，对问题和困难一起进行分析研讨，并解决问题。

总之，我校将继续落实和深化校本研训的激励机制，保证校本研训工作的顺利进行，使我校研训工作再迈新台阶。

（作者系辉南县抚民中学副校长，中学高级教师，市骨干教师，省优秀教师）

本章小结

教师专业发展是有关教师的永恒话题。本章总结了教师专业发展的四种模式：教师本位的教师专业发展模式、大学本位的教师专业发展模式、大学和中小学合作的教师专业发展模式以及以中小学为本的教师专业发展模式。针对四种模式，做了理论的追问，探寻了各自的实现途径，同时指出了不足之处。

关键术语

教师专业发展模式；教师本位；大学本位；大学和中小学合作；以中小学为本

讨论与探究

1. 如果你是一名在校的师范生，你会选择哪种发展模式？为什么？
2. 如果你是一名在职的教师，你会选择哪种发展模式？为什么？

第三篇

教师行动研究：教师专业发展的必由之路

第七章 教师行动研究

学习目标

- 了解“教师成为研究者”的兴起
- 理解教师研究的合理定位
- 掌握教师行动研究的相关理论

内容导引

- “教师成为研究者”的兴起
  “教师成为研究者”兴起的原因　“教师成为研究者”兴起的过程
  “教师成为研究者”在我国的发展历程
- 教师研究的精准定位
  国外教师研究的定位　教师研究的合理定位　教师研究的培育
- 教师行动研究的理论探讨
  教师行动研究的提出　教师行动研究的分类　教师行动研究的特征
  教师行动研究的过程　教师行动研究的意义
- 教师开展行动研究的可行性探讨
  社会发展和学生的发展需要教师的行动研究　教师拥有行动研究的丰富资源和最佳位置
  教师的行动研究对其专业发展的意义　教师行动研究对教师的要求

本章导读

为了追求教育的科学性，作为教育主体的教师就需要去好好地研究。作为教育教学一线的教师，基于教学实践和改进教学实践的研究，即行动研究，便是其最佳选择。

第一节 “教师成为研究者”的兴起

一、“教师成为研究者”兴起的原因

随着知识经济时代的到来，社会信息化程度越来越高，知识总量急剧增多，更新速度也越来越快，教师面临的挑战不再仅仅是“怎么教”，还包括“教什么”。无论是“怎么教”，还是“教什么”，都离不开“研究”。

当一位老师走进一间教室，他所教授的内容虽然是其熟知的和事先准备好的，但他所要教授的学生却每次都是“新”的：每个学生的发展都是具体的、独特的，每时每刻都在不停地变化。因材施教的学理要求教师必须以学生为中心实施教学，这决定了教师需要时时保持研究的态度。这种研究主要通过反思自己的教育教学实践，进而改进自己的教育教学方法，提高自己的育人水平和艺术，人们称之为“行动研究”。

在全面实施新课程、纵深推进新课改教育的新时代，教师必须要彻底摆脱只会传递知识的“教书匠”的角色，成为课程的设计者、教育教学的反思者、学生自主学习的引导者，这些都要求教师与时俱进，成长为研究型的教师。

同时，为适应持续不断的社会变革，教育改革步伐也日渐加快。教师要适应教育改革的需要，就要时刻研究教育教学，才能担起其责任和使命。“教师成为研究者”也是不断深化教育教学改革的必然要求。

二、“教师成为研究者”兴起的过程

教师成为研究者思想从产生到正式提出历经了一个漫长的过程。关于教师成为研究者的讨论最早开始于20世纪初期。当时把教师看作是决定教育问题的人，教师们负责探求教育问题的解决方法，但这种探求没有称为研究。20世纪20年代，英国教育家布克汉姆在其著作《为教师的研究》中围绕“教师成为研究工作者”进行探讨，表达了教师理应成为研究者的思想。

布克汉姆认为，教师研究并非专门领域，而是教师教育实践的一种方式和对未知事物的一种态度。20世纪三四十年代，美国学者科利尔（J. Collier）和勒温（K. Lewin）先后提出了“行动研究”这一概念，不仅被广泛运用到教育研究领域，探讨对教育活动的意义，并“把教育领域中的行动研究看成是由教育情景中的参与者，为提高对从事的教育实践的理性认识，加深对教育活动依赖背景的理解，以及为改进这种活动所进行的反思性探究。”

20世纪50年代，美国学者万恩（K. Wann）也提出“教师成为研究者”的观点。20世纪60年代，英国课程专家斯滕豪斯（L. Stenhouse）在课程编制问题上提出了“教师成为研究者”的口号。

拓展阅读 7-1

斯滕豪斯简介

劳伦斯·斯滕豪斯（1926年3月29日—1982年9月5日），英国著名的课程理论家，主要研究教师在教育研究和课程开发中的积极作用。他是东安格利亚大学教育应用研究中心（CARE）的创始成员。他曾就读于曼彻斯特文法学校、圣安德鲁斯大学和格拉斯哥大学。

在20世纪60年代和70年代，斯滕豪斯尤其具有影响力。他还担任过英国教育研究协会（BERA）的主席。2013年，东英吉利大学（University of East Anglia）的教育大厦以他的名字命名。

20世纪80年代，美国马萨诸塞理工学院的哲学教授舍恩（D. Schon）又提出了“教师即反思性实践者”的命题。

教师由“研究者”到“行动研究者”，再到“反思性实践者”的角色定位，不仅使中小学教师在研究中的定位越来越精准，而且使“教师成为研究者”的思想越来越被教育界甚至全社会认同。现在，“教师成为研究者”逐渐成为了中小学教师努力的方向。

三、“教师成为研究者”在我国的发展历程

我国对“教师成为研究者”的讨论开始于改革开放之后。自从行动研究在20世纪80年代进入我国以后，其随意性、自由化的特点被广大中小学教师接纳并应用于自己的教育研究中。早期不少教师认为，只要是对自己的教育实践进行了思考，就是在做行动研究。其实这种认识比较偏颇，因为这种认识是行动研究撇开了科学研究方法，而沦为一般性的经验总结和随意的问题解决方法。好在这种认识并不占主流，实际主导者还是用专职教育科研的标准去要求和评价教师研究。

20世纪90年代以后，“教师成为研究者”因大学和中小学合作而逐渐在实践中发展起来。众多高校，特别是师范类院校积极参与了理论研究，而且取得了丰硕的研究成果。“教师成为研究者”这一概念进一步明确：教师基于教育教学实践的研究，研究的课题来源于实践，研究成果用于改造实践，它不同于一般理论研究者的研究。

但此时，一线教师在该领域的研究成果还不多见，恰与行动研究的初衷背道而驰。行动研究的研究对象是一线教师，研究问题是一线问题，研究成果指导一线教育教学，只有更多的一线加入研究队伍，研究才可能会取得更加丰硕的成果，成果才能被广泛推广应用，取得实效。

第二节　教师研究的精准定位

“教师成为研究者”已经成为国内外教师教育者和教师的共识。然而，教师研究并未如火如荼地开展起来，更未取得预想的研究成果。究其原因，主要在于长期以来，教育界并没有给“教师研究”一个精准的定位，教师研究始终处于一种混沌的状态。

一、国外教师研究的定位

自英国教育家布克汉姆明确提出“教师研究”的思想后，便有研究者从不同的角度来定义教师研究内涵，并探讨教师研究的定位。

在英国，研究者基于课程与教师的关系，要求教师要做教育教学的研究。英国著名的课程理论家斯滕豪斯的过程性课程理论在英国掀起了一场“教师成为研究者”的运动。“没有教师发展，就没有课程发展”成了英国教师成为研究者的思想基础。斯滕豪斯认为课程发展与教师的专业发展实际上是同一的活动。教师有研究自己课程教学的责任。

在美国，研究者基于教学知识的习得，要求教师从事教育教学方面的研究。美国的教师研究起初是独立于大学教育研究的。教师研究重点是教师对自己的工作不断进行反思。进入21世纪以后，教师教育的争论就围绕着教师教育的产出问题进行，追问“我们如何得知教师已经知道了他们应该知道的、会做他们应该做的”等问题。其中，与美国的教师研究运动平行的时间段是“知识问题”这个阶段。教师研究成为一种获得教学知识基础的新的认识方式。基于对教师专业实践及其知识基础的重新认识来更新教师的角色。

二、教师研究的合理定位

（一）教师研究是实践性研究

教师研究的问题往往是直接来源于实际的教育教学过程，面对实际的教育教学问题，教师以研究的态度，审视教育教学情境、自身的教育教学行为以及依据，进而达到创造性地解决问题。解决问题的过程既依赖于教育理论，也依赖于教育教学实践。此时，教师开展研究不是在另外的时间和空间去做另外的事情，而是在教育教学中，围着教育教学实践进行的研究。而研究目的，也是进一步改进教育教学实践。

（二）教师研究是实践者的研究

教师的工作即教育教学，它是教师从事的一项实践活动，该实践活动是教师研究的起点，教师研究源于此实践活动，教师研究的问题由此实践活动衍生而来。同时，教师研究围绕教师的关切，有助于改进教育教学实践，提高教育教学质量和效益。同时实现自身的专业发展。教师研究不同于“局外人”对实验对象或者被控制群体执行的理论研究，教师研究是务实性的，并且是“局内人”以改变所研究环境中的实务工作为目的。从这个意义说，教师研究是一种实践者的研究，教师研究的最终目的就是要让教师成为“反思性”实践者。

（三）教师研究是系统的研究

兰克希尔与诺贝尔将研究作为一种系统的考察，具体表现为六项特性：第一，研究问题得到清晰地组织和表达并且可以掌控；第二，研究设计与研究问题相匹配；第三，某些事情能让研究者发现研究问题；第四，适当地收集资料的方法；第五，某种分析和解释的成分；第六，基于上述五个方面得到的结论和应用。教师研究要完全符合上述六项特性，教师研究是一项系统的研究。

（四）教师研究是行动研究

澳大利亚学者凯米斯认为，行动研究乃是“社会情境中的实践者为了提高他们实践的合理性和正当性，提升他们对实践的理解，改善他们所处的社会情境而进行的自我反思的探究形式”。教师研究植根于日常的教育教学情境，在教育教学实践中发现问题，然后以问题为导向，反思日常的教育教学，找出问题的原因所在，经过思考和探寻，提出切实可行的问题解决方案，并在教育教学实践过程中，进一步验证或检验方案的可行性，再总结再修改后，最终确定解决问题的最佳方案。可见，教师研究是行动研究，为教师观察、认识和修正日常的教育教学打开了另一扇窗户。

三、教师研究的培育

（一）自我觉醒

教师研究是教师以自己为研究对象的研究，所以，教师的自我觉醒是研究的前提。只有教师意识到自我所处的现状和意愿不一致时，教师才会萌发改变的意念，产生研究的动机。此时，教师将会对所处的情境进行重新考察，并采取相应的措施。当教师揭示或发现他们认可的问题时，教师就开始改变他们的行为。通过观察和反思，教师对他们习惯的行为模式、塑造行为的假设以及他们行为产生的影响越来越敏感和有意识。

（二）反思性教学

教师出于责任意识，不能忍受教育教学中的问题便开始进行反思，这便产生了解决问题，提升教育教学水平的强烈动机。教师研究一般都起源于教育教学中的问题。杜威认为，反思是“对任何信念或假定的知识形式，根据支持它的基础和它趋于达到的进一步结论而进行的积极的、坚持不懈的和仔细的考虑”，其主要步骤为：“形成一种得以产生思维活动的怀疑、犹豫、困惑、心灵困难的状态；为了发现和解决这种怀疑，消除和清除这种困惑而进行的探索、搜集、探究的行为。”在教育教学中有困惑，通过探索、搜集、探究的行为来消除和清除困惑就是教师在做研究。熊川武教授将反思性教学定义为“教学主体借助行动研究不断探究与解决自身和教学目的以及教学工具等方面的问题，将‘学会教学’与‘学会学习’统一起来，努力提升教学实践合理性，使自己成为学者型教师的过程”。反思性教学可以在有效地探索中提升教学实践合理性。

（三）教师个人理论的提升

一般而言，自觉的教师研究总是以一定的理论为先导的。理论不仅可以指引研究的方向，提高研究的科学性、规范性，更有利于改进实践。教师研究一般不是为建构理论而进行的研究，而是基于教育教学实践的行动研究，但教师研究同样需要理论支持和指引。只有在科学理论的指引下，行动研究才能走上正确的轨道，才能科学检验和验证理论对实践的切适性，才能确保研究结果的信度和效度。因此，教师研究需要教师不断学习教育教学理论，提升个人的理论素养，在研究中学习，在学习中研究，最终实现研学相长。

拓展阅读 7-2

教师成为研究者：基于课例研究的分析

课例研究的关键不在于“课例”，而在于“研究”。研究性是课例研究区别于传统听评课的本质特点。课例研究要求有关教师带着问题参与研究活动，使备课、听课、评课等活动能针对问题而展开，指向问题的分析与解决，使问题贯穿课例研究的始终，主要程序与要求包括：①通过集体备课讨论如何在课堂教学中解决研究问题；②在研究课例中观察与分析问题是否得以解决及解决的程度；③集体研讨和分析问题解决的实际效果，找出亟待进一步研究的问题（可能是遗留问题，也可能是新产生的问题）；④必要时重复上述几个步骤，再次举行集体备课、课堂观察和教学研讨等相关活动；⑤形成研究结论，并对问题解决提出策略和建议。只有课例研究充分体现研究教师成为研究者（基于课例研究的分析性），才能切实引领教师在自己的处境和实践中开展研究，通过自主研究构建实践性知识，提升研究能力与业务水平，为教师成为研究者搭建平台。

（资料来源：赵德成. 教师成为研究者：基于课例研究的分析［J］. 教师教育研究，2014，26（01）：75-80.）

第三节　教师行动研究的理论探讨

［微视频］教师行动研究概述

一、教师行动研究的提出

“行动研究（action research）”发轫于社会科学研究，但并不局限于社会科学研究。自行动研究在社会科学研究领域取得丰硕成果后，其他学科的专家学者也尝试运用这种研究范式开展本学科的相关研究，并且也取得了显著的成绩。教育学作为社会科学的一个分支，其显著的实践性，与行动研究的特性高度契合，因此，行动研究在教育研究领域得到了广泛的应用，取得了令人瞩目的成绩。

行动研究的范式出现不久，英国课程理论专家斯滕豪斯教授就提出的“教师即研究者”的思想。这一思想为行动研究范式在教育研究领域的运用提供了理论支撑。到20世纪70年代，施瓦布提出的课程探究的“实践模式”思想，又为教师行动研究的发展打开了一扇窗。随着对课程与教学的研究由技术理性向反思性实践的转变，教师逐渐由知识的被动消费者转变为知识的主动创造者，超越经验取向的反思性教学成为教师专业成长的主要途径，教师行动研究日渐发展起来。

二、教师行动研究的分类

行动研究可以根据不同的标准进行分类。不同的分类标准意味着不同的分类类型。按照研究者对自己行动所做的反应可以分为：内隐式行动中认识、行动中反思、对行动进行反思。按照发展阶段可以分为：试验型、组织型、专业型和赋加权利型。

依据“三核一导”的理论，“三核”是指有一个要达成的核心目标、设计指向目标的核心问题、将问题分解为具体可操作的核心任务；“一导”是指设计一个引导性强、指导性强的行动计划，计划的具体步骤因“核”而异。为了更加具体地描述有效行动研究的样貌，可将行动研究概括为三种模式（表7-1），分别是演绎式行动研究、归纳式行动研究和半演绎半归纳式行动研究。

表 7-1　教师行动研究的三种模式

模式	基本思路	注意问题
演绎式行动研究	需有一定的研究假设，进而设计一个可重复实施的行动研究计划来验证其合理性	要在行动前对这个假设进行充分论证；为了确保研究的有效性，需要做出对比研究
归纳式行动研究	对问题的解决事先没有任何假设，需要在边行动边反思的过程中聚焦问题的解决方法。这需要研究者在设计行动研究时，尽可能设计多个计划，逐渐逼近可能会解决问题的策略	一是计划很重要。归纳式行动研究要求计划格外详细，包括所有细节，特别是关于如何评价、搜集证据的方法，都需要认真思考。二是反思什么。问题的归因非常重要，能否有效地解决问题，取决于能否对所得结果进行正确归因
半演绎半归纳式行动研究	基于理论的假设或实践的经验对于问题的解决已经有了若干初步的假设，需要通过设计一个可多次、递进的行动研究计划，聚焦相对可行的问题解决办法	不要被起初的研究假设所局限，行动研究最大的价值在于其行动的过程，很多有价值的发现都会在行动的过程中出现，关注过程的分析非常重要

（资料来源：薛春波. 教育行动研究：教师教研能力提升的有效路径［J］. 基础教育课程，2020（6）：72–80.）

三、教师行动研究的特征

教师行动研究不同于基于思辨或基于实验的研究，它源于教师的教育教学的现场，重视在教育教学实践中进行研究，指向分析和解决教育教学中的实际问题。教师行动研究有利于实现教育理论与实践的有机融合，有利于教育理论在教育实践中发挥其理论价值，同时，也使教育理论的科学性与合理性在实践中得到进一步印证，扩展其生命力。在这个过程中，可以充实和丰富教师的理论素养。教师行动研究的主要特征如下。

（一）具有明确的价值取向和实践性指向

教师的行动研究是教师在教学实践中，发现教育教学实践中存在的问题，进而分析存在问题的原因，在此过程中，逐步将存在的问题转化为行动研究的课题。在行动研究课题（项目）的指引下，教师根据研究现状和相应理论，同时结合工作的实际，建构一个理论假设，提出改进自己教学实践的最佳方案，然后按照方案选择相应的班级开展一定周期的试验，总结经验和不足，优化理论假设，再试验，再总结成效，再改进。经过几轮的实验后，理论假设就可以上升为理论成果，全面应用于教育教学实践，进而提高教育教学质量和效益。

（二）研究情境的现实性

教师行动研究是完全基于现实教育教学情境的，研究的问题是在现实的教育教学情境中产生。在实际的教育教学情境中，教师遇到问题，产生困惑，便产生了研究的需要。由问题寻找相关的理论支撑，根据理论提出切实可行的研究方案，然后将方案放置于实际的教育教学情境中，看能否解决存在的问题。通过试验，总结经验与不足，改进后再试验。几轮循环后，就可以确定科学的方案或方法。最后，采用最终的方案或方法，就可以解决教育教学实践中的问题。行动研究问题始于教育教学实践，过程基于教育教学的过程，成果旨在改进教育教学实践，于是就形成了由问题出发，分析问题，研究问题，解决问题的行动研究的基本模式，这就是行动研究中研究情境的现实性。

（三）研究过程的动态性

教师行动研究，研究问题始于实践，研究过程根据研究进展动态调整，研究假设在这种动态调整中逐步修改、完善、优化，形成研究成果。一句话，教师行动研究始终在行动中研究，在行动中调整优化，研究过程是动态的。

案例 7-1

教师行动研究实例

下面通过上海市青浦区数学教改个案，试对行动研究在教育领域的应用进行分析。

上海市青浦县的数学教改实验通过运用行动研究提高了本区的数学教学质量，教师的教学水平也提高了，并且建立了一套行之有效的操作模式和方法。其数学教改实验是以全区为单位进行教改实验研究的。其研究过程体现了行动研究的基本思想和基本操作程序。教改实验的进程为：

第一阶段，调查。具体做法是：通过对教师的教学和学生的学习状况的调查以及行之有效的教学经验调查，初步掌握了全县数学教学的基本情况和存在的主要问题。

第二阶段，筛选。对第一阶段积累的众多教学经验进行分析，鉴别，验收，做到逐一筛选，以建立能大面积提高全县数学教学质量的经验系统。在此阶段必须进行：提出实施计划—实施计划—考查、评价计划—再计划—实施、评价计划，最后筛选出有效的教学措施。

第三阶段，实验。在一个学校筛选的主要经验要在全县范围内实施，还需要收集这些经验在不同类型的学校、不同程度班级中运用时的资料，以考察其适用性、可行性。为此采用教育实验的方法深入研究筛选所得到的经验，如调查法、问卷法等。

第四阶段，传播发展。即将从全县范围内筛选的教学经验归纳为“诱导—尝试—归纳—变式—回授—调节”的教学模式。再将这种模式在全县范围内试行，推广应用。这种试行、推广应用的过程是个不断循环、不断提高的过程。

通过对以上四个阶段的说明不难看出，青浦县的教改实验是以筛选有效的教学经验为特征的研究过程，在研究过程中体现了行动研究的基本内涵。其一，该研究的主要目的是为了提高本县数学教学质量，改变落后面貌，即着眼于改进教学实践，而不是旨在通过研究确立教学的普遍规律。其二，该研究的整个教学研究过程是由执教人员和研究人员结成一体，对众多的经验进行淘汰、优化或发展新经验的过程。其三，该研究进行过程是在开放性的学校进行的，是不断地探索研究方法和完善教学经验的过程，形成了“青浦数学教改实验”的研究模式。因而我们可以认为青浦教改实验的成功，在一定意义上是较为成功地运用了行动研究的方法。

（资料来源：李志河．行动研究及其在教育领域的应用［J］．山西师大学报（社会科学版），2002（01）：22-26.）

四、教师行动研究的过程

行动研究作为一种研究范式，有其相对稳定的模式和步骤，教师行动研究的基本过程为：

首先，确定研究课题。教师在日常教育教学实践中，总会遇到一些影响教育教学质量和效益的问题。教师应该更多地关注这类问题，通过理论的追问，进一步厘清问题的研究价值。劳凯声教授认为，一个问题如果“逻辑上能自恰，实践中能举例”，这个问题就是一个值得研究的课题。

其次，制定研究方案。从研究问题出发，结合研究对象，拟定解决问题的时间表和路线图，重点明确突破问题的关键性任务和步骤。

再次，开展研究行动。根据制定的研究方案，在教育教学实践中开展研究，验证研究假设。结合研究过程中的具体情况，修订研究方案。通过试验—修订—试验—修订几轮循环，总结解决问题的方法和步骤，形成研究成果。

最后，推广使用。推广研究成果，解决教育教学中的类似问题，同时总结完成研究报告。

五、教师行动研究的意义

（一）行动研究有利于教师专业情意的形成与发展

专业情意是教师自我专业成长的不可或缺的重要组成部分，行动研究对教师情意的形成与发展有着重要的影响。首先，行动研究本身就是对教育理想执着追求的体现。行动研究的主要宗旨是教师提升自己的教育教学实践的合理性，不断使得教育教学效果的提升表现出很强的时间自觉和专业责任，与此同时，也提升了个人的理论水平和实践水平。其次，行动研究也是一种发现、一种实现，是教师专业情意产生和发展的基础。专业情意来源于专业实践，来源于对专业实践中各种要素意义的理解。教师在行动研究中，通过对自己实践的观察和反思，通过与专业研究人员或其他合作者的交流，不断探究和解决自身和教育目的、教学工具等方面的问题，发现教育的本质及其规律，实现教育的意义。

（二）行动研究提升教师的施教水平和科研能力

行动研究的过程可以让教师学会分析问题、解决问题的方法，丰富个人理论和实践性知识，提高教育教学水平。许多研究也发现，当教师从事研究工作时，他们的教学效果会更有效。行动研究过程也是教师反思自己教育教学的过程，在教育教学过程中面对问题，引发教师自我的思考，结合自己的理解，分析教学问题存在的原因，找寻解决教育教学问题的方法或途径。在该过程中，教师会学习到新的东西，包括新的知识、对教学的新的理解、对学生的重新认识等，也会使得教师的教育教学水平得以不断地提升。

行动研究，顾名思义，它不仅仅是一个实践的过程，也是一个系统研究的过程。行动研究也逐步让教师学会了为何发现研究的问题，如何寻找理论的依据，也让教师逐步学会了做研究的方法和策略。这样教师的科研能力在行动研究的过程中得以提升。

第四节　教师开展行动研究的可行性探讨

早在1910年，杜威在《我们怎么思考》中提出了“探究结构（structure of inquiry）”一套科学的解决问题的步骤。该步骤和常见的教育行动研究的程序模式很类似。有学者指出单从方法而论，行动研究并没有很大的创新之处。但是行动研究能够被广泛地被教师接受，应用到教育研究领域，可见必然有其无法替代的合理性和可行性。

一、社会发展与学生发展需要教师行动研究

首先，参与与问责的思想得以广泛传播。20世纪70年代以来，当事人参与组织的决策过程与问责制影响到教育领域。其中，“课程审议”就是典型的实例，受施瓦布的实践课程模式的影响，“课程审议”即要求学生、教师、家长、课程专家等所有相关人员进入到课程的决策中来，共同研究和决定课程的设定。

其次，多元化和个性差异被广泛接受。随着社会的发展，多元化和差异性被广泛关注，教育的功能更多地被定义为促进学生主动、生动活泼的发展，促进学生个性化发展。

最后，在教育领域，学校、课堂和教师等中、微观的教育越来越被关注。多次教育改革失败的经验促使人们反思中微观教育，“课程与教师”和“教师专业发展”逐渐成为教育界关注的热点问题。

而教师行动研究以具体的教育教学情境中存在的问题为研究的起点和核心，使教师成为研究的主体，参与教育改革与研究的过程；教师的行动研究也使教师的课程教学更趋于合理化，同时促进教师教学水平和科研能力的提升。可以说，教师行动研究是教育适应社会发展的需要的产物。

当前学校教育中还存在诸多问题：在思想道德方面，独生子女政策带来的自我中心问题、西方价值观冲击引发的学生的道德滑坡问题、升学压力导致的学生心理障碍问题等；在课程与教学方面，新课标、新课程与教师教学理念与方法的脱节问题，互联网+教育的推广普及与教师信息化能力不足的问题……这些都对教师提出了新的挑战。教师只有成为研究者，不断反思和创新，积极开展行动研究，才能跟上教育改革与发展的新形势，满足学生发展的需求。“一个墨守成规的教师对于学生的创造性发展无疑是一种近乎灾难的障碍。”

二、教师拥有行动研究的丰富资源和最佳位置

教室是教育研究的天然场域，教师是这个场域的主导者。因此，教师应抓住这种机会，通过系统的研究来科学地解决课堂中遇到的问题。从自然观察的角度看，任何外来研究者都会打扰到课堂原有的自然状态。只有教师自己可以做到在不改变课堂“原生态”的状况下真实地观察课堂，达到观察目的。因为教师时刻处于这种真实的教学环境中，他是一个“局内人”，他和教室及在教室中发生的真实教学情境是本然统一的，一体化的，不可分割的。教师本来就置身于教学中的最佳位置，必然使其成为教育行动研究的最佳人选。

三、教师行动研究对其专业发展的意义

首先，它是教师专业发展与成长的重要途径。教育情境性的本质特点决定了教学实践是教师专业成长与发展不可替代的途径。众所周知，学校课堂作为教学现场暴露出的问题是最真实的，也是最能激发教师学习动力的。对现场问题的合理解决，也是促进教师成长最有效的方法。发现问题，解决问题的过程就是教师行动研究。其次，教师的行动研究还有利于改变教师的文化。教师行动研究是通过教师们自下而上自己发起的、针对自己遇到的真实的教育困惑、与学生同侪合作努力，平等互动的研究，这无疑有助于教师文化逐步往合作、对话、自主的方向转变。教师文化的转变不仅能够使教师获得更加愉悦的生命感受，而且能够获得更加明确的、更有自信的身份认同。

四、教师行动研究对教师的要求

首先，教师要有问题意识。波普曾提出一种“社会学的技术方法”，这种方法是从问题开始，提出理论和假设，通过批判检验和消除错误，最终达到社会改革和改良的目的。教师要想成为研究者，就要学会善于发现问题。教师可以通过不断反思自己的教育教学过程和成效，总结整理自己的亲身感受和困惑来发现问题。从新的教学观念、思想与自己的教学实践对照中发现问题。教师可以通过自己的做法与别人的经验比较来发现问题。教师也可以主动向学生、家长征询意见来发现问题。

其次，教师行动研究要做好理论和实践的统一。教师行动研究是从教育教学实践出发，以教育理论为指导来解决教育实践中存在的问题的。行动研究中，教育理论和教育实践是统一的。教师行动研究要将两者有机的统一，才能保证研究的科学合理和可行性。

再次，教师行动研究的最终目标是实现教师与学生的共同发展。教师成为研究者的目的是为了更好地促进学生身心的全面发展，同时促进教师自身的专业发展。教师行动研究植根于教师日常的教育教学过程，使研究成为教师专业的生活方式。在这种生活方式中，教师可以体会到自己的责任，体会到自己存在的意义和价值，并成为自己的主人。

最后，教师行动研究需要同侪、师生之间彼此合作。教师行动研究是为了解决教育教学的现实问题的。作为从事相似工作的同事，往往更容易发现教育教学中比较突出的、又需要及时给予解决的问题，通过合作交流，同侪之间可以互相印证存在的问题，针对存在的问题，共同出谋划策，有利于提出更科学合理的方案。在研究过程中，也可以相互比对研究效果，以提高行动研究成果的可操作性。在行动研究中，很多工作不是教师们可以单独完成的，往往需要学生的积极配合，因为学生既是行动研究重要的对象，也是行动研究最终的受益者。

虽然教师行动研究的创新性饱受争议，但是当前教育的改革、教师的发展需要教师行动研究，行动研究被广泛接受，本身也说明它具有很强的科学性与可行性。

苏格拉底说过：“未经审视的人生是不值得过的。”同样，未经审视的教育不是真正的教育。教育的发展、教师的成长呼唤教师要成为研究者。而教师行动研究，则是教师开展教育研究的最佳选择。

拓展阅读 7-3

教师成为研究者的历程

现代意义上的教师一般由两条标准来界定（本文中的“教师”均指中小学教师）：其一，由专门的师资培训机构来培养；其二，在相对稳定的学校中任教。符合这两条标准的教师大致出现在17世纪晚期。而教育研究作为一个特定的概念，它又肇始于19世纪末，那时教育学已正式成为了大学的一门学科。所以，本文关于教师与教育研究论述的起点大约从这个时候开始。

1. 拒绝时期——轻视

从19世纪末至20世纪30年代。教师在这一时期的整体形象是地位低下。造成这种现象的原因之一是历史上教师曾一度是一种业余的、暂时性的、附庸性的职业，很多人都可以随时参与进来。后来，尽管欧洲等先行国家颁布了一些教育法令，规定了教师的入职门槛，但教师的职业地位并没有得到真正肯定，他们大多处于一种尴尬状态，诚如英国作家萧伯纳所言，有能者做事，无能者教书。第二个原因是经济或其他原因，很多国家的学校都更愿意招募女教师，女教师的工资远远低于男教师。例如，在美国的马萨诸塞州，当时一名女教师的工资只有男教师的三分之一。1889年美国的女教师占全部教师总数的65.5%，1899年是70.1%，1909年是78.9%，1919年上升到85.9%。规模庞大的女教师虽然部分满足了教育快速发展的需要，但由于当时的性别歧视，女性在智力上往往被认为低于男性，所以，女性占多数的教师职业也被认为是“女人的事情”，而不需要花费太多的理性和智慧，只具有看管和养育的作用。

与此同时，在教育研究方面，虽然历史上已有裴斯泰洛齐、福禄贝尔、黑格尔、赫尔巴特等人的探索，但科学意义上的教育研究则是在教育学登上大学讲台后，并与心理学相结合，它开始采用定量研究的方式，着力寻求教育活动中的确定性规律。霍尔和詹姆斯是这种研究的早期尝试者，随后，桑代克则将这种心理学化的教育研究推向了一个高潮。鉴于当时教师地位低下，所以，从事教育研究的这些专业研究者一开始就与教师划清了界限。詹姆斯说：“最优秀的教师可能是最差的教育研究者，而教育研究的最佳人选也可能是最差的教师。”桑代克不但确认了这种界限，并指出了两者之间不同的分工：“决定学校工作的目标及其实现这一目标的计划是学校高层当局的事情。他们在做出改革决定后交给教师来具体执行。教师的职责是在学校生活环境下尽可能有效地落实教育改革的决定。”桑代克是在暗指，像他这样的教育研究专业工作者要负责学校高层的事情，而教师从事的教学工作具有技术的性质，他们只能处于从属地位。另外，由于教育研究所要求的定量化、实证化取向，从教育研究的方式方法层面来看，这也限制了广大教师能自觉地向教育研究靠拢。如此一来，教师由于地位受到轻视，他们基本上就被排斥在当时所谓“正统”的教育研究之外。

2. 参与时期——民主

从20世纪30年代至20世纪60年代。教育研究的发展从来都不是直线演进，它往往是几种思想交织在一起。在教师地位受到轻视而很难有所作为的时候，有两种声音却在暗中推动教师参与教育研究。这两种声音又主要来自社会民主的声音，尽管他们的出发点不尽相同。第一种声音是女权运动的诉求。女权主义者认为，女性从事教师工作并不是因为经济原因，而是她们“天然”就具有从事教育的理想品质。教育改革家凯瑟琳·比彻说：“女性由于在天赋、习惯、环境等方面的原因特别适合于帮助对我们这个国家的儿童和青年进行教育。”在比彻看来，由于女性的聪敏智慧和道德力量，女教师特别能够激发年轻学生的优点和道德感。这一观点使聘用女教师的做法为人们所普遍接受。女权主义者在为女教师辩护的同时，实际上也在提高教师自身的地位，因为当时的教师主要是由女性组成。从这个意义上说，这也为广大教师今后参与教育研究做了舆论方面的准备。第二种声音是来自杜威的主张。1894年至1904年，杜威在芝加哥大学任教时，创办了杜威实验学校。他认为学校，更确切地说，教室应该是教育的实验室。这种观点完全不同于当时很多专业研究者的想法，专业研究者认为：学校是实施实验结果的场所。两种观点区别何在？在杜威看来，教育实验是在教室里进行，它应该由专业研究人员和教师共同完成；而专业研究者则认为，教育理论是由研究者先研究出来，然后再拿到学校实验，教师只是负责研究结果的实施。杜威的观念，来自他的民主思想，在他的世界里，教师和专业研究者大同小异，他们共同担负着教育研究的任务。1933年，杜威在《我们怎样思维》的著作中明确提出，教育是一种反思性活动，教师需要进行研究。他说，“教师应当成为学生心智的研究者”，教师不仅要研究学生，还要研究教材，教师只有精通了教材，才有余力来研究学生上课时的心理活动。在社会舆论和教育发展形势的共同作用下，处于象牙塔顶端的教育研究开始走下神坛，走入了普通教师之中。这期间，有两项活动特别值得关注。一个是进步教育协会开展的“八年研究”（1932—1940年），泰勒在这个研究中，邀请了很多教学第一线的教师参与到教育评价的研究中来。另一个是“南部研究”，它更像是教师早期的一种行动研究，因为这个研究鼓励教师通过教学行动来解决课程设计和选择材料的问题。两项研究活动有一些共同的特征：教师“参与”到研究中来。它已经破除了教师不会做研究或教师没有研究自由的成见。教师与研究者是“合作”关系。教师不再是无关紧要的旁观者或实验变量，教师在研究活动中，与专业研究者是一种平等关系，纵然事实上也有很多不平等。总地来说，这一时期的教师地位相比从前已经有了很大提高，教师能够参与到研究的进程中，与专业研究者一道做研究，但教师还不能“摆脱”专业研究者单独进行探索。根据杜威富有前瞻性的理解，教师的教学是一种反思性的、研究性的活动，这也预示着教师应该能够独自开展研究，从而引出了下一阶段的发展——教师成为研究者。

3. 肯定时期——质量

从20世纪60年代至20世纪80年代。公众对教育质量的追求永远都不会停歇，这可能是世界上最普遍的教育规律。20世纪60年代，英国同样面临着公众要求提高教育质量的紧迫问题，而由这一问题所引发的“人文课程研究”，却使教师在研究活动中的地位前进了一大步。当时，英国现代中学开设的历史、地理、宗教等人文课程并不能吸引学生的兴趣，由此造成了教育质量下滑。于是，受英国学校委员会和“拉菲尔德基金会”的委托，斯滕豪斯负责进行相应的教育改革研究，即人文课程研究（1967—1970年）。该研究的目的很明确，就是要激发学生学习这些科目的兴趣，从而提高教育质量。在研究过程中斯滕豪斯发现，原来的人文课程都是由课程专家和专业研究者设计好主题，编排好内容，甚至在操作程序上也为教师想得十分“周到”；教师很少有发挥的空间，同时也不允许教师自由扩展，是一种典型的“防教师”课程。斯滕豪斯认为，教师不能根据学生的兴趣选择课程主题，不能根据学生已有的认识开展教学活动，这是导致教学质量下降的根本原因。所以，他建议，应该将学生感兴趣的事件进行筛选以作为课程主题，上课时，允许学生自由讨论并阐述自己的观点，而不必强求与教材保持一致。在这个过程中，教师要扮演一位积极的思考者、促进者和组织者，而不是一个忠实的“搬运工”。根据这种理解，斯滕豪斯觉得教师应该是一位课程的探索者，即“教师成为研究者”。在随后的研究中，斯滕豪斯愈发坚定了自己的想法，他认为，教师是课堂的负责人，从实验主义者的立场看，课堂是检验教育理论的理想的实验室；对那些偏爱自然观察的研究者而言，教师是课堂和学校的潜在的实际观察者。因此，无论从哪个角度来理解“研究”，都很难否认教师拥有大量的研究机会。我们应该承认，每一个课堂都是一个实验室，每一位教师都是教育科学研究的成员。尽管斯滕豪斯明确提出了教师成为研究者，但他的原意更多是指教师“参与”研究，或者是教师检验专业研究者假设的研究，因为人文课程研究本身就说明了这一点。将“教师成为研究者”进一步引向深入的当数英国学者埃利奥特，他当时也是人文课程研究的成员之一。在他看来，教师在从事研究时，应当实现从检验课程指导者的假设到帮助教师自己提出并检验假设的转换，这样才能真正使教师成为研究者。为此，他还将这种研究思想归纳为“教师成为行动研究者”，即教师不是在专家的直接指导下开展研究，而是教师针对某些实际问题主动改变自己的教学方式，在解决问题的过程中自我监控、评价，教师最初对问题的理解可望在评价的过程中得到修正和改进。也就是说，教师可以在自己的教学中随时单独进行研究。

基于提高教育质量的人文课程研究直接催生了教师成为研究者，而且最终成为独立的研究者，这也意味着教师与专业研究人员不仅构成了合作研究中的平等关系，而且在教育研究的本体地位上，他们也是平等的。虽然研究的方式方法、侧重点等不尽相同，但教师同样拥有进行研究的学术权力。教师从一个“地位低下”的职业发展到完全拥有研究的权力，可以说是教师在教育研究历程中的一次飞跃。

4. 深化时期——教师专业化

20世纪80年代至今。一路走来，教师在教育研究中的地位似乎正在得到社会的肯定，尽管这种肯定或是回应社会民主的压力，或是追求教育质量所带来的边际效应。值得回味的是：教师成为研究者，对教师自身意味着什么？自1966年国际劳工组织和联合国教科文组织首次以官方文件确定教师职业的专业性质以来，逐步推进教师专业化进程，提高教师的专业水平和从业标准，一直是许多国家提高教育质量和教师素质的共同做法。遗憾的是，教师专业化的进程并不顺利，1980年代以前，教学作为一种专业并没有得到公众的充分认可，它并不享有像医生和律师一样的专业地位。1980年代以后，有关教师专业化的研究开始转向教师所具有的专业知识，特别是实践性知识。所谓教师的实践性知识，它是指在实践过程中所表现出来的一种信念体，它从经验中产生，指导着教师过去、现在和未来的行动。柯兰迪宁认为，以往我们认为教师是知识的代理人，而知识一般具有理论性、概念化、客观性等特征，教师不能改变任何知识，这是一种典型的技术理性思维。其实，教师在教学中有主动性、创造性的一面，教师不仅能使用现成的知识，教师更能创造新知识。教师所创造的知识很大一部分就是教师的实践性知识。将实践性知识与职业专业化联系起来，得益于舍恩的工作。1983年舍恩在《反映的实践者——专业工作者如何在行动中思考》一书中论述道："如果科技理性的模式在面对实践的'多样'情境时，是无法胜任、不完整的，甚至更糟的话，那么，让我们重新来寻求替代的、较符合实践的富有艺术性及直觉性的实践认识论，而这样的艺术性和直觉性确实是有些实践者在不确定、不稳定、独特的及价值冲突性的情境中所展现的。"这里的"实践认识论"就是指实践性知识，一个从业者只有具备了这种知识，他才能胜任某一专业的工作；反过来说，某一种职业要成为专业，它的从业者也必须具备相应的实践性知识。舍恩的思想启发了其他的教育工作者，伯曼等人研究了教师有效专业发展的主要特征，得出的结论是教师的实践性知识应该在教师专业化中占有中心地位。同样，豪里和瓦利也认为，为了教师的专业发展，强化教师的实践性知识基础是必要的。我国学者陈向明也撰文指出，实践性知识是教师专业发展的知识基础。现在的问题是，教师的实践性知识从哪里来？实践性知识一般具有模糊性、整体性、体验性等特征，它无法言传，又难以分析，所以，常规的由上至下的理论传授和书本学习是无法获得的。而目前比较一致的看法是，教师的实践性知识应该在教学中培养，其手段主要是反思或研究，从某种意义上说，反思也是一种研究。基于这样的思路，教师成为研究者，教师在教学中从事研究活动是教师专业化的一条重要途径。有学者还分析这条途径的可行性：教师不仅处于极佳的研究位置，而且还拥有最佳的研究机会。因为教室本身就是一个天然的实验室，教师可以检验各种教育理论，可以系统地解决课堂中遇到的问题。在这个过程中，教师不用改变原有的气氛与状态，他不是一个局外人，他可以掌握第一手的最真实的资料，从而做出恰当的教学行动。教师从事研究活动，获得了充分的实践性知识，提升了相应的教学能力，使教师职业具有不可随便替代性，满足了职业专业化发展的要求，这正是教师成为研究者后带给教师自身的变化。

（资料来源：王卫华. 教师在教育研究中的地位变迁及展望［J］. 教师教育研究，2010，22（04）：19-24.）

本章小结

教师的研究是实践者的研究，是系统的研究，是行动研究。教师要通过自我觉醒、反思性教学和建构个人理论来培育自己的研究。然后，探讨了教师行动研究理论基础。英国课程理论专家斯滕豪斯教授提出的“教师即研究者”的思想，为行动研究应用于教育研究领域提供了一种重要的理论背景。行动研究能够被广泛地被教师接受，被应用到教育研究领域，必然有其无法替代的合理性和可行性。

关键术语

教师行动研究；教师成为研究者；可行性；定位

讨论与探究

1. “教师成为研究者”兴起的原因是什么？
2. 何谓教师行动研究？如何对教师的研究进行定位？
3. 教师的研究的分类及其特征是什么？
4. 如何培育教师的研究？
5. 教师行动研究的合理性和可行性是怎样的？

第八章 教师行动研究的创新与实践

学习目标

- 了解教师行动研究工作坊特特征、组织结构，教师预见式行动研究的演变，教师反思性教学行动研究概述
- 理解教师行动研究工作坊的内容、预见式行动研究的理论基础
- 掌握教师行动研究工作坊的运行策略、预见式行动研究的方法、教师反思性教学行动研究的具体策略

内容导引

- 教师行动研究工作坊
  教师工作坊的特征　　教师工作坊的组织结构
  教师工作坊的内容　　教师工作坊的运行策略
- 教师预见式行动研究
  预见式行动研究的演变　　预见式行动研究的概念
  预见式行动研究的理论基础　　预见式行动研究的具体方法
- 教师反思性教学行动研究
  教师反思性教学行动研究概述　　教师反思性教学行动研究策略

本章导读

对于教师来说，行动研究无疑是一个很有吸引力的方法。它能够给实践者提供新的知识，改进教育实践，解决课堂教学中的实际问题。行动研究为教师的专业发展提供了许多机遇。主要包括支持教师专业发展、架构理论和实践之间的桥梁、为教师增权赋能。近年来，随着行动研究的深入发展，以下几种行动研究范式广受教师们欢迎。

（1）教师行动研究工作坊。“工作坊”的概念最初由美国学者劳伦斯·哈普林提出，原初是为了鼓励不同立场、族群的人思考、探究和交流某个共性的问题，共同找出解决对策。后来“工作坊”被运用于教育教学领域，成为国际上比较流行的学习模式之一。工作坊是一种具有参与、体验、互动特性的学习模式。通常由10～20名成员组成一个小团体，以一名在某个领域富有经验的主持人为核心，成员在其指导之下，通过活动、讨论、演讲等多种方式共同探讨某个主题。

（2）教师反思性教学行动研究。行动研究是一种研究取向、一种专业实践形式、一种研究过程，对于教师来说是一种反思性教学方式。教师反思性教学行动研究的目的是透过现象看本质，提出问题，形成主题，检查和判断价值。作为教师，当超越了把职业仅仅当作“活着”的境界时，就会变得具有批判性。如果说教师行动研究工作坊侧重行动研究的群体性，教师反思性教学行动研究则侧重行动研究的个体性。

（3）教师预见式行动研究。“预见式”行动研究是师生在行动和研究整合的活动中形成的学习共同体，预见未来需求，结合职业生涯规划等立足前沿“做中学”，不断拓展知识面，对不足进行原因层次分析，通过对话面向未来而开展研究。

第一节　教师行动研究工作坊

［微视频］教师行动研究的创新实践模式

工作坊一词最早出现在现代设计领域，专指一种“技术与艺术并重、理论与实践同步”的设计教育模式。20世纪60年代，美国学者劳伦斯·哈普林将“工作坊”的概念应用到都市建设计划中，用以指代提供各种不同立场和不同族群的人们进行思考、探讨及相互交流的一种方式。后来，一些高校将工作坊的概念引入到教学过程当中，于是，工作坊逐渐发展成一种有明确主题，注重学生的参与和自主学习，通过相互交流、讨论和分享解决实际问题的学习方式。如今，工作坊已经成为国际上较为流行的一种教学活动组织模式，通常是10～20名成员组成一个小团体，以1名在某个领域富有经验的主持人为核心，通过交流、讨论，共同合作完成具体工作或讨论议题。

教师行动研究工作坊则是教师自由组合、协同工作、合作攻关的“草根”学习共同体。工作坊以日常教育教学的问题解决为指向，以教育教学活动为情境，以行动研究为基本方法，以同伴互助的反思提炼为特征，通过活动、讨论、演讲等多种方式共同探讨某个话题，是传统教研活动的延伸与拓展。

一、教师工作坊的特征

（1）共同性。教师工作坊是以每一个工作坊单元为基本单位形成的学习共同体。团队成员根据共同的需求和兴趣，共同参与专题设计，共同制定研修主题，共同开展各种研修活动，达成共同的研修目标。

（2）参与性。教师工作坊不是组织者的独角戏，而是全体成员通过案例分析、角色扮演、集体分享、团体讨论、头脑风暴、行为训练等方式群体参与研修活动。

（3）体验性。教师工作坊要求成员教师不仅要积极参与，还要重在体验。全体成员在参与过程中对话沟通，共同思考，提出方案，通过参与行动研究和团体内人际交互作用，反省自己、深化认识。

（4）全程性。教师工作坊制定了明确工作坊的流程，要求所有成员要在集中研修、跟岗实践、返岗培训实践和总结提升四个阶段全程使用工作坊平台。

二、教师工作坊的内容

教师工作坊的内容分三个基本板块：知识素养板块、教育专业板块和教学技能板块。知识素养板块是工作坊全体学员共同研修的课程，以接受人文和科学常识为主，以培育气质和修养为目的。教育专业板块包括两个基本主题，一个是通识专业知识与实践，一个是学科的专业知识与实践。教学技能板块是“做”的板块，是行动的微技能，是教师基本素养的“落地”项目。这些内容的设置是由一线教师提出相关话题，校方组织不同学科的专家引导工作坊成员进行追因分析，坊主组织坊内成员共同商讨和实施活动方案，学校学术委员会负责评估实施效果。

教师工作坊研修主题的科学选择，直接关系到研修的内容、目标以及研修的最终成效，因此应当特别注意以下两点。

（一）关注教育教学中的现实问题

教师行动研究工作坊具有共学、导教、引研三重性质，要求坊内教师通过共同学习、交流研讨等方式直面教育教学中的问题，并提出解决教育教学问题具体策略和建，并以此进一步引导教师展开直指教育教学问题的课例研究。这其中，从教育教学中发现问题、提出问题是工作坊研修的起点，必须夯实。

1. 从教育教学的“两难”情境中寻找问题

“两难”情境在教学中比比皆是，有时甚至贯穿教育教学过程的始终。教师在教育教学中碰到的“两难”情境通常包括两种：一是理想与现实的差距。即教师的设想、计划与实际效果之间存在差距。例如，课程要求在教学过程中突出学生的体验，引导学生参与教学活动，亲历知识发生的过程，并在互动中不断生成，教师以此为基点，精心设计教学，开展小组合作学习，但课堂混乱，难以掌控，实施效果并不明显，学生成绩受到一定的影响。再如，教师都知道要关注全体学生，也知道要兼顾学生的个性发展，但在实践的过程中往往是关注到了个别学生的兴趣，规范性、一致性就可能被削弱，就可能妨碍到学生集体。二是价值取向之间的对立。教师与学生、学生与学生、家长与学生、教师与家长等在目标之间或价值取向之间存在冲突与对立。例如，教师从培养学生的创新精神这一指导思想出发，在教学中常常布置一些具有挑战性的作业，但这种做法却造成了一些后进学生跟不上进度，经常产生挫败感，甚至引起他们的厌学情绪。再如，教师为了进一步提高教育教学质量，在课堂教学中不断做出新的尝试，以改变过去课堂上一味灌输、传递知识的情形，但一些学生家长却不认同，觉得教师是在出风头，担心会影响学生的学习成绩。

这种“两难”的困境，是教师几乎每天都会遇到的，并且没有解决问题的现成模式可供借鉴。因此，我们可以将其作为研究对象，在研究过程中逐渐找到削弱其障碍、转化其限制力量的对策。

2. 从具体教育教学场景中捕捉问题

中小学教师研究与专业研究这一个根本的区别就在于教师一直生活在教育教学实际的现场，是在现场中感受教育事实、生发教育理念、提升教育智慧。而教育现场是教育问题的原发地，是问题产生的真实土壤，进入教育现场的教师对教育现场所做的任何真切而深入的分析，都有可能滋生大量有待研究的问题。重要的是教师要认识到，自身研究的问题实际上大多并不是来源于对理论材料的占有和分析，而是来源于教育实践场景。可以说，真实的教育实践场景既是研究进行的主要依托，同时也是发现研究问题的重要现场，鲜活的教育现场蕴含了大量的甚至是无穷尽的待研究的问题，我们必须认真推敲，善于捕捉。

（二）关注教师专业发展的瓶颈问题

教师行动研究工作坊研修的目的之一是助推教师专业发展。因此，一般学校所规划的青年教师培养、骨干教师培养等项目，也是教师行动研究工作坊研修的重要内容之一。处于不同发展阶段的教师所面临的问题是不同的，把工作坊的模式运用于教师培养，其主题必定要与教师专业发展的瓶颈问题相关联。

以“新入职教师专业实践知识工作坊”为例（表8-1），将其设计为起航、合格、提升三个阶段，每学年完成一个阶段，以保证研修的深度。起航阶段重点解决新任教师如何将其职前教育中获取的公共知识转化为专业实践中生成的个人实践知识。教师工作坊氛围轻松，不仅有助于这种知识的转化，而且能有效降低新教师的焦虑，适应困难。合格阶段要解决的是：如何使处于基本合格水平的新教师得到稳定与发展。提升阶段侧重解决新任教师专业实践适应力与实战力的提升问题，以便尽快达到娴熟教师的水平。

表 8-1 “新入职教师专业实践知识工作坊”研修主题

阶段	问题模块	工作坊主题
起航	教学设计	教学流程设计、情境设计、问题设计、活动设计、练习设计、评价设计、板书（PPT）设计
	组织融入	心理调适策略、专业发展SWOT分析、专业交往策略
合格	课堂管理	教师情绪调控策略、教学语言的有效沟通、课堂观察技术、学生状态调控策略、突发事件应对策略
	学生辅导	常见的学生心理问题的辅导方法、课外活动常见问题的干预策略
提升	课程管理	课程标准的解读、教材资源的开发、三级课程的开发、网络资源的开发利用、微课的设计与操作
	教研反思	集体备课指南、教学反思策略、科研课题挖掘

（资料来源：刘伟菁. 教师工作坊研修的主题选择与运作方式［J］. 中小学教师培训，2015，349（8）：11-13.）

三、教师工作坊的组织运行

教师工作坊按综合专题、学科专题、项目研究设置专业行动。坊主是学科教师培训者，坊员是处于专业适应期的教师，也包括少数需要全面发展的学科优秀教师，开展以教学技能发展为主的校本研修活动。

组建教师工作坊，首先，学校动员骨干教师根据自己的教育教学优势、发展需求，自主申报研修工作坊，并邀请2～3名成熟教师为助理坊主。然后，组织其他教师依据学科积极申报，按双向选择、协调配置的原则加入研修工作坊。最后，工作坊实行实体运行和网络运行双轨运行。实体运行采用自主研修、同伴互助、主持人引领与专家指导相结合以及集中会课、专题讨论、行动研究与成果展演相结合的学习方式。虚拟运行借助网络，搭建网络学习平台，栏目包括活动日志、案例撰写、教学切磋、课程改革、成果交流、专家点评等，通过分享交流，促进大家相互学习，共同提高。

案例 8-1

笔者和特级教师工作站的同伴们研究的课题是“基于教师专业发展的中学语文教学案例研发的行动研究”，即通过生成一个个课例的过程，研究语文到底应该“教什么”“怎么教”，探索语文教师专业化发展的有效路径。每一类的教学案例的研发都包括三个阶段：

1．第一阶段

（1）话题讨论。在工作站论坛推荐关于某一类的研究文章，综述重要观点，引发话题讨论。

（2）拓展探究。推荐相关论著，拓展研究；链接相关课例，深度讨论。

（3）梳理小结。在阅读、思考、讨论的基础上，就“教什么”“怎么教”形成初步研究成果。

2．第二阶段

（1）生成课例。执教教师在论坛发布“研修札记”若干篇，札记内容随着研讨过程的深入而不断变化。记写札记不是在造“论文”，不是为交“作业”，而是在给自己的教学生活、研究事项做真实的记录，是在给自己“画像”。执教者写“研修札记”，上研究课，实际上也是大家在同写札记，同上研究课。每次“札记”就是一个论坛的研究话题，大家在一个工作坊里共同生成课例，研究“真问题”。

（2）会议研讨。会议包括若干模块：①课堂展示；②课堂观察，共同研讨制定课堂观察量表，每节课均由一位教师做课堂观察主报告，报告者既是主讲也是主持人，组织执教教师、观察者互动讨论；③讨论交流，团队若干成员围绕这一类教学内容做主题发言，并展开互动讨论。

3．第三阶段

（1）凝聚成果。为避免讨论成果的流失，每位团队成员均需围绕每学期的研讨主题撰写一篇文章，论文、课例、教学反思、研修笔记、观察报告、听课札记、教学反思、调查报告、教育叙事等均可。

（2）读书自修。为新学期新专题的研究推荐暑期（寒假）阅读书目，利用论坛进行阅读交流。以下是某教师的阅读感悟：

文言文教学最容易陷入定式，一段段读译，一字字纠缠。这次的文言文研究课从设计之初，就想摆脱这一定式。首先，X老师在工作站飞信论坛上发布了Y教师的《中小学文言教学反思及建议》等文章，老师们在论坛内就古文教学的根本任务、文言文教学内容的确定等展开了深入讨论。

接下来，Z老师在执教公开课之前的一个月时间里，在飞信群论坛连续发布了六篇研究札记，工作站的老师们纷纷回帖，以《爱莲说》为例探讨文言文“教什么”“怎么教”。

第一篇《“文”“言”结合》，Z老师提出自己旧有的文言文课堂总是在“死于章句，废于清议”之间滑动，始终找不到感觉满意的平衡点，而这次她想通过组织学生学习《爱莲说》这篇文言短文，改其偏废，“文”“言”结合，有所突破。对这一努力方向，X老师等都给予了肯定，大家认为应好好考虑如何通过问题引导等手段打通“言”与“文”，找到二者之间的结合点和平衡点；从学情出发，找准初二文言文教学的重点，不求大求全，而是聚焦在几个关键的疑难处。

第二篇《备课札记》，Z老师通过对文本和学情的深入分析，提出了“读准字音—读点味道—读点情感—背浓味道”的设计思路。对此，X老师等提出了补充意见，如运用“以文解文”法，利用《孟子·公孙丑》与文章做互文性阅读；进一步细化以诵读促理解的设想；补充拓展诗文名句，增加学生文学积淀等。

第三篇《教学设计》，Z老师发布了具体的教学设计，X老师等在基本肯定的基础上，提出了诵读要保持纯正“文言文味道”，通过“白文”断句体会整句之美和散句之变等需要注意的问题。

第四篇《试教手记》，Z老师记录了试教过程，重点提出最后加标点环节在“噫”字前后排比句中间加分号还是句号、问号和“宜乎众矣”后加感叹号还是句号的争论，认为这确实能促进学生更积极地思考文言短句的意思，更深入地理解文章作者的情感。对此，X老师等认为教师执教思路比较清晰，但还要聚焦具体细节，反思试教中出现的“羁绊”，进行更深入细致的探讨；另外建议充实更多的文言文语段拓展资料，以建构更好的文言文学习情境。

第五篇《试教手机之二》，Z老师对“解释课外文言材料”和“白文标点”的积极作用做了重点介绍，特别指出课上引导学生读出“予独爱”这个长句的停顿、节奏，取得了“读出文言的腔调”的效果，感觉很好。X老师等进一步指出，要合理选择文言文助读材料，并加上必要的注释；课堂讨论时可以见仁见智，鼓励有理有据的多元见解；背诵时可采取“填空变化式”“关键字诀式”“接力竞赛式”等更加灵活有趣的形式等。

第六篇《谈给白文加标点》，是在即将上研究课前，对前期试讲中最有创意、产生火花最多的教学环节的一次集中反思与研讨。X老师认为这一教学环节可以带动学生对文言的理解，丰富学生对文章及作者情感的多方面思考，但要从学情出发，找难度适宜、内涵丰富的语段来完成。对X老师这一系列探索，大家给予了充分的肯定。

讨论持续了一个月，对于即将要上的公开课，论坛内弥散着一丝紧张，但更多的是期待。

（资料来源：李卫东等．一个语文教师工作坊的研修路径［J］．中学语文教学，2012，10：73-76.）

第二节 教师反思性教学

一、教师反思性教学概述

反思性教学是教师以理性的思考和批判的态度，探究与解决教学问题，努力提升教学实践的合理性，提高教学质量和效益的教学。反思性教学是教师要求自我发展的教学态度和意识，是教师自我解剖的过程，也是教师成长为研究型、学者型教师的过程。

教师既是教学的实践者，又是自身教学行动的研究者。在复杂多变的教学环境下，教师从事的是一种个性化的创造性教学实践，需要不断对自己的教学设计、教学行为以及教学效果进行认真分析，以批判的眼光审视自己的教学思想、教学方法及评价策略，并积极探寻新理念与新策略，以实现教学的低耗高效。这是一个循环往复、螺旋上升的过程，不仅能提升学生的学业水平，而且能提升自己的专业水平。因此，反思性教学不仅能促进学生的发展，也能促进教师自身的发展，它是教师具备自主发展意识、产生自我发展动力、体验教育成功、享受教育幸福的基础。

反思性教学是借助教学行动研究实现的。作为教师专业的生活方式，教学行动研究敢于直面教育新问题，善于借鉴教育新思想，勇于探索教学新方法，创造性地形成解决教学问题的新方案，在教学实践中逐步形成一种教学新范式，使教学工作进入科学和艺术完美结合的境界。

二、教学行动研究的行动路径

教学行动研究作为反思性教学的行动方式，通常由计划构思、实践应用、效果检测、反思研究、改进完善等步骤组成。

（一）计划构思

计划构思是教学行动前的策划与设计。教师在教学实施前，往往需要根据课标要求、教材内容、教学条件、学生学情以及同侪经验，依据教育教学原理，遵循学生认知规律，设计比较具体的教学线路和步骤，形成教学预案。教学预案既有比较具体的教学线路和步骤，又有对具体教学路线和步骤的理论阐释，是教师深入研读教材和学生、批判性反思后对教材的再开发。

我国有句古话：预则立，不预则废。作为教学的预案，考虑问题越严谨、越细致，教学目标的达成度会越高。反之，教学目标的达成度就会越低。因此，教师在计划构思时尽可能“对各种可能的选择仔细地反思、决定行动路线，设想需要做的各种事情，以及期望自己计划的行动结果而可能得到的经历”。这样的反思有助于教师以一种有组织的、决策性的、有备无患的方式面对各种教学情境，处理教学偶发事件。

（二）实践应用

实践应用是把构想的计划付诸实施。这是“教学行动研究中的核心步骤，根本目的是要解决教学实践中的问题，改善教学行动的质量”。由于实施教学的主阵地是鲜活的课堂，每一个时刻都是一个具体的情境，每一个学生都是一个独特的存在，因此，教学预案就会遭遇“情境性”和“实践性”危机——严格执行教学预案，就会侵蚀学生的“主体性”；借机行事，顺势而为，又可能给课堂带来更大的“不确定性”。此时，教师应拿出足够的教学智慧：一方面教师应当尽量严格按照教学预案进行教学；另一方面教师可在大方向基本不变的情况下根据实际情况做出必要的调整，并在事后说明调整的理由。如果在实施过程中发现原先制定的预案对现实条件的分析不充分甚至有误，最好及时修订预案，以保证教学有序进行。

德国哲学家雅斯贝尔斯曾说过：“教育就是一棵树摇动一棵树，一朵云推动一朵云，一个灵魂唤醒另一个灵魂。”在实践中，教学就是教师与学生相互作用，相互期待：教师期待学生不断成长与进步，而学生则期待教师及时启迪和引导。教师与学生在期待、分享和创造的过程中一起建构知识、寻求真理，获得智慧。师生可以互相帮助，互相促进，共同发展。“教学相长”也是这个道理。

（三）效果检测

效果检测就是教师对教学预案在课堂实践应用的效果进行评价。教学效果检测可以论证或检验教学计划构思的合理性和可行性，同时又是发现问题、反思改进的主要途径。因此，效果检测是整个教学行动研究的重要一环。

十年树木，百年树人。教育工作与其他工作的显著差异之一就是教育工作的长周期性。因此，教学效果检测也有长效和短效的区别。所谓长效检测，往往是检测学生的综合学习能力、意志品质等方面，需要历经的时间较长，可以是三个月，也可以是一个学期，甚至是一个学年，才能检测到成效。而学科知识和技能教学有的只需若干个课时甚至一个课时就能进行检测，这就是短效检测。

效果检测不仅仅具有评价作用，还有激励导向作用。积极的效果检测是一个师生对话沟通、交流互动的过程。通过检测，教师可以了解学生目标达成度，而学生也可以更清晰地了解学习目标，从而积极地达成目标。当然，这需要教师本着一种民主平等的精神开展效果检测，不能为检测而检测，而应根据检测情况适时给予学生鼓励和指导，同时还要善于在检测的过程中听取学生对教师的意见和建议，并及时改进自己的教学工作，努力使自己成为一个受学生欢迎的教师。

（四）反思研究

反思研究是指教师根据效果检测的结果审视、反思自己的计划构思、实践应用，总结成功的经验，吸取失败的教训，明确努力的方向，改进教学的策略，提高教学的质量和效益。

一般说来，反思研究可以从以下几个方面进行：

（1）总结成功的经验。效果检测之后，首先要反思计划构思，对经过实践应用检测后证明是行之有效的方法措施进行总结提炼，形成可复制的教学经验或可推广的行动方案，甚至是教学成果；其次要反思实践应用的过程。实践出真知。计划构思是实践应用的路线图，但实践应用也有自身的逻辑，在其推动下，实践往往取得高于计划构思期望的成果，这就是实践的经验。当实践经验积累到一定量后，就能够发生质的变化，形成教师个人的教学风格、理论成果。

（2）吸取失败的教训。再好的计划，百密难免一疏。再完美的实践，也难尽善尽美。因此，效果检测后，需要对计划构思中不切实际的目标愿景、方法措施进行修正，对被实践应用证明是低效无效的方法措施进行调整，使研究少走弯路，提高研究效率。

总之，反思研究是教师对自身教学实践的全面诊断，是一个长期的过程，需要教师持之以恒地行动，不断地完善和发展。

（五）改进完善

反思研究是过程，而不是目的。反思研究的最终目的也是反思性教学的目的——改进完善。反思研究后，如果原先的部分计划构思被否定，那就需要对这部分构思计划进行反思、调整和优化，以更好地引领后续的研究；如果在实践中发现更好的方法举措，需要果断地抛弃陈旧的方法举措，千万不可因为执行计划构思而抱残守缺，因小失大。

良性的课堂教学行动就是一个“构思—应用—检测—反思—改进”的循环往复、螺旋上升、永无止境的过程。教师应养成“一日三省吾身”的工作习惯，不断反思研究，扬长避短，形成自己的风格，使自己逐步成长研究型、学者型教师。

案例 8-2

Jerome——一位九年级的英语教师

Jerome是九年级第一学年的英语老师，他说自己在让学生参与对指定的阅读材料的全班讨论方面有困难。他感觉自己已经做到了鼓励学生、不做评价、提供激励性质的“反思性问题”，但让学生进行课堂讨论仍然像“拔牙”那么痛苦。

Jerome把自己的挫败告诉了同组的老师Ginny，Ginny教这个班的科学和数学。Ginny认为也许是教室的结构安排以某种形式影响了开放式讨论，并将自己的经验与Jerome分享。她在教科学原则时，想让学生讨论在生活中这些原则之间的联系，但从教师讲授到学生讨论的转变对学生来说有困难，因此她重新安排了教室里学生的座位排列。她告诉Jerome，自己通过阅读和亲身实践发现学生的座位排成半圆形有助于讨论，并给了Jerome由三位教育家写的文章（Rosenfield，Lamber，Black，1985），这篇文章证明了半圆形的座位安排（与秧田式相反）有助于面对面地交流，学生之间自然而然地提高了交互作用。

Jerome很喜欢这种思想，决定在自己英国文学课的两部分教学中做个实验。在第一部分中，他决定重新安排课桌的摆放形式，从秧田式改为一个大圆的形式，教师也是大圆中的一员。在第二部分中，仍然维持秧田式的座位安排。为了评估这种座位改变的影响，Jerome进行了记录，看看在20分钟的讨论里，自己原来准备的10个启发性问题中需要用到几个问题来激发讨论。他的假设是：由于学生越来越积极地参与讨论，将越来越少地用到这些问题。实验进行了两个星期后，Jerome对记录进行了整理，发现在日常教学中如果是圆环形的座位排列，教师平均只需要用3个问题就可以激发学生20分钟的讨论。但如果是秧田式的排列，学生都面对教师，结果在20分钟的讨论里需要用到8个启发性问题。

通过这个实验，Jerome决定在课堂上使用教师讲授（秧田式）和集体讨论（圆环式）两种形式，并下决心阅读更多关于学生学习方面的课堂“生态学”影响的文献资料。

（资料来源：Rechard D. Parsons，Kimberlee S. Brown. 反思型教师与行动研究［M］. 郑丹丹，译. 北京：中国轻工业出版社，2005，12.）

第三节　教师预见式行动研究

人类步入21世纪以后，深切关注现实与未来的行动研究与未来研究汇流，逐步催生了“预见式行动研究”（Anticipatory Action Research，AAR），并得以迅速发展与应用。而教育，作为创造未来的事业，自然而然地得到了“预见式行动研究”的青睐。于是，教师预见式行动研究便成为教师行动研究的一种新范式。

一、教师预见式行动研究的概述

预见式行动研究，是行动研究际遇未来研究后产生融合而创生的，通过独特的咨询未来的方式从而改变组织机构和社会的行动研究新范式。它既是未来研究文化转向中方法创新的结果，也是行动研究发展的必然产物之一。

预见式行动研究的开创者主要有两个人：一个是伊那亚图，他认为质询未来是改变现实的重要途径，更关注预见式行动研究对当下的改变与引导；另一个是史蒂文森，他认为民主性是预见式行动研究最核心的价值追求与本质特征。两个人的观点相辅相成，辩证地存在于预见式行动研究中，共同推动着预见式行动研究向前发展。

作为行动研究的新范式，预见式行动研究脱胎于行动研究母体，成长于未来研究的文化转向时期。它与行动研究以及传统的未来研究既相联系又有所区别，它们三者的关系如图8-1所示。

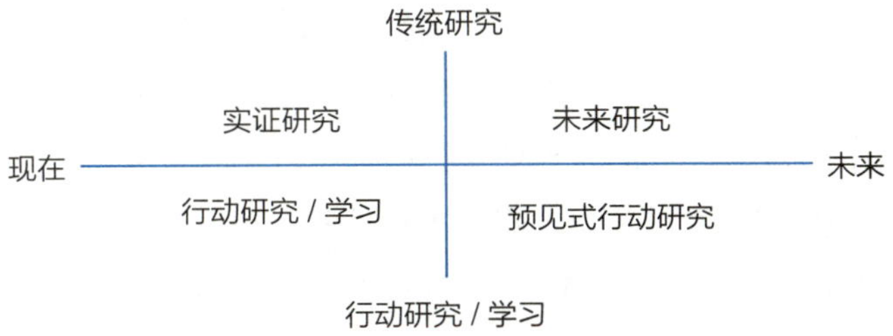

图 8-1 预见式行动研究关系示意图

作为一种新兴的研究范式，预见式行动研究的蓬勃发展有着深厚的哲学基础。从方法论的意义上来说，预见式行动研究坚持了过程本体论；从认识论的意义上来说，预见式行动研究建基于参与式认识论；从价值论的意义上来说，预见式行动研究天生拥有多重价值诉求，追求的是社会整体的变革和人类整体的发展。

而教师预见式行动研究，则是教师行动研究际遇未来研究后产生融合而创生的，通过独特的咨询未来的方式从而改变组织机构和社会的教师行动研究新范式。

二、教师预见式行动研究的具体方法

原因层次分析法和对话未来法是预见式行动研究的具体方法，在教师预见式行动研究中也同样适用。

（一）原因层次分析法

原因层次分析法是一种能揭示隐藏在表面现象背后的深层世界观和信仰、为新未来的创造开辟变革空间的研究方法。一般来说，原因层次分析法包括四个层次：铺叙、社会原因、话语/世界观、比喻/隐喻。

第一层是“铺叙”，即对当前的趋势、问题进行质的描述。第二层主要探讨引起这一问题的社会原因，包括经济、文化、政治、历史等因素。第三层则更为深入地考察使这一问题合法化的结构与话语/世界观。最后一层则深入到比喻/隐喻的层面来展开分析。

原因层次分析法的前提假设为“一个人建构某一问题的方式或途径可以符合政策方案”，同时，行动者对创造变革负有一定责任。其认识论的核心假设则是，现实是多层的，认知方式也是多样的。基于这样的假设，原因层次分析法打破了传统未来研究的平面结构，拓展了垂直层面的研究。它立足于已有未来研究三个相互重叠的基本维度——经验的、解释的和批判的，承认每个维度其所持的存在本质观、真理观、宇宙观以及主体观等各不相同，并最终实现整合，即在背景数据（经验的）基础上加上意义阐释（解释的），再置入历史文化背景中予以检视（批判的）。

（二）对话未来法

对话未来法思想最早可以追溯到古希腊的柏拉图时期，它是一种通过公开、平等、多元、多重对话，达成共识、展开研究的预见式行动研究方法。未来学家史蒂文森最早在未来研究领域运用对话法，并将其发展成为预见式行动研究的一种具体方法。

史蒂文森经过实践探索和总结反思，提出了预见式行动研究的大致流程：第一，遴选、确定将要参与行动的人员。参与人员应具有广泛的代表性，尽可能多地选择不同观点的人员，最好有官方人士参与；第二，确定预见的范围。从时间和空间两个维度确定预见的范围，使研究具有明确的边界；第三，收集、分析资料，达成共识。这是研究的关键步骤，需要明确分工，周密安排。在研究起步阶段，要安排专门人员负责收集资料，对资料、收集、处理资料的方法提出明确要求；在研究中期，要组织课题组成员认真对从外界收集的资料或参与者所提供的资料进行趋势分析，还可以邀请专家论证评估分析结果，以提高分析结果的科学性，从而提高愿景设计或规划图景的质量；第四，制订行动计划。选择最好的、最合适的规划或愿景，制定行动计划和实操路径，尤其要多方征求意见，达成使绝大多数参与者认可的行动方案后展开行动，并对行动效果进行评估。

需要指出的是，预见式行动研究整个流程并非单向的线性发展，而是循环反复、螺旋上升的过程。

对话使未来学研究成为可能，并使研究理论化，甚至改变未来的目标而共享各种不同的世界观。对话绝不仅仅是一种单纯的交往活动，而是升华为一种有效的达成共识、展开研究的方法，处于预见式行动研究的中心，是预见式行动研究能否取得成功的关键。

拓展阅读 8-1

预见式行动研究在“中学教师职业理念与专业发展”双语课程开发中的应用

预见式行动研究在课程开发领域有独特的优势，可操作性很强。下面以“中学教师职业理念与专业发展”课程开发为例谈谈其具体的应用。

（一）创生未来

师生基于“预见式行动研究”开发课程，课程的开发历时三个阶段（规划、实施与评估），涉及六个要素（课程哲学、课程目标、课程内容、教学方法、评估反馈和课程领导），与预见式行动研究循环（一般循环两轮以上）三环节（预见未来、行动实施、评估反思）融为一体，以创生未来。

1. 预见未来

在预见未来环节，师生同教师教育机构和用人单位对话，调查了解基础教育对师资人才的需求，预测基础教育教师教育学科发展趋势，预见开发“中学教师职业理念与专业发展”课程可能遇到的问题，用原因层次分析法分析学生在专业知识方面存在困难的成因，提出长效对策，建构集中解决备选方案。师生还可以用对话未来法与教师教育机构、用人单位等协商优选方案，结合预见未来的结果，进行“课程规划”，设计（或修订）“中学教师职业理念与专业发展”的课程哲学、课程内容、教学方法、评估反馈和课程领导，并制定（或修订）课程开发的预见式行动研究方案。学生根据自己的兴趣、职业生涯规划确定研究主题，结合签名的学习情况，自主制定（或修订）预见式行动学习计划。教师制定（或修订）“中学教师职业理念与专业发展”课程的教学计划。师生等形成预见式行动研究/学习共同体协同规划课程开发。

2. 行动实施

在“行动实施”环节，师生将上一环节设计（或修订）的课程哲学、课程目标、课程内容、教学方法、评估反馈和课程领导投入“课程实施”，同时对课程开发实施“预见式行动研究”，并在实施中不断调整课程开发的预见式行动研究方案。学生在教师指导下创新性地开展研究，实施“预见式行动学习”，根据研究进展不断调整预见式行动学习计划，用原因层次分析法克服创生知识的困难，应用并践行知识。教师引领学生实施“预见式行动学习”，对学生创生知识实施“预见式行动研究”，评价学生的创新程度并反馈，根据学生的研究进展不断调整课程内容和教学方法等，在“行动实施”环节，师生不仅要协同落实好“课程实施”，还要实施对“课程实施”进行的预见式行动研究，此外还要实施对“预见式行动研究”这一研究方法的方案、工具、措施、环节、过程和成效等进行反身式预见式行动研究。

3. 评估反思

在“评估反思”环节，基于注重预测和建构未来的预见性评估，借鉴多主体操作、多层次运用、多路径发展、多视角诠释、重视协商机制的课程评估理念，用问卷调查、引导性日志和访谈法收集师生开发“中学教师职业理念与专业发展”课程的结果等资料，以三角验证课程开发是否有效。教师进行“课程评估”，对学生创新知识及自己的教学进行评估，对自己的课程开发行动和研究进行评估，帮助学生用原因层次分析法克服创新知识的困难。学生评估自己的预见式行动学习，并进行同伴互评，还对课程规划、课程实施等进行评估。在课程评估的整个过程中要始终注重“反思”，要根据课程评估的结果，反思课程开发的行动和对此进行的预见式行动研究，对开发“中学教师职业理念与专业发展”双语课程的不足进行原因层次分析，提出良策，改进课程开发方案。基于课程评估结果，教师要改进教学方法、课程领导等，学生要改进学习，师生要与用人单位、教育部门等利益相关者“对话未来”，改进课程开发方案等。

（二）向文而化

课程的共时要素包括教师、学生、内容和环境。预见式行动研究要求在课程开发时通过师生协作并主动与其他利益相关者对话未来，在体现融合的环境中创生并践行课程内容，向文而化。

1. 师生协作共进

开展预见式行动研究/学习，需要参与者互相协作，形成学习共同体。师生基于预式行动研究开发“中学教师职业理念与专业发展”双语课程，教师和学生践行社会互助论、社会共同责任论等社会保障思想，在预见式行动研究/学习中协作共进：教师促进和引领学生把握教师职业理念与专业发展学术前沿动态；学生互为促进者，互为课程领导者，也领导自己的学习；师生还都是行动者、研究者、学习者、知识创造者和课程开发者，在协作中共同进步。

2. 内容动态更新

预见式行动研究要求课程的开发是创新性的，强调学习者研究新颖主题以创生知识。考虑到国家实施的“乡村教师支持计划”对职前教师职业理念中树立扎根乡村的职业意识的要求，笔者结合2017年立项的“‘中学职业理念与专业发展’双语课程建设的理论与实践研究”校级课题，与学生开展了“课程建设理论体系和评估体系”的专题研讨，创新了课程内容，促进了教学。

本章小结

作为教师你可能会觉得没有时间或没有可利用的资源进行研究，正如本章所述，行动研究既是方法也是思想，要想成为行动研究者，只需要有意识地关注自己在实践中的决策及其影响，对自己所做的事情多一点反思，这就是成为行动研究者的关键所在。

关键术语

教师行动研究工作坊；预见式行动研究；反思性教学

讨论与探究

1. 何谓教师行动研究工作坊？何谓预见式行动研究？
2. 教师应该如何开展反思性教学行动研究？
3. 利用互联网查询以下术语：教师工作坊，预见式行动研究，反思性教学，列出专业交流场所或相关网址以便今后查用。

第九章 教师行动研究案例

学习目标

- 了解英语教师行动研究开展的步骤，运用相关研究方法，设计基于英语课堂教学的行动研究方案
- 了解数学教师行动研究开展的步骤，运用相关研究方法，设计基于数学课堂教学的行动研究方案
- 了解语文教师行动研究开展的步骤，运用相关研究方法，设计基于语文课堂教学的行动研究方案

内容导引

- 英语篇
  研究背景　研究设计
  研究成果　研究展望
- 数学篇
  研究背景　研究过程
  研究成果　研究展望
- 语文篇
  研究背景　研究设计
  研究结果　研究反思

本章导读

基础教育新课程改革给我国中小学教师带来了前所未有的发展机遇和挑战。教师不再是按照预设的课程目标和教学内容进行教学的教材执行者，而是课程的开发者和实施者。教师角色的改变必然要求教师在教学观念和教学行为上随之改变。

新课程改革以来，中小学教师通过参加各级课改培训和新课程上岗培训，积累了大量有关新课程的理论知识，但真正走进课堂后，许多教师对新课程改革的理解基本停留在概念上，他们也许认为自己跟不上新课程的专业要求。在新课程背景下，教师如何才能实现教学观念向教学行为的转变，以促进自身专业发展，这是摆在教师和教师教育者面前的新课题。

下面选取几位参与行动研究英语、数学、语文学科教师案例，以期通过案例解读，帮助教师掌握行动研究的方法。

第一节　英语篇

［微视频］英语学科行动研究案例

一、课题介绍

该课题为江苏省泰州市教育科学“十三五”规划课题，题目为“基于核心素养的分级阅读教学策略研究”。本研究的主要内容是根据小学不同学段学生的身心特点、学习能力而选择不同的英语分级阅读材料，进而分别施以不同的教学策略，以达到培养学生的英语学科核心素养的目标。

二、项目责任人简介

史明娟，江苏泰兴人，双学位，教育学学士、文学学士，杭州师范大学教育管理硕士在读，现就职于江苏省泰州市城东中心小学，从事英语教学和管理工作。

三、研究背景

学科核心素养是学科育人价值的体现，是学生通过学科学习而逐步形成的正确的价值理念、必备品格和关键能力。英语学科的核心素养主要包括语言能力、文化意识、思维品质和学习能力。随着英语学科核心素养概念的提出，广大教育者面临着巨大的挑战，那就是如何让核心素养生根落地，实现核心素养培养目标。它的实现不仅依靠制度性的要求，更依赖于教师的教学观念的更新、教学能力的提升和教学方法的改进。

阅读是人们“获取信息、认识世界、发展思维、获得审美体验的重要途径”。随着课程理念和教学理念的变化，老师们越来越重视阅读教学。随着社会各界和家长对学生英语教育的关注与投入，多模态英语教学资源等信息的获得，现有教材教学内容已无法满足学生对英语知识学习的需求。亟须在教材教学的同时拓展阅读教学资源。在英语阅读教学中，阅读是学生获取信息、理解大意的输入阶段，能够培养学生的阅读理解能力，能够增加学生的语言积累，能够让学生体验语言的文化内涵，进而培养学生的文化意识；在说和写的输出阶段，需要学生同时调动自身的语言能力、语篇意识、逻辑思维、文化意识等各方面的素养，才能成功完成语言输出。因此，英语阅读教学的过程能够全面地提升学生的英语学科核心素养。

分级阅读（graded reading）的理念来源于欧美，已有近百年的发展历史。分级阅读指根据青少年的认知和语言发展水平，为他们编写并选择难度和内容适切的读物。近几年，随着阅读型社会建设和阅读教学研究创新改革的趋势越来越明显，分级阅读对我国中小学英语教学带来了新冲击，引发了新思考。

从实质上来说，分级阅读教学是一种校本课程教学，它是学科教学的有效补充。绘本类的分级阅读材料降低了小学教师选择阅读材料的难度，使用得当可以提升教学效果，进而达到培养学生学科核心素养的目的。实际教学过程中，教师是培养学生核心素养的关键引导者，但在平时的阅读教学过程中主要存在如下问题：

（1）教师课程观的缺失。教师要由学科教师向课程教师转化。教师课程观的缺失表现在阅读教学中只局限于课程教材中的语篇阅读。面对扑面而来的课程改革不断推进，教师要建立课程大局观，要能正确认识分级阅读材料在小学英语课程教学中的重要性。

有不少教师已经开始注意绘本阅读教学，但是在教学这些绘本时存在着随意性。教师对绘本类分级阅读材料的理解、教材的选择、课程目标的设定、课程实施的方式等方面都存在着误区。绘本类分级材料不能仅仅是教师用来帮助学生提高词汇量、增强英语阅读兴趣的道具，而应该正确理解绘本类分级材料的本质，重视绘本类分级材料的潜在育人价值。在利用分级材料进行教学时，能够认真进行分级阅读材料的选择，能够具有一定的连续性和系统性，能够将绘本类分级材料的教学目标与课内课程目标进行整合。

（2）以“阅读课”名义的课型与实际教学实施不匹配。在阅读课的实际教学中，存在着诸多的问题，例如：以“阅读课”的名义进行着单词、语法的教学，而忽略了文本语篇的价值；课堂的导入不简洁，有绕圈子的现象；没有能够仔细分析材料，展开合理的设计；只关注了教学内容，忽略了文本深层次的内涵；教学时缺乏具体的教学策略，使用固化的讲读模式等，导致阅读课堂气氛沉闷，甚至还不如常规课堂，反而难以引起学生的学生兴趣。更不要谈通过阅读教学来达到提升学生核心素养的目的了。

分级阅读如何才能融入小学英语课程教学，教师需要深入思考需要学习什么，需要发展什么，才能达到培养学生核心素养的目的。小学英语学科教学中，教师是让核心素养生根落地的关键。小学英语分级阅读课程的实施要依靠教师的引导，选择什么样的分级阅读材料，在实际的课堂教学中实施有效的教学策略，才能真正提升学生的核心素养。

基于此，本研究拟通过行动研究，主要尝试解决以下三个问题：①指向英语学科核心素养的分级阅读教学目标是什么？②使用何种测量工具测量教师的绘本教学是否达成上述分级阅读教学目标？③不同年级段分级阅读教学中究竟应该使用何种教学策略？

四、研究设计

（一）研究方法

该研究通过“计划、行动、观察、反思、再计划、再行动……”循环式螺旋上升的行动研究方法，旨在探究以提升“核心素养”为目标的分级阅读教学策略，如图9-1所示。

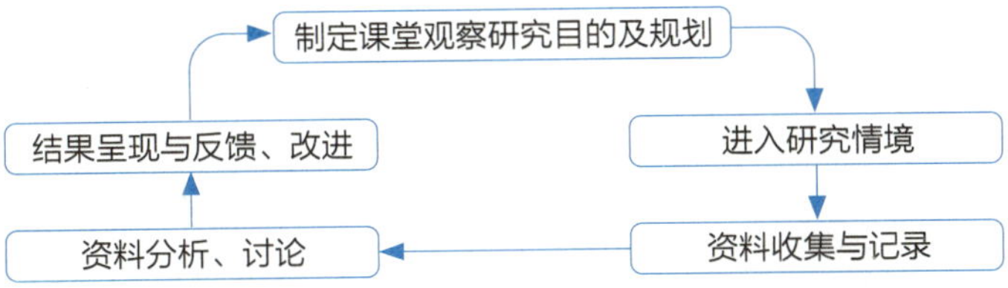

图9-1 基于课堂观察量表的研究流程

首先，任课教师选择适切的分级阅读材料，研读分级阅读的语篇内容，设计教学过程。课前通过说课参与教研组课堂观察目标制定，实施教学；课后参与教学研讨，进行教学反思并重新设计，重新教学，重新参与研讨，进行经验总结。

其次，教研组听课教师课前参加教研组课堂观察目标制定、课堂上认真进行目标观察、记录，课后对记录进行整理和讨论，形成新的改进建议，重新确认课堂观察目标，进入课堂进行观察、记录，课后研讨并得到总结。

通过“行动—反思—改进”的行动研究路径，不断提高小学英语分级阅读的教学效率。

（二）研究步骤

分级阅读教学策略研究的实施流程包括五个阶段，即准备设计与说课研讨阶段、试讲与研讨阶段、正式授课与比较分析研讨阶段、改进后日常课录制观察阶段、总结教学策略研讨阶段。分级阅读教学策略研究各阶段和具体活动如表9-1所示。

表 9-1　分级阅读教学策略研究五个阶段的具体活动

阶段	活动	活动目标
准备设计与说课研讨阶段	教师研读分教阅读教材、独立设计教案	选拔教师成为个案教师，部署教学策略研究的具体流程和活动安排，个案教师先独立研究分级阅读教材、独自设计教案
	说课研讨	课题研究组成员集中，听取个案教师说课，研究组成员根据说课情况，初步提出改进建议
	设置教学策略课堂观察量表	教研组成员根据研讨情况设置相应的课堂观察量表，并进行任务分配
	教师重新设计教案	个案教师根据研究组成员的建议，重新设计教案，并准备进入试讲
试讲与研讨阶段	教师试讲	个案教师按照修改的教案设计授课，教研组的教师进入课堂进行课堂观察，按照任务部署，各司其职
	课后研讨	解构个案教师课堂，以核心素养目标是否得到培养为目标，按照每个环节中的教学活动、教学策略、设计意图、师生对话、学生参与度、分析及改进逐一进行分析和讨论
	总结研讨过程	将研讨过程中的建议一一进行梳理和整理，得出经验总结
	教师重新设计教案	汇总研讨中的建议，重新设计教案
正式授课与比较分析研讨阶段	教师正式授课	个案教师按照修改的教案设计授课，教研组的教师进入课堂进行课堂观察，按照任务部署，各司其职
	课后进行比较分析	教研组教师根据课堂观察结果，比较两次课相同环节使用不同教学策略的施教结果
	研讨总结	经过比较分析，确定有效的教学策略，微调部分教学环节的教学策略
改进后日常课录制观察阶段	教师将调整后的教学设计应用到另一个班施教	全程录像，并对教学情况进行课堂观察，重点对教学策略施教后的学生反应和教学效果进行观察
总结教学策略研讨阶段	教研组集中研讨	教研组集中，搜集、整理可行的教学策略，及其指向的核心素养目标，形成教学成果

（1）准备设计与说课研讨阶段，为研究做好充分的准备，个案教师与教研组的教师能够了解整个研究的目的、流程、手段、方法，为研究做好充分的准备。课堂观察的聚焦性强，围绕教学策略的使用和实施效果进行课堂观察，通过集中研究的手段，能够多角度、多维度地进行课堂观察、分析和研究。

（2）试讲与研讨阶段，以教研组的教师的细致观察、记录为前提，逐一对教师的教学活动安排，教学策略使用，设计意图、师生对话、学生参与度、分析及改进等方面多维度解构教师的教学，进行细致的分析和讨论。参与教研的人员都能在调整教学策略的使用、提高教师教学设计能力和专业水平方面获益。

（3）日常课录制观察环节，教学策略调整后，其普遍适用性如何，需要得到验证与比较分析。不同于许多教师在课堂中听课的环境，录像课的环境与普通课堂相近，在没有听课教师的影响下，教学策略的使用对学生的学习产生的影响如何，可以得到验证。

（4）总结策略研讨阶段，教研组集中，搜集、整理可行的教学策略，及其指向的核心素养目标，形成教学成果。并将其向更多的教师推广，为教学教研提供助力。

五、研究成果

（一）研制了分级阅读教学目标

分级阅读作为认知活动的一种，其中包含的各项知识、技能也具有一定层级性。布卢姆教育目标分类学中，将认知维度分为记忆、回忆、理解、应用、分析、评价和创造。而分级阅读的教育目标是多维度，多层级性的，现根据不同年级段学生的认知特点，围绕核心素养四个要素，将教学目标进行分级，如表9–2所示。

表 9–2　基于各年级学生认知水平的教学目标分级对应表

各年级段	语言能力		思维品质	文化意识	学习能力
	语言知识	语言表达			
7～8岁低年级段	①能够知道自己正在学习绘本类分级阅读图书，知道绘本的封面、封底 ②能够在老师的带领下根据自然拼读法，认读出简单的单词 ③能够根据老师的提示，知道不同的标点符号语调的区别	①能够用简单的英文和中文描述绘本类分级阅读封面 ②能够在老师的教学之后根据图或录音提示自己朗读并表演简单的内容 ③能够在老师的教学之后朗读不同音调的句子	①能够根据图和简单的文字推断并理解故事的内容 ②能够对图片中的某个细节或文字颜色、大小不一样的地方产生关注，并在老师的引导下思考其用意，猜测答案 ③能够观察色彩的变化，并能思考色彩变化的意图	①能够理解老师简短的指令 ②能够用最简单的词或句子来打招呼或询问，如Hi，Hello等 ③能够理解简单地道的英语国家的口语 ④能够体会不同颜色代表的不同心情：冷色代表忧郁，暖调代表喜悦等 ⑤能够在老师的引领下领会分级阅读材料表达的主题意义：朋友之情，亲子之爱等	①能够听懂老师的指令，跟着老师有情感、有音调地朗读词或句，能自己指读 ②能够将图片和简单的提示词进行匹配并能够认读和表演 ③能够初步体验有感情朗读的乐趣 ④能够每周在家长的引导下听读或阅读1～2本英语分级阅读材料，每次能坚持10～15分钟。家长能够帮助孩子进行阅读记录 ⑤阅读量能够累计达到3000～5000字

续表

各年级段	语言能力		思维品质	文化意识	学习能力
	语言知识	语言表达			
9~10岁中年级段	①能够区分和辨认书的构成部分，如作者、作图者、环衬、扉页、封底等 ②能够自主辨认不同的标点符号，理解标点符号代表的意义。能自主识别不同句式，如陈述句、疑问句和简单的祈使句等 ③能通过复合词的拆分来理解单词的含义。或者根据上下文的情境来理解单词的意思	①能够自主拼读简单的单词 ②能够自主地根据阅读材料中的标点符号，做出适当的停顿，语调准确 ③能够用自己的语言来描述封面或者其他图片上的情景 ④能够与老师进行简单的互动，回答老师的问题 ⑤能够用英语表演故事 ⑥能够在老师的引导下用简单的语言概括故事的大意，及其表达的主题意义	①能够根据标题和封面的图片提问，推测故事的发展 ②能够从文本中获取直接信息，能够理解绘本类分级阅读材料内容中的矛盾点 ③能够通过句意及上下文的语境进行简单的推理 ④能够根据关键词或图片提示或思维导图来整合自己所学的内容，并能用自己的语言简要地表达主要信息 ⑤能够根据自己的认知水平、经验，在教师的引导下，基于自己的理解，结合自己的感受来表达文本的观点 ⑥能够用简单的思维导图或线路图来复现所学内容	①能听懂老师简单的和稍复杂的指令和课堂用语 ②在交谈中能尝试应用日常问候语，了解西方的一些交往方式 ③能够初步感知中西方生活方式、饮食习惯的不同 ④能够比较中西方文化中家庭成员称呼的异同，了解一些相同职业的不同称呼，尊重各种职业 ⑤能够在阅读故事的过程中，初步感受故事传递的情感和故事表达的道理 ⑥能够就某个细节发现一些不合理之处，并能表达出来 ⑦能够将道理经过自己的体会转达给家人或朋友们听	①能够连续地跟老师朗读或自主朗读，并能做到音形相配 ②能够体会英语绘本阅读的乐趣，能够愉悦地自主听读或朗读分级材料 ③能够乐于参与教师组织的相关活动，自主体验或者合作学习，并在实际活动中理解相关的内容，体会活动蕴含的道理 ④能够每周听读或阅读至少1~2本阅读材料，甚至达到3~4本，每天能坚持15~20分钟；能够用Reading paper的形式对阅读进行记录 ⑤阅读量能够累计达到5000~8000字

续表

各年级段	语言能力		思维品质	文化意识	学习能力
	语言知识	语言表达			
11～12岁高年级段	①能够听懂自然语速的故事或叙述，理解故事大概内容 ②能够借助语境克服生词障碍，理解大意 ③在了解绘本类分级材料封面等元素的基础上，知道作者更多的作品及其表达的基本思想 ④能理解段落中各句子之间的逻辑关系	①能根据构词法、语音读出生词；在老师的引导下拼读出稍微复杂的单词 ②能就相关的主题语境展开讨论，在口头表达中能进行自我修正 ③能自然流畅、有感情地朗读绘本类分级材料 ④能够借助一定的学习支架复述故事 ⑤能够在老师的引导下口头改编故事结局或创编新的故事	①能读懂相应水平的常见题材的分级材料 ②能通过阅读和思考掌握故事的段落布局及其之间的逻辑关系 ③能经过分析，找出文章的中心主题句，理解故事情节，预测故事情节的发展和可能的结局 ④能根据不同的阅读目的，运用简单的阅读策略获取信息 ⑤能够借助一定的思维导图或别的图文、表格的暗示重新组织语言，用自己的话语对故事进行复述 ⑥能够根据人物的语言和角色立场深入思考人物的特点和语言行为动机	①能听懂老师稍微复杂的表达，与老师交流无障碍 ②能够将文本按照一定的题材进行归类 ③能够在故事的阅读中，分析人物的语言，设身处地地体会人物的立场，并能归纳总结出故事的内涵和要表达的道理 ④要敢于提出不同的见解，对自己不认可的地方，大胆提出质疑，要具有批判的精神，并能有条理地表达	①能够利用词典等工具书进行自主阅读 ②能够与他人沟通信息，合作完成活动任务 ③能够有效地询问信息和请求帮助 ④有一定的分级阅读的学习策略，能够在课外自主寻找并阅读更多类似的分级材料 ⑤能够每天坚持听或阅读分级材料，并能持续20～30分钟。能够用Reading paper或者思维导图的形式进行记录或有创新地进行记录 ⑥阅读量能够累计达到8000～15000字

该分级阅读教学目标囊括了低、中、高三个学段，六个年级，具有很强的可操作性，为教师进行绘本教学设计，培养学生的学科核心素养打下了坚实的基础。

（二）构建了教学策略课堂观察量表

课堂观察法是指研究者（观察者）带着明确的目的，凭借自身眼、耳等自身感官，及相关观察表、录音设备等辅助工具，直接从课堂情境中搜集资料的一种教学科研方法。

为了了解分级阅读教学中教学策略的使用情况，经教研组所有成员集体审议，课题组研制了分级阅读教学策略课堂观察量表，主要包括热身环节教学策略观察记录表（表9–3）、阅读前教学策略观察记录表（表9–4）、阅读中教学策略观察记录表（表9–5）、阅读后教学策略观察记录表（表9–6）、综合分析教学策略观察记录表（表9–7）。

表 9-3　热身环节教学策略观察记录表

<table>
<tr><td>教师</td><td></td><td>年级</td><td></td><td>课题</td><td colspan="2"></td></tr>
<tr><td colspan="2"></td><td colspan="2">教学活动　教学策略</td><td colspan="2">师生互动情况、学生合作情况
（师生语言、动作等）</td><td>学生参与人数</td></tr>
<tr><td colspan="2">Warm up
热身环节</td><td colspan="2"></td><td colspan="2"></td><td></td></tr>
<tr><td colspan="2">改进建议</td><td colspan="5"></td></tr>
</table>

表 9-4　阅读前教学策略观察记录表

<table>
<tr><td>教师</td><td></td><td>年级</td><td></td><td>课题</td><td colspan="2"></td></tr>
<tr><td colspan="2"></td><td colspan="2">教学活动、教学策略</td><td colspan="2">师生互动情况、学生合作情况
（师生语言、动作等）</td><td>学生参与人数</td></tr>
<tr><td colspan="2">Pre-reading
阅读前</td><td colspan="2"></td><td colspan="2"></td><td></td></tr>
<tr><td colspan="2">改进建议</td><td colspan="5"></td></tr>
</table>

表 9-5　阅读中教学策略观察记录表

<table>
<tr><td>教师</td><td></td><td>年级</td><td></td><td>课题</td><td colspan="2"></td></tr>
<tr><td colspan="2"></td><td colspan="2">教学活动、教学策略</td><td colspan="2">师生互动情况、学生合作情况
（师生语言、动作等）</td><td>学生参与人数</td></tr>
<tr><td colspan="2">While-reading
阅读中</td><td colspan="2"></td><td colspan="2"></td><td></td></tr>
<tr><td colspan="2">改进建议</td><td colspan="5"></td></tr>
</table>

表 9-6　阅读后教学策略观察记录表

<table>
<tr><td>教师</td><td></td><td>年级</td><td></td><td>课题</td><td colspan="2"></td></tr>
<tr><td colspan="2"></td><td colspan="2">教学活动、教学策略</td><td colspan="2">师生互动情况、学生合作情况（师生语言、动作等）</td><td>学生参与人数</td></tr>
<tr><td colspan="2">Post-reading
阅读后</td><td colspan="2"></td><td colspan="2"></td><td></td></tr>
<tr><td colspan="2">改进建议</td><td colspan="5"></td></tr>
</table>

表 9-7　综合分析教学策略观察记录表

<table>
<tr><td>教师</td><td></td><td>年级</td><td colspan="3"></td><td colspan="2">课题</td><td colspan="4"></td></tr>
<tr><td colspan="2"></td><td colspan="4">教学活动、教学策略改进</td><td colspan="5">师生互动情况、学生合作情况（师生语言、动作等）改进</td><td>学生参与人数</td></tr>
<tr><td colspan="2">Warm up
热身环节</td><td colspan="4"></td><td colspan="5"></td><td></td></tr>
<tr><td colspan="2">Pre-reading
阅读前</td><td colspan="4"></td><td colspan="5"></td><td></td></tr>
<tr><td colspan="2">While-reading
阅读中</td><td colspan="4"></td><td colspan="5"></td><td></td></tr>
<tr><td colspan="2">Post-reading
阅读后</td><td colspan="4"></td><td colspan="5"></td><td></td></tr>
<tr><td colspan="11">提问层次性</td><td>提问总数量</td></tr>
<tr><td colspan="7">低阶思维问题（提问数量）</td><td colspan="4">高阶思维问题（提问数量）</td><td rowspan="3"></td></tr>
<tr><td colspan="2">提问类型</td><td colspan="2">记忆</td><td>理解</td><td colspan="2">应用</td><td colspan="2">分析</td><td>评价</td><td>创造</td></tr>
<tr><td colspan="2">提问数量</td><td colspan="2"></td><td></td><td colspan="2"></td><td colspan="2"></td><td></td><td></td></tr>
<tr><td colspan="12">学生是否可以根据合理的推理得出结论或创造性地解决问题?</td></tr>
<tr><td colspan="12">本节课的文化意识是否得到体现?</td></tr>
<tr><td colspan="12">体现学生自主学习能力的环节在哪里?</td></tr>
<tr><td colspan="12">活动是否多样?</td></tr>
<tr><td colspan="12">是否与小组合作相结合?</td></tr>
</table>

经教研组成员多次试用，分级阅读教学策略课堂观察量表具有很强的可操作性，能准确发现教师在绘本教学中出现的问题，有利于全面考察教师的教学策略是否有效地促进了小学生英语学科核心素养的培养。

（三）提出了分级阅读教学策略

任何一个阅读教学都可以被分为阅读前、阅读中、阅读后三个部分。笔者基于一节完整课堂教学的阅读前、阅读中、阅读后三个部分中指向核心素养的教学策略分别予以探讨（具体见表9–8）。

表 9–8　分级阅读教学各阶段的教学策略

<table>
<tr><th>教学结构</th><th colspan="2">教学活动</th><th>教学策略</th><th colspan="3">指向的核心素养</th></tr>
<tr><td rowspan="3">阅读前</td><td rowspan="3">导入部分</td><td>导入主题</td><td>视听呈现、整体呈现
TPR呈现、听音猜测
图片呈现、关键词式</td><td colspan="2">语言能力</td><td rowspan="3">学习能力</td></tr>
<tr><td>封面教学</td><td>联想、抢答
预测、提问</td><td colspan="2">思维品质</td></tr>
<tr><td>分析作者信息</td><td>内容图式、形式图式
文化图式</td><td colspan="2">文化意识</td></tr>
<tr><td rowspan="13">阅读中</td><td>了解绘本结构、内容</td><td rowspan="13">师生互动
口语交际
个体活动
结对活动
分组练习
全班活动</td><td>略读、跳读
扫读</td><td rowspan="3">语言知识</td><td rowspan="5">语言能力</td><td rowspan="13">学习能力</td></tr>
<tr><td rowspan="2">词义理解</td><td>自然拼读</td></tr>
<tr><td>联系上下文语境，看图猜词义</td></tr>
<tr><td>语言运用</td><td>设置开放性话题，让学生用合适的语言支架表达</td><td rowspan="2">语言技能</td></tr>
<tr><td>分析语篇</td><td>设置追问话轮</td></tr>
<tr><td>理解语篇</td><td>抓关键概念和细节，对目标信息进行分析</td><td colspan="2" rowspan="5">思维品质（由低阶向高阶递增）</td></tr>
<tr><td rowspan="4">教师引导、过渡环节</td><td>缩小信息差</td></tr>
<tr><td>设置“问题链”</td></tr>
<tr><td>深度追问、给出Tips</td></tr>
<tr><td>辨析、判断、推论</td></tr>
<tr><td>角色分析</td><td>抓关键图、人物语言进行人物动机、情感分析</td><td colspan="2" rowspan="3">文化意识</td></tr>
<tr><td>分析文章内涵、意义</td><td>表达整体情感、态度</td></tr>
<tr><td>联系实际</td><td>分析现象、发表观点</td></tr>
</table>

续表

<table>
<tr><th>教学结构</th><th colspan="2">教学活动</th><th>教学策略</th><th colspan="2">指向的核心素养</th></tr>
<tr><td rowspan="7">阅读后</td><td>巩固内容</td><td></td><td>朗读、音乐背景朗读、分角色朗读、动画配音</td><td rowspan="3">语言能力</td><td rowspan="7">学习能力</td></tr>
<tr><td>复述</td><td></td><td>思维导图板书</td></tr>
<tr><td>表演、体验</td><td>小组合作</td><td>演员、配音结合</td></tr>
<tr><td rowspan="4">拓展延伸</td><td>创编故事</td><td rowspan="2">提供语言支架</td><td rowspan="3">思维品质</td></tr>
<tr><td>创编写作</td></tr>
<tr><td rowspan="2">课后作业</td><td>画出故事思维导图</td></tr>
<tr><td>课后查阅资料、讲述故事</td><td>文化意识</td></tr>
</table>

1. 阅读前教学策略

阅读前，教师要完成热身与导入文本的任务。可以使用的教学策略有：视听呈现、整体呈现、TPR呈现、听音猜测、图片呈现、关键词式等，通过这些教学策略的使用，激活学生已有的生活知识经验，激发学生的学习热情。TPR呈现的方式是指在一定的韵律下，教师引导学生大声说并同时做出相应的动作，符合中低年级学生的身心特点。视听呈现的策略一般在中高年级使用，在观看动画视频之后，要能够回忆并回答与主题内容相关的问题，考察学生的记忆力与知识储备。例如，在教学新国标英语分级阅读四年级第2辑的“The Father and Son Carrying a Donkey on Their Backs”一课前，使用动画歌曲*Animal Song*来与学生互动，引出绘本的主角之一“A donkey”。在这个环节，教师模拟动物的声音让学生抢答猜测“What's this animal?”，需要学生建立知识回忆，激发思维，建立新旧知识的联系。在抢答的过程中，激发学生的学习动机。

绘本的封面往往隐藏着很多重要的信息，对绘本封面的学习，既可以在老师的引导下进行语言的对话，通过观察获得封面中的图文信息；又可以用联想、抢答、预测、提问等教学策略激发思维，来尝试获取背后的隐藏信息。例如，老师给出关键词（Who，When，Where，What，Why等），让学生对故事即将发生的情节进行询问，在调动学生已有语言认知的同时，对学生思维拓展的训练、学习能力的培养都可以起到积极的作用。

对作者信息的获取，可以利用内容图式、形式图式来激发学生对作者以及作者作品的了解，整体感受作者作品所表达的情感和态度。其中内容图式指文章的背景知识和语篇的主题内容，形势图示指不同类型语篇修辞结构的背景知识。

阅读前学习能力的获得，通过教师一系列的引导，通过语言能力的锻炼、思维品质的增强以及文化意识的获取而获得，学生可以获得进入具体语篇前的学习方式和学习能力。

2. 阅读中教学策略

对语篇的整体感知可以使用略读、跳读、扫读策略，提高学生建构新知识整体认知的能力。在具体的词汇教学中，可以使用情境中联系上下文猜测、观察图片并猜测的方式，在词汇语音学习部分，可以使用Phonics的自然拼读法让学生学习词汇。在解决基础新知的过程中，让学生逐步形成面对新知识的学习能力，避免产生依赖老师和工具书的情况。在分析语篇的过程中让学生使用语言、运用语言。在这个过程中，不仅要让学生能够回答语篇中的原话，还要通过老师的追问“Why do you think ...? How do you think...?”等来让学生说出自己的感悟。在训练学生的思维和语言技能的同时，培养学生多问几个“为什么”的学习能力。

在教学环节的自然过渡处理中，教师要善于运用信息差，训练学生的思维能力。信息差指人们在掌握信息方面所存在的差距。寻找文本信息之间的信息差，根据教师引导绘本前后信息的矛盾点激发学生的思维和主动学习意识；寻找文本信息所表达的观点与学生已有文化图式之间的信息差，在教师的引导下实现文本与作者之间的对话。通过教师的引导提问，引发学生思考，确保学生的思维由低阶思维向高阶思维过渡。而学生的学习能力在一次次地思考问题、解决问题中得以提升，此外“Tips”的使用也能够为培养学生的学习力提供帮助。

由分析绘本中人物的行为动机和思想，逐步过渡到对整本书所表达的思想内涵或道理的理解。学生通过分析人物语言、行为动机，透过现象看本质，并通过评价、推断得出结论，表达作者的思想和文本内涵。这种透过现象看本质、开动脑筋、积极思考的过程就是发挥主动思维、学习能力提高的过程，并以此联系生活实际，让知识走向生活，结合自己生活中的现象来阐述自己的观点。要让文化从生活中来，回到生活中去，让学生将学到的正确的道理用来指导自己的行为和生活。

在阅读过程中，教师要用活动来贯穿教学的始终，教师可以通过师生互动口语交际、个体活动、结对活动、分组练习、全班活动等组织方式来合理实施教学，以达到培养学生英语学科核心素养的目标。阅读中要积极搭内容支架，促说之有物；搭语言支架，促说精准；搭结构支架，促说之流畅。教师要引领学生在阅读和交流中关注文本内容，在活动和交互中关注学习策略，在批判中提升思维水平。

3. 阅读后教学策略

阅读后的巩固环节，教师可以采用朗读、音乐背景朗读、分角色朗读、动画配音等方式让学生积极参与到文章的内容复习环节。这个环节中的语言技能是在整合所有知识点的基础上的语言表达。复述环节让语言表达的能力逐步提升，在思维导图的帮助下，学生要重新构建知识网络和语言，再结合自己的思考，重新进行语言输出。这是高阶思维的语言输出，这个思考、输出的过程也是学生自主学习能力的体现。表演环节需要学生进行小组合作，语言交流，通过思维的碰撞，加入创意，最后呈现结果。拓展环节可以使用教师提供的语言支架重新创编、改编、画故事思维导图等方式，让学生在学习新知识的基础上，理解、内化知识，并在此基础上有所创新，通过写作的方式进行语言输出，同时训练学生的思维和学习能力。

六、研究展望

该研究从完善小学英语课程设置的角度出发，探讨如何让分级阅读材料与校内课程进行整合和补充，以此来满足不同水平学生的需要。根据专家们在这个领域的研究成果，结合儿童认知理论，依托课程内容，分析当前小学英语教材中的阅读教学与分级材料教学的差异，充分挖掘分级阅读课程资源。根据小学阶段不同学段学生的身心发展认知特点，根据不同年级段学生的英语学科核心素养培养目标，选择合适的分级阅读材料作为课本教学的补充和延伸，对其进行开发利用。采用恰当的教学策略，将分级阅读的知识学习和技能发展融入课本教学的主题、语境、语篇和语用之中，促进文化理解和思维品质的形成，引导学生学会学习，指向核心素养培养。但该研究也存在如下不足。

（1）分级阅读教材选择缺乏统一的标准。《中国中小学生英语分级阅读标准（实验稿）》中根据读者能力概况、读者英语阅读素养发展目标、分级阅读材料特征描述三个方面一一对应，提供给教师和家长可供选择的分级阅读材料的特征描述，便于教师和家长理解和使用“标准”并开展阅读教学。但是，在实际教学中，受很多因素的影响，分级阅读教学的使用目的不尽相同，分级阅读材料的种类繁多等，教师对分级阅读材料的选择仍然存在随意性。例如：受教学条件、教学资源的影响，教师根本没有将分级阅读材料作为教材；教师只参照了“标准”，照本宣科，根据“标准”选择相应级数的分级阅读材料，却忽略了学生的实际水平；甚至还有些教师连该“标准”都未曾听说过或者学习过，在选择分级阅读材料时，存在随意而为的现象。因此，怎样的分级阅读材料才最适合教师在课堂教学中使用，教师如何去选择最契合的分级阅读材料，还有待进一步探讨和研究。

（2）分级阅读教学方法无法实现培养学生英语学科核心素养的目标。教师虽然知晓“核心素养”这个概念，但是在分级阅读教学中如何去落实，这个问题亟待解决。英语专家们对分级阅读的教学方法进行研究，并构建了各种分级阅读的教学模式，在王蔷教授及其团队的研究中，针对绘本阅读的教学，提出了五种教学方法，从绘本阅读教学设计的结构、教学活动的指导、教师活动的指导、学生阅读体验和关注课外阅读活动等宏观方面给予了教学方法的指导。但在实际的教学过程中，针对具体的某一素养培养的教学策略的研究针对性不强。

基于此，在今后的分级阅读教学研究中，为了更好地实现英语学科核心素养培养目标，作为教师还要做到：

（1）加强分级阅读材料的解读能力。教师要充分关注对绘本类分级材料内容的解读，其解读的核心要直指绘本教材的框架结构、语言、表达意思及其教材的背景、意义和内涵，并在此基础上进行教学目标定位与教学策略的决策。这种解构文本的教学策略能指导学生学习，能最大化地促使其参与课堂的听说读写活动。在解构与建构的环节中有意识地让学生根据既定的背景合理输出相应的目标用语，体现语言的交际功能，最终达到语用的目的。解构文本时要关注教材中的词汇教学，关注学生阅读的深度，把握文本观点的评判，平衡活动设计中的价值取向，注重强化语言运用的活动与机遇评价的延伸性活动之间的逻辑关系和逐层递进。

（2）精心做好教学设计。教学设计是非常重要的教学环节，教学设计的优劣直接影响教学效果和教学目标的达成。教师的教学设计要时刻基于学生的知识水平，紧扣绘本类分级阅读材料的教学目标、教学方法、教学效果和教学评价等，即教师要时刻关注：课堂教学要让学生获得什么，获得多少，用多长时间获得，以及用什么活动，以怎样的教学策略来获得。同时要把握预设、关注生成，强调应用和拓展。

（3）掌握一定的评价技能。教师的评价在教学中起着非常重要的作用，教师的评价要贯穿于教学的始终，只有这样才能促进教与学的优化与提升。在实际的教学中，教学评价的方式要灵活多变，评价要关注个体能力的提升和素养生成，只要能帮助学生达到学习目标即可。例如，教师可以使用语言评价、肢体语言等，也可以用问题引发另一个问题。当然，评价的主体除教师之外，还可以进行生生互评、师生共评等相融共长的方式。

第二节　数学篇

［微视频］
数学学科行动研究案例

一、课题介绍

该课题为江苏省泰州市教育科学“十二五”规划课题，题目为“培养儿童数学语言素养，构建高阶思维深度课堂”。主要研究目的为：通过调查数学课堂中儿童语言表达存在的问题，探索提升儿童语言素养的路径，培养儿童的高阶思维能力。

二、项目负责人简介

肖璨，江苏泰兴人，硕士研究生，基础数学专业，现就职于江苏省泰州市城东中心小学，从事数学教学和管理工作。

张小琪，江苏兴化人，本科，教育学学士，现就职于江苏省泰州市城东中心小学，从事数学教学和管理工作。

三、研究背景

数学语言是指表达数学思维并反映数量关系和空间形式的科学语言，按照其表达形式，分为文字语言、符号语言和图式语言。自然语言是在日常生活中表达和交流的语言，具有模糊性；文字语言常以数学概念的形式出现，是经过加工、改造、限定、精确化的自然语言；符号语言是用数字符号来表达数学对象、数学名称、数学关系的语言。

高阶思维能力是一种以高层次认知水平为主的综合性能力。它是一种超越既定信息的能力、问题求解的能力、元认知能力和评价能力，是一种批判态度，是作为自主学习者的能力，它具有任务真实的、复杂的、需要付出心智努力的、自我反思和调控的、多元标准和需要判断等特点。在布鲁姆的“教学目标”分类中把认知领域的学习目标分成六类：知识、理解、应用、分析、综合、评价，其中，分析、综合、评价（新的教学目标分类是分析、评价和创造）被认为是高阶思维能力，而知识、理解、应用被认为是低阶思维能力。

“数学是思维的体操”，儿童数学语言素养的高低直接决定了儿童思维段位的高与低，准确的数学阅读力和理解力是问题思考的基础；细致的探究力和研究力是问题解决的关键步骤；大胆的创新力和批判力，是问题升华的强大助力。这些都将构成并促进儿童高阶思维的形成，它们也将伴随着儿童数学语言的成长，进一步促成深度课堂的生成。

高阶思维不是自然发生的，它是由“难题和疑问”或“一些困惑、混淆或怀疑”引发的，高阶思维的发生就是反思—问题生成—探究和批判—解决问题的过程。可见，问题是开启高阶思维的最大动力，探究和批判是推动高阶思维进行的强大助力。而语言正是贯穿这一内在意识的外在表达。

然而，以“数学语言素养”并“高阶思维”为关键词在中国知网核心期刊库检索，相关文献为0，可见关于儿童数学语言素养和高阶思维能力之间关系的研究还不多见。

据此，本研究通过调查数学课堂中儿童语言表达存在的问题，探索提升儿童语言素养的路径，进而培养儿童的高阶思维能力。

本研究主要解决两个问题：

（1）儿童数学语言素养存在哪些方面的问题？

（2）提升儿童数学语言素养的路径有哪些？

四、研究过程

“行动研究”是本研究所采用的主要研究方法，具体如图9-2所示。

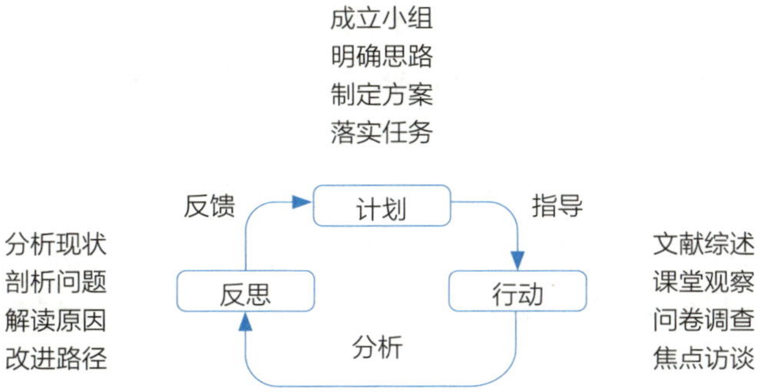

图9-2 行动研究思路

首先，计划阶段。学校成立课题研究小组，确定实验班，制定课题方案及实施计划。召开课题组会议，学习讨论研究方案，明确研究思路，落实研究任务。

其次，行动阶段。课题组成员检索查阅相关文献资料，共同学习高阶思维、深度课堂等相关理论，把握研究现状与发展趋势；利用课堂观察量表，进入课堂观课；设计儿童数学语言素养调查问卷和访谈提纲，发放问卷，实施访谈。收集数据，分析数据。

最后，反思阶段。根据儿童数学语言素养发展情况和存在问题，探究培养学生数学语言素养的路径。

五、研究成果

（一）儿童数学语言素养存在问题及原因解析

数学语言是一种特殊的语言，指用符号、公式等表述数学理论的语言。也可以理解成由数学符号、数学图形和简化了的自然语言组成的高度抽象的专业语言，是进行数学思维、数学表达和数学交流的工具。一般可分为文字语言、符号语言和图示语言三种。这三种数学语言各自独立又可以互相转化。

针对数学语言的特征和特点，研究者采用分层抽样的方式，对C校不同年级的近300名学生进行了问卷调查，其中低年级段83人，中年级段73人，高年级段85人。问卷的维度主要包括语言理解、听课方式、应答方式、倾听模式、反馈形式等。从数据统计结果来看，学生的数学语言素养存在以下问题。

1. 学生数学语言理解力不足

这一类问题主要体现在读题方面，比如：小学三年级长方形和正方形的周长和面积问题中最常出现的“靠墙围一个长方形（正方形）”的问题，又如：长是50厘米、宽是30厘米的长方形的面积是多少平方分米等，学生出错较多，究其原因主要源于审题能力不足，不能很好地理解题目中给予的条件和问题，造成解答错误。另外对于概念“平方分米”“平方厘米”“质数”“平方数”等理解不清晰，在做题时混淆，增加了错误率。

课堂观察和访谈发现，其可能的原因为教师自身水平不足，数学教学语言表达存在偏差，往往是“茶壶里煮饺子”，老师自己明白，却把学生越教越糊涂。还有一类老师教学语言使用不当，不能有效地激发学生的学习兴趣，一味地机械式教学。例如，当学生问“为什么这样做?”时，部分老师往往会回答“哪有为什么，就这样做”。

不难发现教师教学语言能力强的班级，往往执教的班级数学表达能力也较强，学生想要表达的欲望也更为强烈。在小学阶段，学生的学习本就是从基础模仿开始的，而良好的数学语言培养模式必将引导更多的学生找到数学学习的兴趣，口脑合一，才能进一步触发思维，引导学生去分析、评价、创造。

2. 学生自主学习能力欠缺

有研究发现，学困生在理解数学符号时，因无法把握新旧知识之间的联系，只是被动机械学习，他们只能理解符号表层形式的意义，而体会不到其中内在的含义。主要原因在于，课堂上缺乏表达的机会，或者学习缺乏主动性。问卷调查数据表明，高年级这种问题比低年级更为明显。例如，苏教版六年级上册《分数除法》单元有这样一道例题：有4个橙子，如果每人分1/2个，那么可以分几人？这个问题学生基本能够很快地列式计算，但是当追问到“你为什么这样算”的时候，学生就很懵，说不清楚为什么要把分数变成它的倒数来计算，他们对于这里÷的理解仅仅停留在倒数的表面形式之上，至于为什么符号由÷变成×，并不理解。而如果从展示图去理解，就能分析出这里÷变成×的问题其实就是要分析×2所表示的意义，再理解4×2就不难了。

3. 学生数学语言表达意愿不强

课堂观察和问卷调查发现，低年级的课堂相对活跃，表达欲望相对强烈，而中高年级热情度开始逐渐下降，很多学生“不爱举手”甚至“不想举手”。主要原因如下。

（1）不想思考，得过且过。问卷调查发现，大部分后进生思考极其缺乏，喜欢等答案、等评讲，自己缺乏主动性。在他们看来思考是一件非常辛苦、非常累的事情，他们对学习缺乏兴趣，更愿意做一些不用“动脑筋”的事情。

（2）浅层思考，浮于表面。问卷调查发现，更多问题学生在思考时仅仅浮于表面，对于常见的问题、简单的问题正确率较高。例如：“小明绕边长是5米的正方形花圃走了2圈，95%以上的同学知道先求正方形的周长，再乘以对应的圈数。”而对于非常类似的一道题“小华在边长是50米的正方形泳池内游了4个来回”，其正确率却迅速下降到70%以下。访谈发现，绝大多数同学是对“来回”这个词语的概念理解不到位。调查中笔者有意将其中一个班的试题中“来回”两个字加了着重号，该班的正确率则达到了87%，可见对题意的理解和把握也是一种非常重要的能力，这样也会提升学生的数学语言能力。

（3）怕被批评，不如不说。在平时的课堂和家长的反馈中，不能忽视学生心理的问题。有一些害怕面对老师或者从很小就有回答畏惧感的部分学生，往往性格内向，因为怕错、怕被老师批评、怕被学生嘲笑等原因，选择不说不答，即使会也不敢说，久而久之，这类学生因长期缺乏正确的语言表达训练，往往表达能力滞后，同样也影响到了自身数学思维的进一步提高。

4. 学生数学语言学习方法不当

数学语言分为文字语言、符号语言和图形语言，学生需要灵活地在三种语言之间进行语形转换。然而问卷调查发现，部分学生在将符号语言或者图形语言转化成文字语言时，往往答非所问。访谈发现，学生学习数学时仅仅关注符号语言和图形语言，没有关注运用准确的文字语言表述自己的理解。例如，“学生经常在“增加”“增加了”“增加到”……词语的理解上混淆不清，在分数的学习中，谁是谁的几分之几？谁的几分之几是什么？经常也是把握不准，无法列式解答”。

（二）儿童数学语言能力的培养路径

1. 注重教师研训，提升数学教学语言能力

教师是学生学习的引导者，对学生的学习兴趣、学习方法有着非常重要的影响。教师要在学生完成知识目标任务的过程中激发学生的学习动力。

（1）创设环境，增强体验。数学语言也是一种日常生活语言。在真实的环境中，学生的学习主动性更强。例如，在学习苏教版一年级"元角分"单元之后，教材设计了一个"小小商店"的教学活动，教师可以创设真实的教学情境，让学生感受现实生活场景，在"买"与"卖"的过程中充分体会"元角分"单元的基础知识，而在"付钱"和"找钱"的问题上往往会出现多种不同的解决方案。在这样的教学过程中，学生能有效地实现"元角分"知识的理解、运用、评价、综合甚至创造。又如：六年级的"认识圆柱、圆锥"，可以通过实际操作体验体积之间的关系，通过学生的课堂反应和语言表述，不难发现他们的学习具有了强烈的求知欲，这就是高阶思维的萌发。

（2）变换形式，深度学习。以往的教学模式以"讲授"为主，学生被动接受，就连学生的问答也是以点名问答的形式为主。这里缺乏学生学习的主动性，积极调动学生学习的兴趣，让学生自主思考就显得尤为重要了。建议可以尝试小组合作、师生问答、数学游戏、"小讲师"等形式让学生主动成为一个小组或团队的核心，让他们自发去组织数学语言，在"生生对话"和"师生对话"的过程中触发深度思考并萌发高阶思维，真正助力学生未来的成长。比如结合数学绘本、数学故事、线上教学等新颖的教学方法，让学生多尝试、多探索、多表达、多思考。

（3）设计问题，解决任务。为了促进高阶思维的发展，当学生提问时，老师要尽可能多给予正面评价或鼓励性评价，不能不予理睬或者简单应付了事。学生能主动提问，说明他（她）正在主动思考，教师对于学生疑惑的正确回答或有效引导将有利于学生发展高阶思维。罗伯特·斯腾伯格（Robert J. Sternberg）把教师回答问题的方式按思维能力从低到高分为七类，笔者结合小学阶段学生的认知水平进行整合，将教师应答方式修改为从低到高的五类（表9–9），教师要尽可能在高阶层次上合理回答。

表 9–9　教师应答方式类型分类

层次	应答方式	举例	分析
层次1	拒绝回答	"这一题为什么要这么做？" "我讲过很多遍了。" "自己好好想想。"	学生在提问得到否定回答之后，一般会受挫，之后容易产生不愿意提问的负面情绪，对自己产生否定
层次2	重复问题回答	"为什么是4/9？" "因为1+1等于2啊。" "三角形的高作在哪里？"	重复问题的回答不能带动学生理解，只知道一些问题就是这么做，往往采取死记硬背的方式

续表

层次	应答方式	举例	分析
层次3	承认自我认知不足，并鼓励学生寻找答案	“关于年月日的其他信息，大家不妨去互联网了解一下。” “老师也没有想到很好的主意，不过我觉得你可以做出来。”	教师常用的语言鼓励方式，在自己认知不足的情况下，可以鼓励学生自主研究或者小组研究
层次4	鼓励思考，并提供有效建议	“这个问题有一定的难度，不过我们可以一起想办法，先说说你是怎么想的?”	引导反思、找出疑难点，帮助学生打开思路，提供方法
层次5	鼓励思考，一同探究并给出评价，甚至后续评价	“我觉得关于魔方的信息，我们了解的还太少，我们可以通过网络、电视、书籍等方式去了解它，大家还可以自己动手去试，接下来我将和大家一起尝试还原魔方，找一找这里面蕴含的数学信息。”	教学评价可以鼓励学生更好地反映自己的思维过程，在遇到问题时能够及时沟通，并针对问题进行修正，有益于高阶思维的萌发

（4）组织语言，表达兴趣。学生在学习的过程中能够充分表达自己的观点，事实上就是表现出了一种对知识的探求欲和表达欲。当学生在用数学语言表达自己的观点的过程中出现以下行为，说明他们正在获得高阶思维：“能够迅速理解老师问题所表达的意思；能够选择合适的词语表达自己的观点；针对不同意见，能够准确地找到反驳的理由，并能说服持有原观点的人；能用简洁明了的语言符号，表达自己想说的；能够一边听课一边简洁地做好笔记，并能将三种数学语言任意切换。”因此，教师在教学的过程中，应创造机会，让学生有充分表达自己的观点的机会。

（5）丰富环境，建立意识。在新时代背景下学生的学习环境是丰富的，网络引擎、教学软件、社区网络、微课媒体等都可以成为学生锻炼和培养能力的平台。在这些环境下，学生可以自由选择合适的环境和资源，丰富自身所需。通过平台的有效利用，锻炼自身的语言素养，还能够协助学习，让自己的思维更加开阔，更能主动建构所学的知识。

2. 注重实际操作，提升数学语言表达的完整性

在认识分数的过程中，很多学生仅仅建立在把1平均分成几份的意识形态上。对于整体的平均分，往往不能完整表达。这就导致了后面一些把物体看成一个整体时平均分的问题始终有学生无法理解为什么是1/4，而不是3/12的问题（图9–3），但通过实物具体操作，学生就能很快厘清思路，抓到关键。而摆小棒操作，在理解两位数乘以一位数的过程中，学生能够结合操作过程通过数学语言将算理表述清楚，有助于学生整理思路，完整表述计算过程。

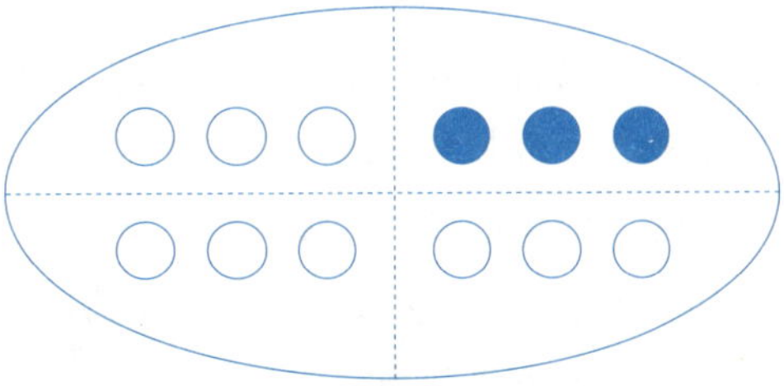

图9–3 用分数表达涂色部分

3. 改进学习方式，提升学习效率

美国学者戴尔发现了“学习金字塔”理论，他发现主动学习和被动学习的效率完全不同。传统的听讲、阅读、视听和演示的方式往往就是低阶思维所涉及的领域，而小组讨论、演示、教授他人的过程正是主动学习，在这个过程中可以小组合作、可以生生评价，甚至还可以当“小老师”教授他人，调查发现当教授他人时学习效率能达到90%，这就是高阶思维触发的一个过程，数学语言能力也在这个时候得以体现，外联—内化，能带动学生去综合、评价甚至创造。

4. 注重习惯培养，提升思维缜密度

学生在学习的过程中，往往会遇到一些开放性或者挑战难度较大的题目，此时教师往往会采用画图、符号、文字等多种方式来协助学生思考。甚至有时候还需通过小组合作、项目学习等方式，依靠小组成员之间充分地探讨和思考才能解决问题。在这个过程中，做好记录可以适时帮助教师反思，教师可以利用草稿本、研究单将学生学习过程中遇到的问题记录下来。良好的记录习惯，不仅可以帮助学生呈现问题解决的过程，而且还有利于教师了解学生的思维动态，帮助学生及时调整学习策略，提升学习效率。

总之，数学语言的培养方式不是单一的，教师的教学需要智慧，学生的学习需要方法，选择合适、有效的方法，积极引导学生深度思考，内化—联系—外化，从儿童的视角引导学生更积极地学习，真正培养学生高阶思维的能力。

六、研究展望

经过几年的深入、系统研究，课题组基本上完成了预定的研究任务，也取得了一定的研究成果。在教师们有意识的语言能力培养之下，一部分学生逐渐走向课堂的中央，他们通过各种形式表达自己对数学知识的理解。但由于研究水平的限制，课题研究还存在一定的遗憾，在实际行动研究的过程中，发现不少学生仍然比较被动，除了学生的性格或者长期形成的固化模式的影响之外，老师在进行语言培养的过程中还缺乏更为有效的指导方式。

文字语言、符号语言和图式语言的学习和转换，是对学生数学思维培养的一大挑战，尤其是三种语言形式之间的转换。笔者在已有的研究基础之上发现，目前主要还存在以下几点不足和思考：

（1）语言引导力不足，教师的专业培训力度有待提升，亟须一些专业能力强的老师或团队引领，让教师自身的语言表达水平得以提升。

（2）学生的理解力还有提升的空间。虽然在三年的研究过程中，逐渐看到了数学语言培养后带来的进步和提升，但学生理解力的提升还有待进一步探讨。

（3）评价机制尚待完善。如何建立更为有效的评价机制去追踪学生的数学语言学习，让语言学习也可以有章可循还需进一步明晰。

（4）培养模式尚未构建。数学语言的发展是为了促进学生思维的深度发展，高阶数学思

维作为一种抽象的、复杂的、深度的思维模式，如何让更多的学生接触到或者让低年级的学生早一些得到发展，在教学方法和指导方式上，还需要寻找更为合适的方式方法。

结合学生的语言理解、听课方式、应答方式、倾听模式、反馈形式的表现，是否能够找到学生更愿意表达或者倾听的方式，行动研究是否能够在学生高阶思维深度发展的课堂中，找到更为合理的呈现方式，甚至是否反刍学生数学语言能力的提升需要更多思考。

课题研究之路还很长，在学生语言发展和思维能力培养的路上，还需要有更多的尝试和创新，真正让学生成为课堂的主体，让学生站到教室的中央，让学生的思维理解更具深度。

第三节　语文篇

［微视频］
语文学科行动研究案例

一、课题介绍

该课题名称为“课堂观察视域下的小学语文教师有效课堂话语特征研究”，从分析优秀小学语文教师的语言特征的角度，致力于解决“小学语文教学耗时多、教学质量低而饱受诟病”的问题。研究论文《基于课堂观察的小学语文教师有效课堂话语特征研究》发表于《中小学电教》2011年第7、8期合刊，并被《小学语文教与学》2011年第12期全文转载。

二、作者简介

高建春，江苏盐城人，江苏省盐城市毓龙路实验小学教师，盐城市盐都区语文教学能手，主要研究方向：语文学科教学，教学管理。

三、研究背景

克拉申（Krashen）的“输入假设”理论认为：对语言输入的理解是语言习得最基本的途径。语言教学最重要的手段就是使学习者尽可能多地接受可理解的输入。小学语文教师怎样的课堂话语才能激发小学生学习语言的兴趣，进而尽可能多地接受可理解的语言输入，并与老师、同伴和文本开展有效对话，从而习得语言呢？

随着新课改的深入推进，实施有效教学，提高教学质量和效益已日益成为教育教学研究的热点。而小学语文教学，更是因为耗时多、收效少、效益低而一直饱受诟病。影响小学语文教师课堂教学质量和效益的因素有很多，但教师的课堂话语是重要的因素之一。因为小学语文教师课堂话语不仅是教师执行教学计划的工具，同时还是学生语言输入的一个重要来源。因此，该研究聚焦全国第八届小学语文青年教师阅读教学观摩活动获得特等奖的10节优秀课例，着重观察执教教师的课堂话语，探寻总结小学语文教师有效课堂话语的特征。

四、研究设计

（一）研究对象

如表9-10所示，该研究的课堂观察实录来自10位老师，其中小学高级教师9名，小学一级教师1名；男教师6名，女教师4名。这些教师都是来自教学一线的优秀教师，他们的课堂话语的特征具有较强的示范性和代表性。

表 9-10　课堂观察对象基本情况

教师	性别	职称	课例
T1	女	小教高级	《称赞》
T2	女	小教一级	《画家和牧童》
T3	女	小教高级	《数星星的孩子》
T4	女	小教高级	《石榴》
T5	男	小教高级	《中彩那天》
T6	男	小教高级	《落花生》
T7	男	小教高级	《最后一头战象》
T8	男	小教高级	《伯牙绝弦》
T9	男	小教高级	《蒙娜丽莎之约》
T10	男	小教高级	《匆匆》

（二）研究方法

该研究主要采取了“行动研究”的方法，基本步骤如下：

（1）组织相关教师观看全国第八届小学语文青年教师阅读教学观摩活动特等奖获奖课例视频，并进行文本转录。

（2）阅读国内外相关文献，了解国内外课堂话语研究的现状和课堂话语的基本特征。

（3）对照课堂实录再次观看教学视频，提取观察教师的课堂话语，对照已有文献，分析获奖教师课堂话语在课堂教学中的功能，在此基础上，总结小学语文教师有效课堂话语的特征，构建小学语文教师有效课堂话语分析框架。

（4）利用初步构建的小学语文教师有效课堂话语分析框架，结合教学视频和课堂实录，对教师课堂话语进行精细化分析，进一步完善小学语文教师有效课堂话语分析框架。

（5）广泛征求小学语文专家意见，对分析框架再次调整优化。

（6）根据研究结果，撰写研究论文，系统分析小学语文教师有效课堂话语的主要特征，提出提高小学语文教师课堂话语有效性的策略与建议。

五、研究结果

（一）语文教师有效课堂话语特征分析框架

通过对全国第八届小学语文青年教师阅读教学观摩活动特等奖获奖课例视频的文本分析，结合国内外文献的情况，该研究制定了小学语文教师有效课堂话语特征分析框架，如表9-11所示。

表 9-11　小学语文教师有效课堂话语特征分析框架

一级指标	二级指标	三级观测点
语言特征	真实性	课堂话语情境的真实性
		课堂话语语言的真实性
		课堂话语内容的真实性
	逻辑性	课堂话语的层次性
		课堂话语的连贯性
	切适性	课堂话语规范
		课堂话语准确
		课堂话语得体

该分析框架共有3个二级指标，8个三级观测点。该分析框架广泛征求了小学语文学界专家学者的意见，并根据他们的意见进行了修改和完善，具有一定的信度和效度。

（二）优秀小学语文教师有效课堂话语的主要特征及功能

1. 有效的课堂话语必须凸显真实性、逻辑性和切适性

既然语言教学最重要的手段就是使学习者尽可能多地接受可理解的输入，那么小学语文教师课堂话语怎样才能具有可理解性？这10节课得到的启示是小学语文教师的有效课堂话语必须具有真实性、逻辑性和切适性，如此方能促进小学生成功的语言习得。

（1）真实性。真实性是指教师在课堂教学中应尽量使用真实的语言。因为真实的语言有利于激发学生的学习动机，有利于学生注意到不断变化的语言现象。例如，《石榴》这一课例中有这样一个片段：

教师：想不想就在这儿尝尝石榴？

学生：想。

教师：好！满足你们的愿望。

（学生纷纷举手，老师给学生发石榴，学生品尝。）

……

老师：这滋味独特的石榴究竟是怎么长成的呢？让我们再去读读课文，听清楚了，这遍读课文倪老师要求大家把字音读正确，把句子读流利。用自己的速度去读吧。

（学生自读课文）

学生自读课文，十分认真，接下来的讨论空前活跃。究其原因，或许与老师说话算话，真让学生当堂品尝石榴有密切的关系。

调查显示，79.5%的学生认为教师利用课堂话语创设真实的课堂情境更能激发学生的学习热情，能更好地促使教学目标的达成。

（2）逻辑性。为了提高教学过程的逻辑性和层次性，教师应准确把握学生的已知知识和未知知识，并根据学生对知识的熟悉程度设计教学步骤和教师话语，既要确保学生充分激活和利用已知知识，又要使学生接触和学习新的知识。教师应该为学生创造学习的空间，即创造一种学习条件，使学习目标进入学生的视野。在这一过程中，教师话语的逻辑性起着关键作用，接下来再一起看《伯牙绝弦》这一片段：

教师：同学们，伯牙和子期，这知音的故事感动和温暖着一代又一代渴望心有灵犀、心心相印的中国人。古书《列子》记下了这个感人肺腑的故事，记下了这对知音的名字（出示）——一起读！

（学生齐读："伯牙善鼓琴，钟子期善听。"）

教师：时间在流逝，500多年过去了。秦朝的《吕氏春秋》依然为我们呈现了这对知音相遇时那最美好的瞬间（出示）——男生一起读！

（男生齐读："伯牙鼓琴，志在高山，钟子期曰：'善哉，峨峨兮若泰山！'志在流水，钟子期曰：'善哉，洋洋兮若江河！'伯牙所念，钟子期必得之。"）

教师：借问人间愁寂意，伯牙弦绝已无声。一千多年后的唐代，人们在古诗中也都为那伯牙的破琴绝弦叹息不已（出示）——女生一起读！

（女生齐读："子期死，伯牙谓世再无知音，乃破琴绝弦，终身不复鼓。"）

教师：两千多年后的明朝，人们又用小说传诵这段千古佳话（出示全文）——一起读！

（学生齐读全文）

这一片段，执教者利用教材资料袋这一课程资源，通过自己环环相扣、层层递进的课堂话语，巧妙地将熟读成诵揉入其间，梳理出一条知音文化的血脉，深深震撼了学生的心灵，使学生也深深沉浸于"斯人虽逝，精神长存"的文化氛围中，同时加深了对语言的体验与感悟。

（3）切适性。首先，要求教师话语应该力求规范和正确。在被观察的10节课中，每个教师的普通话发音都比较规范。其次，要求教师话语除了尽可能正确之外，还要力求准确。在组织课堂教学活动、呈现和讲解语言知识、语言示范、提问和反馈等环节，教师应该使用准确的语言。在这10节课中，教师话语都比较准确。最后，要求教师的课堂话语不仅要尽量正确、规范，而且要得体，即所说的话要符合语境的需要。例如，执教低年级段《称赞》的王老师的课堂导语就十分得体：

“彩翎班的小朋友们，你们好！今天王老师给大家带来一个美丽的小故事。我看谁最会听，最会看（音乐响起，老师绘声绘色地讲述故事，中间适时地出示生字卡片）。”

王老师的导语，既有问候，又有激励，还有要求，契合了低年级小朋友的学习心理。

2. 有效的课堂话语必须充分落实语言的教学功能和组织功能

（1）教学功能。课堂是学生学习知识和发展技能最重要的场所，而教师的话语在课堂教学中起着十分重要的作用。分析教师是否合理、有效地运用了话语，主要是分析教师话语是否与课堂教学活动的目的相吻合，以及是否有效地促进了教学目标的达成。被观察的10节课中，所有教师都能利用简洁流畅的课堂话语完成既定的教学目标。例如，《中彩那天》中的片段：

教师：叙事性的文章通常都会按照故事的起因、经过、结果来写。“得车”是故事的？

学生：（齐说）起因。

教师：“父亲遇到了一个难题”是故事的？

学生：经过。

教师：“还车”是故事的？

学生：结果。

教师：把起因、经过、结果巧妙地串起来就是文章的主要内容。谁来试试？

学生：（略）

教师：说得好。同学们，就像他一样跟同桌练习说一说。

这一片段中，执教者紧扣“初步把握课文的主要内容”这一中年级段阅读教学的训练重点，通过简洁明了的引导语，把教学的重点指向把握记叙文主要内容的重要因素——起因、经过、结果，让学生在言语实践活动中掌握了“把起因、经过、结果巧妙地串起来就是文章的主要内容”这一把握课文的主要内容的基本方法。

（2）组织功能。教师话语除了实现其教学功能之外，同时还维系着课堂上师生之间的种种交流。小学语文课堂中的活动主要为教学性的活动，但又不可避免地具有交际性质，可以说，交际是课堂教学的基本活动，因为课堂中的所有活动都是通过人与人之间的交际这一过程得以进行的。日常教学过程中，教师与学生之间必然会建立一定的社会关系，教师需要考虑如何在课堂上成功地与学生交流，如何使课堂气氛保持和谐融洽，充分发挥教师话语的激励功能。在所观察的10节课中，每位教师都善于运用赞扬的策略，激发学生的学习兴趣，最终成功地促成了学生的语言习得。例如，《匆匆》中执教者设计了这样一段过渡语：

老师：著名作家余秋雨曾说，什么是散文呢？散文就是读者与作者的悄然对话与共同思考（老师板书：对话、思考）。那么，既然是与作者对话，就让我们先来倾听吧（老师板书：倾听）。现在就请同学们欣赏著名艺术家孙道临朗诵的《匆匆》，注意听的过程中要求大家拿起笔，一边听一边做记号，在凡是能让你感到时间匆匆而逝的地方做上记号。看看谁最善于倾听。

面对六年级的学生，执教者的课堂话语言简意赅地对学生提出要求：倾听、思考、对话，并不失调动与激励——看看谁最善于倾听。

由此可见，有效的教师课堂话语能为学习者创造交流信息、表达思想的环境和机会，使他们通过交际和意义协商促进语言习得。

3. 有效的课堂话语应该催生高质量的师生互动

首先，要提高教师话语组织和实施课堂教学的成效，教师需从学习者使用语言的角度出发，提供多样化的课堂活动交际模式，通过师生互动和小组活动，使学习者有更多的机会参与意义生成，从中练习、提高他们的口头表达和交际能力。从视频和课堂实录情况来看，所有的教师基本上都注意到了这方面的重要性，都注意通过提高互动的质量来提高课堂教学的有效性，几乎所有的课堂教学中，教师都注重了在课堂教学中体现学生的主体地位，即当学生在师生互动的过程中碰到困难时，教师不是轻言放弃，而是继续追问，直到学生在教师的帮助下成功地实现知识的建构。

其次，课堂提问在小学语文课堂教学中占据很重要的位置。教师不仅可以通过提问促使学生参与交流，而且可以通过提问促使学生调整自己的语言，使其更具可理解性。从这10节示范课来看，教师课堂上多提参考性问题可以更多地促使学生参与语言练习，从自身实践出发去构建语言知识，其互动交流更加具有真实性。例如，《落花生》中有这样一个片段：

教师：什么是有用的人呢？

学生1：他得乐于帮助别人。

学生2：就是对别人、对社会有用的人。

教师：能举个例子吗？哪些人是有用的人？

学生3：警察。

学生4：为人分忧的人。

学生5：还有义工。

学生6：就像玉树救灾中那个阿福，为了救人而牺牲了。

……

这一教学片段中，执教者有意识地运用参考性问题创造更多的互动的机会，从而增加学生的语言输出，促进了学生语言的习得，同时也加深对文章主题思想的理解。

最后，胡青球指出，教师在提问以后等待学生回答问题的时间长短对课堂教学的成功与否也具有重要的意义。这是因为学生需要更长时间对提问进行处理。当教师确实有耐心将等待的时间延长到3～5秒时，更多的学生将会参与到课堂活动中。数据统计显示，被观察的10位老师提问后的等待时间为4.5秒。这说明这10位教师都能比较耐心地等候学生的回答，同时10位教师都能根据所提问题的难度延长或缩短候答时间。问卷调查结果也显示，78.8%的学生认为教师在提问时若给予一定的等待时间，他们经过思考后会比较乐于回答教师的提问。

总而言之，有效的课堂话语必须凸显真实性、逻辑性和切适性，有效的课堂话语必须充分落实语言的教学功能和组织功能，有效的课堂话语能催生高质量的师生互动。

（三）提高小学语文教师课堂话语有效性的策略

课堂观察的最终目的是扬长避短。对于小学语文教师来说，怎样优化课堂话语，才能提高其有效性，最终促进学生的语言习得，达成教学目标呢？可以从以下几个方面入手。

1. 精心设计课堂话语，充分挖掘、运用可理解语言

Kransen的输入理论强调人类习得语言的唯一途径就是通过接收可理解的输入信息。他同时指出，语言得以发展的自然过程即通过吸收超出人们现有水平的可理解的语言结构，同时还能在课文情境内容的帮助下理解不能自然习得的语言语法知识。因此，作为小学语文教师，应尽量在课堂中使自己的话语更具真实性、互动性、逻辑性和切适性，同时根据不同年段学生的实际情况，通过调整自己的语音、语调、重音、句型，为学生提供大量可理解性的课堂话语，以充分发挥话语的引导、支持和激励功能。

2. 强化问题分类研究，优化课堂提问技巧

通过课堂提问，教师一方面可及时了解学生对所学知识的掌握程度，更为重要的是，恰当的提问能启发和引导学生对课文的重点和难点进行积极的分析和思考，使教师和学生处于一种互动式的课堂交际活动中。展示性问题能够激发全体学生特别是学困生参与课堂交流，而参考性问题则更有利于学生自由发挥，发展学生的理解和思维能力，学生语言输出的质量会更高。因此，教师要加强对问题的分类研究，充分利用参考性问题和展示性问题的功能。同时要注意自己的提问方式，尽量运用追问和链接的话语技巧，提高学生的听力和口头表达能力，增加学生的课堂话语，促进学生口语交际能力的提高，以取得较好的教学效果。

3. 关注学生的情感因素，采取适当的反馈策略

教学过程是学生与教师共同参与的过程，教师是教学的主导，学生是学习的主体。学生的学习情绪教师应给予足够的重视。影响语言学习的情感因素包括焦虑、抑制、自尊心以及学习动机等。教育心理学研究表明，大多数学生在语言学习过程中都会出现焦虑情绪。当学生过度焦虑时，面对提问会陷入窘迫，从而又会降低其以后的学习动机，甚至企图逃避学习。同时，教师提问不当也会加剧学生的焦虑，产生心理压力。为了减轻学生在回答问题过程中的压力，当学生在答题时，教师应该用目光注视学生，面带微笑，对学生回答的正确部分给予积极的反馈和点评。当学生回答不完整时，可以耐心引导学生自我修正，或者请其他同学给予补充完善。对学生错误回答的反馈，要避免采用消极的反馈方式，因为消极的反馈方式可能导致学生惧怕回答问题，从而在今后的学习中拒绝回答问题。

六、研究反思

20世纪以前，在西方教育理论中占主导地位的教学观是“教学是艺术”。但随着20世纪

以来科学思潮的影响，以及心理学特别是行为科学的发展，人们意识到，教学也是科学，即教学不仅有科学的基础，而且还可以用科学的方法来研究。于是，人们开始关注教学的哲学、心理学、社会学的理论基础，以及如何用观察、实验等科学的方法来研究教学问题。于是，有效教学应运而生。

在符合时代和个体积极价值建构的前提下，有效教学的效率在一定时空内不低于平均水准的教学，其核心就是教学的效益。近年来，随着新课改的深入推进，实施有效教学，提高教学效益日益成为教育教学研究的热点。而小学语文课，更是一直因为耗时多、收效少、效益低而饱受诟病。小学语文课如何实施有效教学，提高教学效益，提高小学语文教师课堂话语的有效性显得尤为迫切，因为教师的课堂话语不仅是教师执行教学计划的工具，同时还是学生语言输入的一个重要来源，教师话语的数量和质量甚至决定课堂教学的成败。

小学语文教师的课堂话语是否有效，主要取决于课堂教学中，教师的课堂话语是否具有逻辑性和层次性，教师课堂话语是否具有规范性（正确、清楚、简练、有条理），教师在提问问题的类型、提问的方式、候答的方式及反馈的方式等方面的课堂话语是否为学生创造了语言学习的真实的交际情景，是否在互动中成功地实现了知识的共同建构。因此，作为教师实践性知识的一部分，小学语文教师要充分认识到自己课堂话语质量对学生语言习得、知识积累和思维发展的影响，努力提高自己课堂话语的有效性，提升自身的语言素养，从而促进学生的语言习得和发展。

本章小结

教师创新行为是产生新思想，发现和创作新事物的活动。它之所以能区别于其他的一般行为，就在于它的新颖性和独创性。创新行为实现了一种由熟知到新知的探索，在教育教学过程中，它不受原有方式的干扰，产生出超常的构想，具有变通性，表现为新观念。创新行为能在较短的时间内表达出较多的观念，并能迅速地进行取舍，且表现出对事物的独特见解。

关键术语

教师行动研究；英语教育；数学教育；语文教育

讨论与探究

1. 检索英语教育相关文献，设计一份基于英语学科的行动研究案例。
2. 检索数学教育相关文献，设计一份基于数学学科的行动研究案例。
3. 检索语文教育相关文献，设计一份基于语文学科的行动研究案例。

第十章 教师行动研究审思

学习目标

- 了解行动研究对教师专业发展的意义
- 理解中小学教师开展行动研究的优势、面临的挑战和出路
- 掌握中小学教师开展行动研究的途径

内容导引

- 中小学教师开展行动研究的意义
  强化教师专业发展意识
  完善教师专业知识结构
  发展教师专业能力
- 中小学教师开展行动研究的优势
  国家的大力倡导
  丰富的教育实践
  众多的合作伙伴
- 中小学教师开展行动研究的挑战和出路
  中小学教师开展行动研究的困境
  中小学教师开展行动研究的路径

本章导读

行动研究是由教师同时扮演行动者与研究者的双重角色，在真实的教育情境中发现实际问题，针对问题进行深入探究，制定相关行动策略并加以实施，以达到解决问题、改善教学实践，促进教师教学效能提升和专业发展的研究活动。教师行动研究与其他教育研究主要区别在于，它的研究对象为学校教育教学实践中的特定问题，具有极强的实践性、灵活性与可操作性，是一线教师教育教学研究的主要方式，也是职前教师（师范生）专业成长的有效路径之一。教师行动研究有利于强化教师专业发展意识，有利于完善教师专业知识结构，有利于提升教师专业能力。但是，中小学教师由于自身专业素养、研究能力的不足，开展行动研究也面临许多挑战。提高中小学教师行动研究能力的途径：一是学校要构建促进教师开展教育行动研究的保障机制，主要包括：①营造促进教师开展教育行动研究的学校文化；②构建促进教师开展教育行动研究的质量管理体系；③提供促进教师开展教育行动研究的资源支持。二是教师要完善促进自身开展教育行动研究的能力体系，主要包括：①树立正确的教科研目的；②提高自身的教科研素养。

第一节　中小学教师开展行动研究的意义

教师教育是教育事业的工作母机，是提升教育质量的动力源泉。教师专业化，是教师有效完成教育教学工作的保证，是培养高素质人才的关键，也是教师职业成为一门专业的前提。自20世纪七八十年代以来，教师专业化发展一直是备受关注的重大教育研究课题。西方各国都率先发力教师队伍的建设，将提高教师专业化水平作为提高教育质量的首要途径。在我国，随着基础教育改革的深入推进，国家、省、市等各级教育行政部门纷纷采取各种措施提升教师的专业素养。但内因是事物发展的根本动力，教师专业发展的原动力仍在于教师自身。教师采取何种方法提高自身专业发展的水平，促进学生全面、健康、和谐的发展，这不仅是一个重要的实际问题，也是一个重要的理论问题。

目前在中国知网以“教师专业发展”为关键词检索，可检索到五万多篇文献，可见教师专业发展一直是学界关注的热点研究议题，但实际情况是教师专业发展的理想与现实之间的差距并未因此而必然缩小。究其原因，主要在于教师专业发展的相关研究一直强调外部环境对教师专业发展的支持，而很少从教师自身的角度去思考发展的方式。一方面，一线教师受固有的思维范式的影响，他们认为教师的专业化问题是专家学者们研究的领域，和自己没有关系，即使少数教师对自身的专业发展有自己的思考，但仍凭自己的经验和直觉自我完善和发展，而很少使用专家学者们研究的理论成果，烛照自己的发展历程，难以逾越理论和实践的鸿沟；另一方面，受刻板印象的限制，一线教师大多认为自己只需将专家学者们研究的教师专业发展理论研究成果直接运用于实践，就能产生相应的教学效果。然而这种不加批判地运用理论，并不能对他们的实际教育教学工作产生积极的影响。

英国课程专家斯滕豪斯指出，教师专业自主发展有三个途径：系统的自学、研究其他教师的经验、在教室里检验已有的理论。最后一条途径尤为重要。这里的“在教室里检验已有的理论”就是现在常说的“行动研究”。

行动研究是具体情境中的个体为提高对其从事的实践的理性认识，并为有效解决实践活动中的问题而开展的系统探究活动。教师行动研究是由教师同时扮演行动者与研究者的双重角色，在真实的教育情境中发现实际问题，针对问题进行深入探究，研制相关行动策略并加以实施，达到解决问题、改善教学实践、促进教师教学效能提升和专业发展的研究活动。教师行动研究旨在通过将理论和实践联通、行动和反思融合，生成具有特定情境效应的实践性知识，指导教师日常的课程与教学生活。作为教师专业发展的一个重要途径，行动研究对于教师的专业发展究竟有何意义？中小学教师开展行动研究存在哪些优势？又有何不足？教师如何基于自己的课堂开展行动研究？这是本章将要重点讨论的问题。

行动研究摒弃了传统研究方法的不足，是教师自身对其教育教学实践进行的研究活动，在强化教师专业发展意识、完善教师专业知识结构、发展教师专业能力等方面具有积极的作用。注重教师专业发展的行动研究在提倡教师内涵式专业发展的今天才是人们所急需的。研究表明，行动研究在教师专业发展方面具有以下促进作用。

一、完善教师知识体系

Grossman指出，教师知识包括能用于不同场合的范式形式的知识，也包括来自教师实践的叙述形式的知识。国内学者将其总结为学科取向的内容知识和实践取向的“默会”知识。教师知识是教师职业理念、职业能力形成和发展的基础，是教师实施有效教学的必要条件，也是教师专业发展的关键要素。教师知识体系的形成与发展，前者来自于职前专门的课程学习和职后系统的培训，后者则需要教师结合自己的教学实践，不断练习、总结和反思。这种旨在解决实际教育教学情境中问题的反思过程，其本质就是“行动”与“研究”的结合，是杜威所倡导的“做中学”学习策略的具体运用。教师行动研究对于教师知识体系形成的作用主要有以下几个方面。

1. 更新教师知识体系

教师知识体系是理论知识和实践知识融合的一种新型知识形态，它的构建是一个动态生成的过程。教师通过行动研究，理解和深化在课程学习和培训中获得的知识，同时能发现和生成在教师个人经验基础上建构起来的、不能明确表述的内隐性知识，从而在“实践理性”中不断拓展专业认知视野，实现知识的自我更新。

2. 创造新的教师知识形态

教师业已形成的学科取向的“内容知识”是教师课堂教学活动的基础，但教学的成败还取决于教师能否将内容知识转换为学生能够理解的表征形式。教师行动研究可以帮助教师加深对教学目标、教学内容、教学对象、教学情境、教学媒体等内容的了解，使教师能够根据实际教学的需要和学生身心发展的特点，对自己掌握的内容知识进行适度加工、改造和再创造，变成学生能理解的内容，以便保障教学的顺利进行。

3. 整合和优化教师专业知识结构

教师的专业实践活动是在“工具理性”与“实践理性”交互作用中展开的，教师的专业知识结构同时在其交互作用中得以深化、更新、重建。因此，教师行动研究可以帮助教师对各种不同的知识和理论进行选择、组织、传递和评价，并在这个过程中实现知识的整合和优化。

二、发展教师专业能力

教师专业能力是指教师在从事教育教学活动中，顺利完成教学任务所表现出来的个性心理特征，主要包括教学设计、教学实施和教学评价的能力。教师专业能力是教师专业素质的重要体现，其生成过程是一个学习到实践的过程，是知识技能向教学能力转化的过程。实践证明，行动研究能有效促进这一转化过程的实现，有助于教师专业能力的生成和发展。

1. 促进教师教学设计能力的生成和发展

所谓教学设计能力，是指教师在教育行动研究之前，基于对教学内容、学生特点、教师特点、教学环境等变量的理解和把握，具体设计教学方案的能力。显然，这种能力的生成和发展是以教师不断地对自己的教育教学实践进行反思探究为基础的。教师通过不断的行动研究，能逐步深化其预期的教学方案与具体的教学实践及其成效之间相互制约关系的认识，增强教育教学的预见性，发展并提升教学方案的设计能力和水平。

2. 促进教师教学组织实施能力的生成和发展

教学实践活动是师生在多种因素交互作用下的共同活动，是教师的教育理念和教学预案的具体“物化”过程。不断变化着的教育教学情境使得实际教育教学工作显得丰富多彩，同时也增加了教师工作的难度。行动研究可以引导教师将教学活动本身作为研究对象，思考并力图解决以下问题：怎样有效实现学科内容的“教育学化”和“心理学化”转化？怎样帮助学生联结新旧知识？如何激发学生的学习动机？如何对教学活动进行有效监控？教师对这些问题的反思与决策，不仅使得教师的教育教学实践更具理性的特征，而且必然促进教师教学实践能力的发展。

3. 促进教师教学评价和反思能力的生成和发展

行动研究的题中之意就包括对教育教学实践的评价与反思。因此，教师通过对自己教育教学行动的研究，可以生成、优化评价、反思的职业策略，养成评价、反思的职业习惯，从而促进评价、反思能力的发展。

三、强化教师专业发展自主意识

教师专业发展自主意识是教师在其专业成长过程中所表现出来的自主发展状态，主要包括对过去专业发展过程的总结意识、对自己现在专业状态和水平的评估意识和对未来专业发展的规划意识。如果说教师的专业知识和能力维度反映的知识水平使教师成为一名专业人员，那么，自我发展需要和意识这一维度则保证教师不断自觉地促进自我专业发展，它是教师专业发展的原动力。只有教师具有强烈的自我专业发展需要和意识，教师才可能有意识地寻找学习机会，才可能明确自己到底需要什么、今后朝什么方向发展以及如何发展等，才可能成为一个“自我引导学习者”。行动研究使得教师不断调节、监控自己的角色及行为，在“理智地复现自己、筹划未来的自我、控制今日的行为”中，生成并发展自我专业发展的需要和意识，保持着“自我更新”取向，从而有效推动教师专业自主动态发展。

总之，行动研究引导教师在教育实践中将行动者与研究者集于一体，教育热情与研究意识熔于一炉。在这里，行动研究不再只是一种研究方式，而是教师的一种生活方式。在行动研究中，教师体会到自己的责任，体会到自己的价值和意义；在行动研究中，教师自己与自己的服务对象紧紧联系在一起，并与之共同构成有生命意义的生活世界；在行动研究中，教师自觉发展自己的理性，主动更新自我，提升自我专业发展意识，从而更有效地促进自身的专业发展。

案例 10-1

“原来总认为只有等高考体制变了，自己才能有所作为，通过两年的实践后发现，不为应对高考的教和学是可以实现的……过去的教学只注重做标准化的考题，缺乏对学生进行能力训练的过程。后来我们改变了，以训练学生的语言能力、综合能力为目标。实践证明，学生能力提升后，自然能够很轻松地应对标准化考试，也就是说以提升学生能力为目标的教学和高考是不冲突的……老师变化了，学生也就立刻跟着改变。我的感觉就是‘I can really do something’。”

“每次被问起行动研究是做什么的？我都会沉吟半晌不能作答，因为行动研究对于我来说是诸多感觉的融合，是伴随我渡过难关的援助之手。所有的科研活动都教给我如何收集数据和分析数据。除此以外，行动研究还能教给我面对工作，甚至是生活的勇气与智慧。它在每个人身上所起到的作用将是十分个性化的，是不可预料的。”

上述访谈内容来自北京市某中学一位英语教师——思老师。思老师毕业于某师范大学外语系，21年教龄。2007—2009年，思老师参加了北京市“高中英语教师行动研究”项目培训，以词汇教学改革为研究课题，对词汇的教和学进行系统的实践和研究。

2009年5月课题结题，思老师对自己历经两年完成的行动研究的过程、策略、结果感悟颇深。2010年，思老师担任了学校的英语学科主任，带领英语教师团队对全校所有年级的英语课程实施改革，并同时研发英语各门课程的教辅材料等，历经两年完成了英语科学的课程改革。思老师坦言，行动研究对她的影响是巨大的，主要包括：①教学观念与教学实践的改变：从应试教育到能力本位；②成为校本课程改革的领导者；③形成了反思的专业习惯；④以行动研究的方式去解决教学问题；⑤克服了职业倦怠。

（资料来源：周钧. 行动研究促进教师专业发展——一位中学教师的案例研究［J］. 教师教育研究，2014，7，26（4）：75-80.）

思考题

你周围是否有这样的中小学教师，通过行动研究促进了自己的专业发展？请谈谈你的看法。

第二节　中小学教师开展行动研究的优势

2018年1月，中共中央国务院印发了《关于全面深化新时代教师队伍建设改革的意见》（以下简称《意见》）。《意见》明确要求：全面提高中小学教师质量，建设一支高素质专业化的教师队伍——为义务教育学校侧重培养素质全面、业务见长的本科层次教师，开展中小学教师全员培训，促进教师终生学习和专业发展。建设高素质专业化教师队伍，一是要提高教师入职门槛——本科起点，实践导向；二是要加强职后培训——全员培训，终生学习。职前培养打基础，职后培训促提高。而职后培训最重要的任务就是要引导教师自觉走上教育科研之路。对于一线教师来说，最有效的研究则是教育行动研究。这是因为：

教师是教室的负责人，而从实验主义的角度来看，教室正好是检验教育理论的理想实验室。对那些钟情于自然观察的研究者而言，教师是当之无愧的有效的实际观察者。无论从何种角度来理解教育研究，都不得不承认教师充满了丰富的研究机会。

——斯滕豪斯（英国）

这些“丰富的研究机会”主要表现在以下方面。

一、国家的大力倡导

进入21世纪以后，为应对全球化和信息化，旨在提高教师队伍质量的教师“专业化”成为席卷全球的教育改革浪潮。在我国，党和政府，特别是教育行政主管部门，都积极推动教师立足教育教学实践，开展教育行动研究，提高专业水平。

首先，提高教师准入门槛，增强教师专业发展后劲。从20世纪末到21世纪初，我国师范院校加速转型升格，教师教育逐渐从中师、专科和本科的“旧三级”转向专科、本科和研究生的“新三级”，甚至迈向本科、硕士和博士的升级版“新三级”。教师教育体系也由封闭走向开放，一大批高水平综合性大学成立了教师教育学院，设立师范专业，为中小学校培养合格师资。与此同时，随着《教师资格条例》的颁布实施，我国逐步全面实施中小学教师资格考试制度，为社会优秀人才进入教师队伍打开了制度化通道。更重要的是，实践取向的教师教育理念得到了广泛的认同，教师教育更加注重通过见习、实习等“临床”经历、教育行动研究培养“准教师”的实践能力和智慧。所有这些，都为“新教师”入职后开展教育行动研究提升专业水平奠定了基础。

其次，加强教师在职培训，推动教师终生学习。过去，教师要有一桶水，才能给学生一杯水；现在，教师要有长流水，才能给学生一杯水。教师要有“长流水”，就需要不断加强学习，终生学习。为推动教师在职学习，我国先后实施了中小学教师专业合格证书制度，学历合格证书制度和学历提升工程，不断提高中小学教师的专业水平和学历层次。1999年8月，教育部师范司颁布了《中小学教师继续教育的规定》，对继续教育的类型、教育教学机构与形式、教学时间、条件保障、行政管理以及奖惩措施做了具体规定，推动中小学教师继续教育走向规范化、制度化。自此，在职教师教育进入全新阶段。2003年，教育部启动了“全国教师教育网络联盟计划”，借助互联网平台，开展远程教师教育。2010年起，我国还启动实施了“国培计划”。无论是哪一种继续教育，指导教师开展教育行动研究都是重要的培训内容之一。

最后，完善教师职称制度，激励教师主动学习。为激励教师专业发展，1986年，我国出台了《中小学教师职务试行条例》。2015年，人社部教育部又发布了《关于深化中小学教师职称制度改革的指导意见》。无论是《中小学教师职务试行条例》还是《关于深化中小学教师职称制度改革的指导意见》，都对教师的学历、业绩和专业能力做了明确的规定，而其中最重要的就是教科研能力。为此，每年从教育部到县区教育局，都会组织一线中小学教师申报课题，评审立项，开展研究。对于一线中小学而言，开展教育行动研究就是最行之有效的教育科研。

综上所述可见，教师开展教育行动研究是教师主动响应国家号召，顺应时代要求的必然选择，享有天时之利。

二、丰富的教育实践

教育行动研究为教育教学而研究，通过教育教学进行研究，在教育教学中研究。在教育行动研究中，教师既是研究的主体，又是研究的对象。教室是教师开展教育行动研究的天然实验室，教育教学过程就是教师进行观察与研究的过程。因此，教师开展教育行动研究的资源十分丰富，可以是教师自身的专业知识和专业技能，可以是学生的学习过程和学习方法，可以是具体的教学设计细节，也可以是具体的教学实施环节，还可以是教学评价的优化策略，等等。

总而言之，教师开展教育行动研究是对自己本职工作开展的研究，工作即研究，研究即工作。丰富的教育教学实践使教师开展教育行动研究占尽地利之便。

三、众多的合作伙伴

一个人可以走得很快，但一群人才能走得更远。在21世纪，教师的发展更离不开同伴的支持。教师作为学校教职工的一分子，开展教育行动研究，天生自带合作伙伴，能获得众多同侪的支持。

教师开展教育行动研究，就所教学科而言，能获得学科教研组同侪的支持；就所教年级而言，能获得年级组同侪的支持。为发挥教学名师的“传帮带”作用，加速青年教师专业成长，近年来，在教育主管部门的组织下，各学校还成立了众多的“名师工作室”，因此，教师开展教育行动研究，还能获得校内“专家教师”的支持。此外，在推进教育优质均衡发展的今天，不少地区还成立了“学校发展共同体”，教师开展教育行动研究，就可以获得“共同体”内“专家教师”的支持。《教育部关于实施卓越教师培养计划的意见》以及《关于实施卓越教师培养计划2.0的意见》下发以后，一大批高等师范院校纷纷和中小学校合作，成立教师教育共同体，中小学教师开展教育行动研究，又可以获得高校专家学者的支持。

由此可见，中小学教师开展教育行动研究，享有天时之利，占尽地利之便，深得人和之美，因此，把“每一个课堂都变成实验室，把每一名教师都变成科学共同体的成员”理应成为每一个中小学教师义不容辞的责任。

案例 10-2

小学老师，你真认为孩子的学习是学习吗?

今天继续与两位准教师共同研讨教学，想跟她们讲的是什么是孩子的学习的问题。

她们是两个年轻人，都有近两年来听到的一些准教师们演课时所表现出来的问题：认为小学生的学习像大学生一样，听老师讲，然后在老师的指令下或者读、或者说、或者写，最后由老师评价，小学生就能自动进入到自我反思的状态而有所得。

这怪不得她们，因为现在的大学教学就是这样的，尽管她们明白现在自己是小学老师的角色，但大学老师讲课的形式是一定会影响到她们的，这就是潜移默化的惊人能量，也算是一种“附带式”学习吧。当然，这样的问题也与年轻人自身的一些个别或者公共因素相关。

但是，小学生的学习并不是她们所想象的学习。小学生的学习大多是在于老师的交往以及活动当中附带完成的，他们或许可以记忆章句式的知识，但真正有用的知识必定是在不知不觉以另一种形式进入到他们的灵魂和筋肉当中。譬如，告诉他们这是甜的，他们一定愿意喝，但他们不知道喝下做汤的食材才是我们的目的。

比如，一个准教师指导朗读《最佳路径》。这篇课文讲的是建筑大师格罗培斯从一处将葡萄摘下来，然后明码标价吆喝着卖却卖得不好，和一处让顾客将钱放在桶里后自由选择却卖得很火的两种做买卖的方式获得启发，最终让迪士尼乐园的道路设计成为世界最佳路径设计的故事。这位准教师首先想到的是按照顺序一个自然段一个自然段地读，然后点评。

事实上，最好不要这样，先要设计活动，比如第三、四自然段请两个孩子连着读，看谁读得好。然后提问，你为什么这么做？这个时候孩子会很感兴趣，他们在猜测活动中不知不觉理解了老师的用意，更是理解了课文。

而另一个准教师教学《天游峰扫路人》第二课时，指导设计的活动是，比赛读描写天游峰的两个自然段，看谁把“我”为什么得意和“我”为什么不禁倒抽了一口凉气两种感觉读出来。要把“我”的感受读出来是非常困难的，但学生是喜欢挑战活动的。这样组织活动，是能够获得真正的学习的。

美国有一位教育家叫克伯屈，他就曾经提出这样的观点：知识是在一种活动情景下附带而来并被不知不觉接受的，美国人的孩子五年级就要进行探究性学习，比如研究第二次世界大战历史，然后写关于第二次世界大战历史的报告，并回答“如果世界大战再次爆发，美国会胜利吗”这样的问题。难道美国的学校是真的要让孩子掌握第二次世界大战的知识吗？当然并不是这样的，他们只是让孩子多多活动，多多交流和写作，观点无所谓正确与错误，关键是在活动和交流以及写作的情境中获得一种方法。

美国还有一位教育家叫杜威，他曾经说过这样一句话：最有创造力的智慧，是解决问题的方法。而创造一定要多多经历情境，且创造是一种自动的灵感爆发。

所以，有理由确认，不要把成人认为的学习当成小学生的学习，成人眼中的学习不是小学生所要的学习，小学生要的是跟学习有关的活动。

（资料来源：陈林老师的博客“书写自我”）

思考题

作为一名准教师，对于上述观点，谈谈你的看法？

第三节 中小学教师开展行动研究的挑战和出路

教学相长。中小学不仅是培养学生的场所，也是发展教师的场所。而开展行动研究则是培养“研究型”教师的重要路径。但开展“行动研究”需要中小学教师具备一定的研究能力，也需要中小学校为开展教育行动研究的教师提供相应的支持和保障。因此，中小学教师开展行动研究还面临不少困扰。

一、中小学教师开展教育行动研究的困境

虽然开展行动研究有利于解决教师日常生活中出现的教育问题，有利于中小学教师提升自身的专业能力，但在现实的教育情境里，行动研究还是“阳春白雪”，并未在中小学“遍地开花”，主要原因如下。

（一）学校追求高升学率的片面质量观的裹挟

在中国，“高考”一直是悬在每一所学校和每一个考生头上的一把达摩克利斯之剑。学生高考“失手”，可能会错失美好人生；学校高考“失利”，就一定会“四面楚歌”。鉴于此，“高考升学率”不仅指挥每一所高中的教育教学工作，使高中教育教学始终指向“高考”，高考考什么就教什么，其他一切都为高考“让路”，能少教就要少教，能不教就不教。而且，这种压力还会层层传导，影响到初中和小学教育教学工作，导致中小学出现“轰轰烈烈喊素质教育，扎扎实实干应试教育”的教育怪相。在片面追求高升学率的质量观的裹挟下，学校为教师开展教育行动研究提供的政策支持非常有限。于是，虽然教师对行动研究的价值和意义持肯定态度，但能够主动进行行动研究的教师并不多。大部分教师不乐意作为研究者对自己的教学行为进行记录和反省。

（二）教师安于“舒适地带”惰性思维的束缚

心理学将人对外部世界的认知分为舒适区、学习区和恐惧区。每个人都乐于在自己有限的舒适区里展开常规活动，把压力降至最低，把焦虑拒之门外。对于绝大多数老师来说，他们已习惯于“备课—上课—批改、讲评作业—辅导学生”这种常规的教学生活。而开展教育行动研究，需要中小学教师改变原来的生活和工作方式，学习研究方法，制定研究方案，实施研究计划，评价反思研究结果，需要中小学教师投入更多的时间和精力，从一定程度上增加了教师的工作负担和压力，从而侵蚀教师的“舒适地带”，逼迫中小学教师走出“舒适区”，走向“学习区”。而一旦在“学习区”遭遇挫折，就自然而然地滑入“恐惧区”。

向教科研要质量虽然是亘古不变的真理，但教科研对教育质量与效益的贡献往往需要一个较长的周期，而一般教师执教一个班级却仅仅只有两三年，最多五六年，这就导致教师开

展教育行动研究的投入与付出不成正比，这又会从一定程度上增加教师从事教科研的“挫败感”，加速陷入教科研的“恐惧区”。

因此，对于一般老师而言，他们更宁愿居于“备课—上课—批改、讲评作业—辅导学生”的“舒适地带”，日出而作，日落而息，日复一日，年复一年。一旦要他们走出“舒适地带”，他们就会产生心厌现象，虚与委蛇。

（三）社会期待“精英人才”偏见的冲击

在中国，自古以来就有“万般皆下品，唯有读书高”的人才偏见。进入新时代以后，虽然人们已不再囿于古人的偏见，但“望子成龙，望女成凤”情结却愈发强烈，每一个家长都希望孩子将来能够成长为社会精英。而人们又将培养“精英人才”的重任托付给学校，因此，学校在人才培养上不能有一丝闪失。在为“应试—升学”而共同奋斗的岁月里，社会支持，学校保障，家长配合，教师尽职，学生刻苦，社会、学校、家庭很容易形成教育合力。而任何带有实验性质的教育研究都可能触犯社会的特别是家长的众怒而遭到抵制，不是半途而废就是胎死腹中，抑或是纸上谈兵，做做表面文章。

二、中小学教师开展教育行动研究的出路

解铃还须系铃人。学校的教育质量观、教师的惰性思维和社会的人才偏见阻滞了教师开展教育行动研究的步伐。因此，学校、教师和社会必须协同行动，才能促进中小学教师积极开展行动研究。

（一）学校要构建促进教师开展教育行动研究的保障机制

1. 营造促进教师开展教育行动研究的学校文化

教师专业素养中最为核心的实践性知识和个人化的教育观念正是教师依存于特定的背景、特定的教室、特定的教材甚至特定的学生为对象，在真实的教育教学场景中形成的，是在充满情感、理想和特定的组织文化环境中逐步发展的。学校的合作探究的文化氛围对于教师开展行动研究是极为有利的。所以学校应着力构建研究型的学校文化，激励教师从实践中发现问题、分析问题和解决问题，促进教师积极开展教育行动研究，完善自己，成就学生，发展学校。

2. 构建促进教师开展教育行动研究的质量管理体系

质量管理是学校教师管理的重要一环，科学的学校质量管理机制才能促进教师积极开展教育行动研究。

教育行动研究要在学校生长发芽，开花结果，学校必须摒弃“以分数论教师”的质量观。从发展性教师评价理论来看，教师绩效管理同样要建立一个“双主体”管理机制，既要关注学生的发展，也要关注教师的成长。教师的成长，当然离不开教育科研，特别是教育行

动研究。只有把教师开展教育行动研究的绩效纳入学校质量管理体系，才能充分调动教师开展教育行动研究的积极性、持久性。同时，质量管理要尽力避免“短视”，因为教育科研对教育质量的贡献具有延时性，不可能取得立竿见影的效果。否则，就很容易导致教育行动研究“夭折”。

3. 提供促进教师开展教育行动研究的资源支持

学校要加强科学管理，有效发挥人、财、物、信息等因素的作用，才能有高质量的教育科学研究成果，才会产生高素质的研究型教师。教师要开展教育行动研究，学校首先要提供时间支持，将教师开展教育行动研究折算成一定的工作量，让老师有时间开展教育行动研究。其次，学校要提供学术资料支持，学校要丰富图书馆藏书，充实资料室专业杂志，有条件的还可以建设电子阅览室，以便教师及时、高效地搜集相关研究资料，确定研究方向，提高研究效率，避免重复劳动。最后，学校要提供智力支持，学校要建立以“名师工作室”为主体的教师发展共同体，充分发挥学校名师的示范辐射作用，同时积极组织开展校际交流，引进校外优质资源，为教师开展教育行动研究的教师提供智力支持。

（二）教师要完善促进自身开展教育行动研究的能力体系

1. 树立正确的教科研目的

随着经济、社会、文化以及教育的迅速发展，教师应该成为研究者已经成为人们的共识。但关于教师开展教科研的目的、观点并不一致：专家们仍视“形成理论体系”为教科研的直接目的；校长把“提高升学率”视为教科研的直接目的；教师们则将“晋升晋级”视为教科研的直接目的。在此背景下，公开发表论文的数量质量以及教学实绩的高低成为判别教师教科研水平与能力的重要指标。但相对于理论思辨研究，教育行动研究研究的对象更具体，周期更长，即使很有价值的成果也不一定有普遍性，这就需要教师更新研究理念，明确研究目的；教育行动研究的根本目的不是产生教育理论，而是为了改进教育教学实践。

2. 提高自身的教科研素养

作为一种教育（教学）研究，教育行动研究首先要求教师应具备一定的教育科学理论，能准确地洞察研究问题的本质，提出科学的研究假设，制定合理的研究方案，撰写精炼的研究报告。其次，它还要求教师懂得一定的研究规范，掌握一定的研究方法与研究技能。只有掌握科学的研究方法与技能，才能保证研究过程规范有序，研究结果科学有效。

长期以来，由于我国师范院校教育类课程结构单一，内容陈旧、枯燥乏味，片面强调学科体系的逻辑性、理论知识的学术性，轻视实用性等因素，导致教师教育（教学）科学理论先天不足。其次，由于长期应试教育的浸染，教育（教学）研究只是教师本职工作的点缀，这严重地制约了教师教科研究意识的形成以及研究能力的发展。教育部师范教育司一项对全国有关师范院校和省级师范教育管理部门负责人的调查显示：“90.6%的被调查对象认为应加强教育科学的研究和提高教师教学科研水平。”这在一定程度上既反映出目前人们已较普遍地认识到加强教育科学研究和提高教师教学研究水平的重要性，也反映出目前教师教育（教学）研究能力与水平不能令人满意。因此，提高教师教育科学理论水平与教育（教学）研究能力，既是行动研究的应有之意，也是教师有效开展行动研究的基本前提。

另外，全社会要树立"三百六十行，行行出状元"的人才观念，摒弃"精英"才是"人才"的偏见，重构科学的人才观，为教师开展教育行动研究松绑，营造全社会支持教育行动研究的友好氛围。

案例 10-3

以教师研究促进教师改变的路径研究

——对某市某教师专业发展项目的个案研究

本研究以某市一项面向区级教科研骨干教师的专业发展项目为个案，考察以行动研究为主要内容的培训项目：如何影响教师改变教科研观念、提升教科研能力。该项目每周3个学时，为期共4个月，主要方式是由大学教师通过讲授和小组指导的方式对教师开展教科研方法培训，并共同开展行动研究。

参加项目的教师共有39人，其中20位为中学教师，18位为小学教师，1位为幼儿园教师，除1人中途退出外，其他教师全部顺利完成学习。

经过4个月的行动研究，参与项目的老师在专业发展方面都得到了不同程度的提升。研究结果如下。

1．从"漠不关心"到"为了幸福"的研究：教师对研究的情感改变

在研究中，研究者发现了一个有趣的现象。由于参与教师专业发展项目的教师均有从事学校科研工作的经验，均为区级学校科研活动的骨干教师，研究者没有想到，即使是这样一支教师队伍，教师对研究仍然存在较为明显的感情疏离。教师对科研工作感到"漠不关心""烦""害怕"，认为科研工作与自己无关。"我挺烦做课题""我们怕做课题，我和大多数一线教师一样，觉得教育科研与我无关。"

在本次专业发展项目中，大学教师邀请参加项目教师从自己在实践中的困惑出发，提出研究课题。以此为基础，项目教师跟随大学教师的讲解和引领，逐步开始自己的研究课题。随着项目逐步展开，项目教师亲身体验了从实践中提出研究课题并遵循行动研究的一般范式查找资料、收集数据的过程，他们逐步认识到研究可以与自己的工作结合，研究可以成为寻找教学突破口的途径。但此时教师的态度仍然是怀疑的："趁着有专家指导，找一个突破口，那就从教科研入手改变我的教学吧——虽然我还持有一点怀疑。"研究再继续，项目教师理解了在研究过程的每一个步骤中，都需要运用具体的研究方法，他们有了顿悟的快感，而亲自操练研究方法完成资料的收集和分析过程又给了项目教师学会运用研究方法的成就感。于是，学员教师经历了在教学中开展研究，通过研究改变教学的过程，他们又重新燃起了职业的热情，体会到了教科研工作带给自身的幸福感。

2．从“高大上”“特定人员的专利”到“帮助教师更好地教书育人”：教师研究观念的转变

随着教师专业发展项目的推进，参与项目的教师通过小组合作与共同研究的方式同其他学校教师以及大学教师开展行动研究之后，教师们意识到，自己对教师研究的认识也发生了变化。总体而言，教师对“研究”的认识最初都是“高大上”“总感觉很难，很高深，自己做不了”。教师的这种感受主要源自两个方面。

第一个方面是教师研究能力方面的不足导致的。就参加本次教师专业发展项目的教师而言，即便有很多接受过一定的教育科研培训，但仍然不知道研究应该怎么做，常常处于“知其然不知其所以然”的状态。研究能力上的欠缺使得教师研究的水平不足以支撑他们认识和解释教学实践中的具体困难，他们看不到研究对自己的教学实践的支持。教师清醒地认识到，自己掌握的研究技巧只是收集数据的方法本身，因此即使方法层面掌握了类似“问卷调查”的数据收集方法，他们的研究也是“为了问卷而问卷”，与为了“研究问题”去收集数据相去甚远。所以教师总感觉自己的研究与教学实践处于“脱节”的状态。即使有些教师曾经发表过文章和作品，但他们也认为，这些文章和作品算不上是“研究成果”，是一些“想当然”的研究，只是对经验的总结和表述，“我写的文章基本上就是把自己怎么做的叙述出来而已”。

第二个方面在于教师对教师职业角色和教师知识来源的认识。在教师们的心目中，“研究太高深了，一线教师做不了”。教师认为自己是“课堂教学的引领者、实践者”，一个“好教师”不一定是“研究型教师”，而“研究是专业研究人员要做的事，是科学家、研究所里的工作人员、大学教授们要做的事”。在这样的认识背后，隐含的是教师们对于教学知识生产者的认识，在他们的心目中，自己是“知识的应用者”，他们不认为自己的实践中有研究。传统意义上的研究机构的工作人员才是“研究者”，他们负责生产供教师使用的命题知识。教师的认识表现出了“知识应用”范式的典型特征。一方面，教师能够理解“研究”是一种超越直觉的认识方式，是建立在一定方法的基础之上的；但另一方面，教师认为研究是属于特定的“知识生产者”的，自己的教学与教学知识的生产是分离的。

大学教师引导项目教师从自身教学实践中遇到的困惑和难题去寻找研究的选题，然后再逐步展开研究工作。教师们对研究的认识和看法开始发生变化，他们开始意识到实际困难和问题，教师可以通过自己的探究活动来获得相关的知识、策略，从而形成解决方案。“课题必须来自我们的教育教学实践，实践中的问题就是课题。我们的研究就是要解决我们自己的问题。”“从教学中遇到的实际问题入手，不要贪大求全；从对教学有切实改进出发，不要为研究而研究，而应从老师自己的教学实际中，从学校现状中发现问题、提出问题，做自己身边的研究才是最有生命力的。”

3．从“凭经验和直觉”到“从研究角度重新审视教学”：教师通过行动研究改变了教学实践

严格意义上来讲，本研究所考察的教师专业发展项目本身并没有设计专门针对教师改进教学实践的学习内容和学习环节。但是该项目的设计理念和初衷就是充分发挥教师的自主性和教师学习的生成性，所以在学习的过程中，参加项目的教师大都针对自己在教学中遇到的问题提出了选题、自主设计研究方案，学习小组成员和大学教师知识与教师共同讨论、分析和修改研究设计和方案，这就使得本项目的合作行动研究为教师研究教学中的问题，改进教学实践提供了最好的契机。研究中发现，参加项目的教师表现出了职业生涯中期教师的一个明显特征，就是处于教学水平较高，但更多的是经验的重复，安于现状的“教书匠”现象。教师自己也意识到了这个问题，但苦于找不到进一步发展和提升的突破口。“满眼都是微观层面的案例、困惑、处理的方式方法等细微的地方，张口就是某某学生的案例和行为；往往在一些很细小的问题上绕来绕去，很难有突破性的办法。”在开展行动研究的过程中，教师学会了通过在教学实践中收集资料和证据，对教学进行验证和反思，找到解决问题和改善教学的方法。一位项目教师描述了自己边研究边改进教学的过程：

“自高中课改以来，在中学教育领域中，自上而下、自下而上都在提倡课堂教学以学生为主体，但是在实际教学过程中，教师为了提高教学效率往往又回到以往的教学模式。其实教师不是不想，而是不敢，为什么？因为教师只知道要这么做，不知道为什么这么做，也不知道如何做才有效，……我分析其原因，是教师没有对课堂教学中学生进行“质性研究”，没有深入了解学生的学习过程、驱动力。”

“参加项目后，课题促使我思考如何提高课堂学生活动效率，我尝试使用质性研究的方法，了解学生的学习状态，发现了制约学生学习的几点原因：一是学生缺乏自信，不信任自己能发现问题，解决问题，学生总认为自己不行；二是缺乏学习兴趣，学习目的是为了考试，在学习过程中体会不到自我价值；三是大多数学生认为学习是很累人的事，要学好要花很多时间。我针对上述问题，发现制约学生学习的根本原因是学生在学习的过程中体会不到自己的成就感，他们的成就感除了来自老师、家长认同和赞赏外，更多希望来自同伴的认可。于是，我针对学生特点，设计课前2分钟做学习总结，让全班每一位同学都有机会上讲台给同学们总结上一堂课的学习内容，当然课前教师进行一对一指导，由于有了教师的指导，学生的自信心自然提高了，在台上讲解也从容多了。通过近半学期的尝试，学生学习的自信心得到了一定提升，全班平均成绩超过了第二重点班。也正是这一事件，大大提升了我的教学热情，让我有意清空原来固有认识，从研究角度重新审视教学，改进教学，体会到教学创新的乐趣。”

从研究中可以发现，教师有机会在较长时间内，通过自主研究，同时源源不断地获得学习同伴和大学教师的支持，特别是在选题环节，掌握了以自己教学实践中

的问题为基础提出研究选题的方法后，教师能够自觉地将研究过程与教学结合起来，推动教学实践的改变。

（资料来源：赵萍，杨泽宇. 以教师研究促进教师改变的路径研究——对某市某教师专业发展项目的个案研究［J］. 教师教育研究，2015，11，27（6）：79-86.）

本章小结

基础教育课程改革期望教师不但是“课程设计者”，还应成为“主动研究者”，成为“有思想的行动者”。中小学教师应努力提高自身的专业素质。在众多教师专业发展模式中，教育行动研究不仅是教师从事教育研究的方式，也是教师解决教育问题并获得专业发展的途径。通过行动研究，教师不但可以构建出切合实际的教育知识，而且能达到教育改革的目的。

关键术语

教育行动研究；中小学教师；意义；困境；出路

讨论与探究

1. 何谓行动研究？何谓教师行动研究？
2. 教师开展行动研究的意义、困境和挑战是什么？
3. 请访谈当地的某一位中小学教师，写一篇关于他（她）开展行动研究的质性研究报告。
4. 请结合本章内容，分析下述案例。

“对于教师而言，这一节和下一节课、今天的和明天的课、这个单元和下个单元的课、这个学期和下个学期的课、不同年级的课等，都应该进行对比性的反思，发现其中的问题，然后进一步反思出现问题的原因是符合学科规律，还是不符合学生的认知风格等，最后再对教案、教辅资料、练习册进行修改。反思就是要这样循环地进行下去，教学工作的提高都是要基于反思去做的。”

参考文献

[1] 朱旭东，周钧．教师专业发展研究述评［J］．中国教育学刊，2007（1）．

[2] 中央教育科学研究所比较教育研究室．国际教育百科全书［M］．北京：教育科学出版社，1990.

[3] 吴育飞，何洁．构建科学教育创新人才的培训体系——省级科学骨干教师培训的理论研究与实践探索［J］．教育理论与实践，2010，30（10）．

[4] 施良方，等．教学理论：课堂教学的原理、策略与研究［M］．上海：华东师范大学出版社，1999.

[5] 郑金洲．行动研究：一种日益受到关注的研究方法［J］．上海高教研究，1997（1）．

[6] 戴长和，等．行动研究概述［J］．教育科学研究，1995.

[7] 朱永祥．国外教育研究方法论的发展趋势［J］．教育科学，1991（4）．

[8] Husen. T, ed. The International Encyclopedia of Education［Z］．1985.

[9] 刘良华．重申行动研究［J］．比较教育研究，2005（5）．

[10] 陈惠邦．教育行动研究［M］．台北：台湾师大书苑有限公司，1998.

[11] Stenhouse. L. What Counts as Research?［J］．British Journal of Educational Studies.1981（6）．

[12] Cf. Kemmis. S. Action Research, in M. Hammersley (ed). Education Research：Current Issues, Paul Chapman Publishing Int. London. 1993.

[13] 刘良华．行动研究的史与思［D］．华东师范大学博士论文，2001.

[14] 宋虎平．行动研究［M］．北京：教育科学出版社，2003.

[15] 王攀峰．行动研究的理论与方法［M］．北京：首都师范大学出版社，2013.

[16] 赵明仁，王嘉毅．教育行动研究的类型分析［J］．北京：高等教育研究，2009.

[17] 叶澜．教育研究方法论初探［M］．上海：上海教育出版社，1999.

[18] 陈向明．质的研究与社会科学研究［M］．北京：教育科学出版社，2000.

[19] Sunsan R. Hutchinson, Cheryl D. Lovell. A Review of Methodological Characteristics of Research Published in Key Journal in Higher Education: Implications for Graduate Research Training［J］. Research in Higher Education. 2004, 45（4）．

[20] Jack R. Fraenkel, Norman E. Wallen.教育研究的设计与评估［M］．蔡永红，等．译．北京：华夏出版社，2004.

[21] 马尔科姆·泰特．高等教育研究—进展与方法［M］候定凯，译．北京：北京大学出版社，2007.

[22] S. 凯米斯．行动研究法（上）［J］．教育科学研究，1994（4）．

[23] 马云鹏，等. 质的研究方法及其在教育研究中的运用 [J]. 中国教育学刊，1999 (2).
[24] 周春燕. 质的研究还是量的研究？——教育研究方法论的省思 [J]. 教育科学论坛，2006，225 (10).
[25] 郑日昌，等. 二十年来我国教育研究方法的回顾与反思 [J]. 教育研究，2001.
[26] 朱志勇. 教育研究方法论范式与方法的反思 [J]. 教育研究与实验，2005 (1).
[27] 尤莉. 第三次方法论运动——混合方法研究60年演变历程探析 [J]. 教育学报，2010，6 (3).
[28] 郑士强. 运用“策略包”提高英语写作能力的行动研究 [J]. 现代中小学教育，2013 (2).
[29] 刘垚. 思维导图在小学语文习作教学中应用的行动研究 [D]. 沈阳师范大学，2017.
[30] 张良. 论“导学案”的现实问题及可能对策 [J]. 中国教育学刊，2014 (1).
[31] 马尔悦. 以绘本图书促进小学生英语阅读能力发展的行动研究 [D]. 哈尔滨师范大学，2016.
[32] 钟洪蕊，周卓慧. 游戏化学习对学生学习兴趣影响的行动研究 [J]. 现代教育技术，2012 (3).
[33] 赵蒙成，倪慧敏. 自主学习策略在小学课外阅读中应用的行动研究 [J]. 宁波大学学报（教育科学版），2011.
[34] 何声钟. 教师专业发展的概念、历程与目标取向 [J]. 江西教育学院学报，2012 (1).
[35] Fullan. M. Professional Development in Education: New Paradigms and Practices [M]. New York: Teachers College Press,1995.
[36] Kelchtermans, G. CPD. For Professional Renewal: Moving beyond Knowledge for Practice [M]. International Handbook on the Continuing Professional Development of Teachers.Maidenhead: Open University Press, 2004.
[37] 叶澜. 新世纪教师专业素养初探 [J]. 教育研究与实验，1998 (1).
[38] 朱玉东. 论教师的专业素质及其培养 [J]. 中国教育学刊，2003 (12).
[39] 宓莹. 教师专业发展规划师：校长的使命 [J]. 上海教育科研，2016 (5).
[40] 钟启泉，崔允漷. 新课程的理念与创新 [M]. 北京：高等教育出版社，2003.
[41] 叶澜. 教师角色与教师专业发展初探 [M]. 北京：教育科学出版社，2001.
[42] 陈国民. 提升教师学习力需把握好三个向度 [J]. 中国教育学刊，2017 (10).
[43] 王惠东，熊川武. 论促进教师态度转变的方略 [J]. 华东师范大学学报（教育科学版），2004 (2).
[44] 刘小强. 教师专业知识基础与教师教育改革：来自PCK的启示 [J]. 外国中小学教育，2005 (11).
[45] 马云鹏，赵冬臣，韩继伟. 教师专业知识的测查与分析 [J]. 教育研究，2010.
[46] 辛涛，申继亮，林崇德. 从教师的知识结构看师范教育的改革 [J]. 高等师范教育研究，1999 (6).

[47] 陈向明. 实践性知识：教师专业发展的知识基础 [J]. 北京大学教育评论，2003 (1).
[48] 周文阔. 优秀教师专业发展个案研究 [D]. 湖南师范大学，2011.
[49] 靳玉乐，王磊. 理智取向教师专业发展的理念与策略 [J]. 教师教育学报，2014 (6).
[50] Evans，Linda. What is Professional Development? [J]. Oxford Review of Education，2002.
[51] 常攀攀. 教师知识视域下的“提质减负”研究 [D]. 西南大学，2015.
[52] 靳玉乐，陶丽. 反思取向教师专业发展的理念与策略 [J]. 教师教育学报，2015 (1).
[53] 杨小洋，申继亮. 论教师教学创新的内涵 [J]. 中国教育学刊，2006 (8).
[54] 陈向明. 对教师实践性知识构成要素的探讨 [J]. 教育研究，2009 (10).
[55] Chang Y C. Teacher Management and Educational Reforms：Paradigm [J]. Prospects: 2009 (39).
[56] 陈雅玲. 教师团队合作学习：生态取向的教师发展机制 [J]. 当代教育科学，2011 (15).
[57] 宁虹. 实践—意义取向的教师专业发展 [J]. 教育研究，2005 (8).
[58] 宁虹. “教师成为研究者”的理解与可行途径 [J]. 比较教育研究，2002 (1).
[59] 宁虹，赖力敏. “零距离”教师教育——全日制教育专业硕士培养的探索 [J]. 教育研究，2015 (1).
[60] 曾庆伟，曾宪常，杜爱平. 教师本位观：一种教师专业发展的新理念 [J]. 中国成人教育，2001 (4).
[61] 宋广文，魏淑华. 论教师专业发展 [J]. 教育研究，2005 (7).
[62] 扈中平. 教育目的中个人本位论与社会本位论的对立与历史统一 [J]. 华南师范大学学报（社会科学版），2002 (2).
[63] 马亚辉. 如何促进教师自主学习 [J]. 内蒙古教育，2014 (9).
[64] 杜威. 我们怎样思维 [M]. 北京：人民教育出版社，2005.
[65] 马克斯 · 范梅南. 教学机智——教育智慧的意蕴 [M]. 北京：教育科学出版社，2001.
[66] 马亚辉. 如何促进教师自主学习 [J]. 内蒙古教育，2014 (9).
[67] 赵昌木. 大学本位教师教育模式：理念、实施与反思 [J]. 山东师范大学学报 (人文社会科学版)，2004 (4).
[68] 刘新成，等. 教师专业发展：大学的责任 [M]. 北京：首都师范大学出版社，2008.
[69] 宁虹，胡萨. 教育理论与实践的本然统一 [J]. 教育研究，2006 (5).
[70] 王天一. 教师教育共同体建设三题 [J]. 中国教育学刊，2013 (6).
[71] 张景斌. 大学与中小学的伙伴协作：动因、经验与反思 [J]. 教育研究，2008 (3).
[72] 谢安邦. 教师教育改革一体化的理论探讨 [J]. 高等师范教育研究，1997 (5).
[73] Homes Group. Tomorrow's Teachers. East Lan Sing, MI: Author. 1986.
[74] Homes Group. Tomorrow's School: Principles for the Design of Professional Development Schools East Lansing, MI: Author. 1990.

[75] Homes Group. Tomorrow's Schools of Education. East Lansing, MI: Author, 1995.
[76] 张景斌，蔡春. 教师教育中的合作共同体建设 [J]. 教育科学研究，2012 (1) .
[77] 朱洪翠，张景斌. 国内U-S 教师教育合作共同体实践研究：回顾与前瞻 [J]. 教学研究，2013 (5) .
[78] 孟繁华，张景斌，等. 和谐共生：教师教育共同体的理论与实践 [M]. 北京：首都师范大学出版社，2016.
[79] 王俭. 促进教师专业发展的校本机制研究 [J]. 教师教育研究，2012(2) .
[80] Knowles，M. Andragogy in action [M]. San Francisco: Jossey-Bass，1984.
[81] Smith，Robert M. Learning How to Learn: Applied Learning Theory for Adults [M]. New York: Cambridge Books，1982.
[82] 崔允漷，王中男. 学习如何发生：情境学习理论的诠释 [J]. 教育科学研究，2012 (7) .
[83] 崔允漷，柯政. 学校本位教师专业发展 [M]. 上海：华东师范大学出版社，2013.
[84] 闵钟. "教师成为研究者"兴起背景探析 [J]. 集美大学学报，2007(9) .
[85] 宁虹. 教师成为研究者：国际运动、理论、路径与实践 [M]. 北京：首都师范大学出版社，2002.
[86] 施良方. 中学教育学 [M]. 福州：福建教育出版社，1996.
[87] 丁道勇. 教师研究的是与非 [J]. 教育发展研究，2014 (22) .
[88] 李方安. 教师研究的重新审视 [J]. 教育发展研究. 2006 (12) .
[89] 罗伯特 · 哈钦斯. 西方名著入门 (哲学) [M]. 北京：商务印书馆，1995.
[90] 熊川武. 论反思性教学 [J]. 教育研究，2002 (7) .
[91] 赵德成. 教师成为研究者：基于课例研究的分析 [J]. 教师教育研究，2014，26 (1) .
[92] 李志河. 行动研究及其在教育领域的应用 [J]. 山西师大学报 (社会科学版)，2002 (1) .
[93] 周月朗. 行动研究：教师专业成长的重要途径 [J]. 中小学教师培训，2005 (3) .
[94] 周友士，朱益民. 行动研究：教师专业自主发展的生长点 [J]. 教育与教学. 2018 (2) .
[95] 王建军，黄显华. 校本课程发展与教育行动研究 [J]. 华东师范大学学报 (教育科学版). 2001 (6) .
[96] 宁虹、刘秀江. 教师成为研究者：教师专业化发展的一个重要趋势 [J]. 教育研究，2000 (7) .
[97] 陈向明. 行动研究对一线教师意味着什么 [J]. 教师发展研究，2014 (2) .
[98] 劳凯声. 人文社会科学研究的问题意识、学理意识和方法意识 [J]. 北京师范大学学报 (社会科学版)，2009 (1) .
[99] 高芳. 解读"教师成为研究者"的内涵与对策 [J]. 教育与职业. 2006 (3) .
[100] 王卫华. 教师在教育研究中的地位变迁及展望 [J]. 教师教育研究，2010，22 (4) .
[101] 郭朝晖. 工作坊教学：溯源、特征分析与应用 [J]. 教育导刊，2015 (5) .
[102] 王占秋. 工作坊：教师成长的摇篮 [J]. 北京教育，2017.

[103] 兰觉明. 建教师工作坊，构学习共同体——培训团队工作坊的实施策略研究 [J]. 中国成人教育，2017（12）.
[104] 刘伟菁. 教师工作坊研修的主题选择与运作方式 [J]. 中小学教师培训，2015.
[105] 李卫东，等. 一个语文教师工作坊的研修路径 [J]. 中学语文教学，2012（10）.
[106] 袁佳平. 反思性教学与教师的教学行动研究 [J]. 教育探索，2004，159（9）.
[107] Rechard D. Parsons，Kimberlee S. Brown. 反思型教师与行动研究 [M]. 郑丹丹，译. 北京：中国轻工业出版社，2005.
[108] 蔡泽俊，等. 预见式行动研究：一种面向未来的行动研究新范式 [J]. 电化教育研究，2012.
[109] Stevenson, T. Anticipatory Action Research: Conversations About the Future [J] .Futures，2002.
[110] 中华人民共和国教育部. 义务教育语文课程标准（2011年版）[M]. 北京：北京师范大学，2012.
[111] 李辉. 基于核心素养的绘本课程开发与设计研究 [J]. 教育实践与研究，2018.
[112] 伦淑新. 图式理论下的小学英语阅读教学策略 [J]. 教学与管理，2015（21）.
[113] 陆瑛. 信息差填补与图式激活的关联及教学策略选择 [J]. 外语教学，2001（5）.
[114] 戈向红. 思维品质在低年级英语课堂的渗透与培养 [J]. 小学教学研究，2017（4）.
[115] 熊妍茜，游丹，徐冉冉. 民族地区高中生数学语言转换的调查分析——以贵州省松桃苗族自治县为例 [J]. 教育导刊，2015（6）.
[116] 中国百科大辞典编委会. 中国百科大辞典 [M]. 北京：华夏出版社，2005.
[117] 邵光华. 数学语言及其教学研究 [J]. 课程 · 教材 · 教法，2010（2）.
[118] 赵杨晴. 关于高中生立体几何中的数学语言学习问题研究 [D]. 上海：华东师范大学，2006.
[119] 周星，周韵. 大学英语教师课堂话语的调查与分析 [J]. 外语教学与研究，2002（1）.
[120] 程晓堂. 英语教师课堂话语分析 [M]. 上海：上海外语教育出版社，2009.
[121] 蒋元猷. 英语课堂教学言语的运用分析 [J]. 教学与管理，2009（33）.
[122] 徐英. 外语课堂教师礼貌情况调查分析 [J]. 外语教学与研究，2003（1）.
[123] 张敏. 从自然言语与教师话语的风格差异谈教师话语的效能 [J]. 外语教学，2002（4）.
[124] 胡青球，等. 大学英语教师课堂提问模式调查分析 [J]. 外语界，2004（6）.
[125] 罗全生. 教师行动研究艺术 [M]. 成都：西南交通大学出版社，2011.
[126] Stenhouse, Curriculum Research and the Professional Development of Teachers, In An Introduction to Curriculum Research and Development, Heinemann Educational Books, 1975.
[127] Emest, T. S. Action Research [M]. 4th ed. New York: Sage, 2013.
[128] 陈效飞，等. 论行动研究促进教师专业发展的机制——基于哲学解释学的视角 [J]. 教师教育研究，2018.

[129] 邹斌，等. 教师知识概念的溯源［J］. 课程教材教法，2005，25（6）.
[130] 王聿泼. 教育行动研究：教师专业发展的应然取向［J］. 中国成人教育，2008.
[131] 袁玲俊. 论中小学教师专业自主发展意识的培养［J］. 宁波大学学报（教育科学版），2006，28（6）.
[132] 周钧. 行动研究促进教师专业发展——一位中学教师的案例研究［J］. 教师教育研究，2014.
[133] 许学梅，等. 教师专业发展的内在机制和有效途径［J］. 高等师范教育研究，2002（9）.
[134] 乔艳冰. 行动研究与教师专业发展的实践与反思［D］. 济南：山东师范大学，2009.
[135] 刘知新. 化学教学论［M］. 北京：高等教育出版社，2004.
[136] 赵萍，杨泽宇. 以教师研究促进教师改变的路径研究——对某市某教师专业发展项目的个案研究［J］. 教师教育研究，2015.

后　记

《行动研究与教师专业发展》教材终于付梓了，回首4年来的编写历程，感慨万千。这本教材编写的初衷源于我对在职教师专业发展，特别是乡村教师专业发展的持续关注。15年以前，我还是一名乡镇完全中学的高中英语教师，我们日常关注的焦点在于如何通过题海战术提高学生的考试成绩，认为能提高学生成绩的老师就是“优秀”教师。当时，由于缺少外出培训学习机会，对于何谓教师专业发展，通过何种途径提高教师专业发展水平，特别是乡村教师的专业发展水平所知甚少。2006年，因丈夫教学业务能力突出，成功应聘到市优质小学任职，为解决两地分居的问题，我才尝试通过考研的方法试图换一个优质学校任教。通过不懈努力，2009年9月，我被南京师范大学教师教育学院录取为教师教育专业（英语方向）硕士研究生，经过3年的系统学习，我对教师教育，特别是教师专业发展有了较为清晰的认识。2012年9月，我又被首都师范大学录取为教师教育专业（学科教学与教师专业发展方向）的博士研究生，这次的学习使我对教师教育，教师专业发展形成了系统的认知。2015年我进入泰州学院工作以后，一直想为类似我这样的农村教师编写一本适合他们的著作，让他们找到专业发展的可能路径。借助学校重点教材建设的契机，我成功申报了2016年度校级重点教材建设项目。从尝试撰写教材初稿，到2年的课堂试用，再到长达1年的反复修改，这本教材终于要面世了，心中一块大石终于落下。

在教材编写的过程中，学院同事和小学教育专业师范生给予了我无私的帮助和支持。感谢张英花、马春明、姚海燕、戴岭、史明娟、肖璨老师百忙之中参与教材微视频录制；感谢2019届小学教育英语方向的苗雨欣、金京、陈可欣、徐培瑶、叶婧芸、吕美溶、沈洁、陆志敏、张丽、黄欣妍、王婕、张钰、徐宇恒、王成莹、韩颖、殷芝、夏雯、魏雪、魏畅、任宇晗等同学，参与教材的课件设计和教案编写。

希望这本教材的出版会为职前和在职教师开显出一条真正走向内涵式专业发展的路径。

朱洪翠

2020年10月